KB124201

먼짓길
인생에
장자를
만나다

莊子 陪你 走 紅塵(王溢嘉 著)

마음을 비워주고
다시 채워주는 장자

먼 짓길
인생에
장자를
만나다

왕이자 씀 | 박성희 옮김

북스넛
Booksnut

옮긴이 **박성희**

이화여대 통역번역대학원에서 번역학을 전공했고, 지금은 저작권 에이전시 그린북에서 출판을 기획하고 번역하는 일을 하고 있다.
옮긴 책으로『중국어어휘시리즈 – 언어(속담편)』, 『중국문인열전』, 『자본주의가 낳은 괴물들』등이 있고, 지은 책으로는『여행 중국어 회화』가 있다.

먼짓길 인생에 장자를 만나다

1판 1쇄 인쇄 | 2015년 4월 10일
1판 1쇄 발행 | 2015년 4월 20일

지은이 | 왕이자
옮긴이 | 박성희
발행인 | 문정신
발행처 | 북스넛
등록 | 제1-3095호
주소 | 서울시 마포구 성산동 112-7 예건빌딩 3층
전화 | 02-325-2505
팩스 | 02-325-2506
디자인 | design86

ISBN 978-89-91186-86-6 03900

2천 년 전에 21세기를 살다 간
장자의 인생 수업

40여 년 전 대학에 입학하고 얼마 되지 않던 어느 날, 상무인서관에서 '장자' 책을 한 권 사서 며칠을 공부하듯 정말 열심히 읽었던 기억이 있습니다. 마음에 닿는 대목은 붉은 펜으로 줄을 긋고 나름의 감상을 옆에 적어가면서 날이 새는 줄도 모르고 읽었지요. 밤 깊도록 읽다가 문득 고개를 들어 창밖을 바라보면 그곳에는 고요와 어둠뿐이었지만, 내 영혼만큼은 한줄기 빛으로 반짝였고 알 수 없는 기쁨에 조용히 환호했습니다. 세속의 그물에서 벗어나 나를 찾고 생의 의미를 탐색하려는 열망으로 뜨거웠던 청년기에 장자는 커다란 정신적 스승이었습니다.

대학 졸업 후 글 쓰는 일을 업으로 삼으면서 삶을 대하는 태도나 생명철학에 관한 문제를 언급할 때마다, 나는 자주 장자의 관점을 인용하면서 독자들과 함께 그의 사상을 나누었습니다. 장자는 나의 인생관, 학문관, 생태관, 가치관 형성에 깊은 영향을 주었고, 결국 전공인 의학의 길을 버리고 글쟁이로 살아가도록 나를 이끌었습니다.

1년 전 쯤, 장자에 관한 책을 집필해달라는 청탁을 받았을 때, 나는 내심 적잖이 놀랐지만 흔쾌히 수락을 했습니다. 놀란 이유는 '장자'라면 철학과나 중문과 출신 학자들의 전문 분야인 바, 나 같은 '외지인'을 장자의 저자로 섭외한 것은 의외의 선택이었기 때문입니다. 그러면서도 흔쾌히 수락한 것은 기회를 빌려 장자가 내게 준 삶의 영감들을 정리해 '참 자기 되기'를 소망하는 이들, 생의 오묘한 이치를 깨닫고자 하는 이들, 하여 기꺼이 먼짓길 인생을 가려는 이들에게 작은 도움이라도 줄 수 있길 바라는 마음에서였습니다.

　　바로 이런 연유로 나는 이 책에서 '장자'에 관한 어떤 학술적 논의나 텍스트 탐구를 시도하지는 않았습니다. 순전히 '지금 여기'를 살아가는 지식인의 시각으로 '장자'를 읽고 감상했기에, 본문에서 언급될 내용도 『장자』라는 책과 장자라는 한 인물이 내게 끼친 영향과 현대인에게 줄 수 있는 영감이 주를 이룰 것입니다. 책 속의 장자는 당신과 나, 우리와 함께 먼짓길 인생을 걸어줄 지혜로운 노인의 모습일 것입니다. 또 나는 시공을 뛰어넘어 장자를 사과나무 아래 서 있는 뉴턴과 마주서게 했고, 스티브 잡스가 장자에게 아이폰을 판다면 장자는 어떻게 할까라는 질문도 던져보았습니다. 내가 책 속에서 장자에게 접근한 다양한 시도들은 참신하고 자유로운 형식으로 장자를 읽기 위한 노력이었습니다. 사마천이 장자를 두고 '그의 언사는 거센 물결처럼 거침이 없었다.'고 평한 것처럼 말이지요.

물론 장자 철학에 대한 독자들의 기본적 이해를 돕고 서술의 편의를 위해, 조리 있는 짜임새와 순서적 맥락이 필요했기에 『장자』를 다음 8개의 주제, 「1. 상대적 세계에서 벗어나라」 「2. 자신의 자리 찾기」 「3. 넉넉한 인생을 살려면」 「4. 내 욕망은 정말 내 것인가」 「5. 감정에 얽힌 삶」 「6. 사람 사귐이 여의치 않을 때」 「7. 마음의 상처를 없애려면」 「8. 자연이 가르쳐주는 것들」로 나누었습니다. 그리고 각 장마다 10개의 소주제 단락을 배치했습니다. 소주제는 빈부 격차, 욕망과 만족, 경쟁과 실패, 감정 관리, 생태 보호 등 현대인의 삶의 문제들에서 출발해 2천여 년 전의 장자가 우리에게 어떤 답을 주고 있는지 살펴보았습니다.

　나는 『장자』를 읽으며 현대인이 처한 여러 상황들과 대응되는 관점들을 찾아내고, 플라톤, 루소, 다윈, 레비스트로스 등 서양 철학의 논점들과 대조하면서, 매번 장자의 탁월성에 탄복했습니다. 장자의 철학은 빈틈없는 설득력으로 동서고금을 아울렀고, 특히 미망迷妄에 빠진 현대인을 깨우는 경종 그 자체이기 때문입니다.

　이 책은 독자들을 위해 쓴 것이지만, 40여 년 전 등불 아래서 『장자』를 탐독했던 청년기의 나를 위해 쓴 것이기도 합니다. 지금의 나는 그 옛날의 내게 이렇게 말하고 있습니다.

　'이것들은 자네가 나중에 다 알게 될 테니, 잊지 말고 다른 사람들한테도 꼭 말해주게.'

라고 말입니다.

차례

제1편 | 상대적
세계에서
벗어나라

'소요유逍遙遊'는 우리를 감정과 이성의 속박, 플라톤의 동굴에서 벗어나서 크고 작음, 많고 적음, 길고 짧음, 옳고 그름, 이해득실, 선후관계 따위가 파생하는 귀천貴賤, 우열優劣, 선악善惡, 지우智愚, 감고甘苦를 구별 짓고 차이를 만드는 '상대론相對論'이 아닌 '제물론齊物論'으로 가도록 이끈다. 각종 편견과 선입관을 던져버리고 넓은 시야와 넓은 마음, 큰 틀에서 자신의 인생을 새롭게 바라보고 정립하는 것이 장자가 권하는 '소요유'적 삶의 첫걸음이다.

생의 환영幻影 깨기

: 장자와 함께 세상 다시 보기

좀처럼 갈피 잡기 어렵고 자꾸만 꼬이는 것 같은 인생, 집 청소하듯 한 번 싹 정리하고 싶다면 먼저 자신에게 물어보세요. '나는 과연 삶에 대해, 세계에 대해, 그리고 나 자신에 대해 얼마나 알고 있나?' '내가 알고 있는 것들은 과연 신뢰할 만한가?' 장자는 '망량문영罔兩問影'의 우화寓話를 통해 우리가 인식하는 자신과 세계와 삶은 진실이 아니며 다만 진실의 그림자일 뿐이라고 알려줍니다.

평소 관찰력이 좋은 사람이라면 그림자 주위를 둘러싸고 있는 희미한 그늘을 발견할 수 있을 것인데, '망량'이란 바로 그 희미한 그늘을 일컫는 말입니다. 「제물론齊物論」을 보면 다음과 같은 이야기가 나옵니다. 망량은 그림자가 움직이는가 싶으면 이내 다시 멈추고, 멈추는가 싶으면 곧 또 움직이는 것을 보고 묻습니다. '아니 넌 왜 그렇게 줏대가 없니?' 그림자가 대답하지요. '나도 몰라, 어떤 힘이 나를 조종하는 것 같아.' 「우언寓言」에서도 망량은 그림자에게 같은 질문을 던지는데, 이번에는 그림자가 다른 대답을 합니다.

"나도 내가 왜 그러는지 그 까닭은 몰라.

난 매미 허물 같기도 하고 뱀 허물 같기도 한데,

실은 그것도 아니야.

나는 불빛이나 햇빛에 들어 모습을 드러내다가,

그늘지고 밤이 되면 나도 함께 사라지거든.

그들밤과 낮, 그늘과 빛에 내가 의존하는 까닭일까?

아니면 그들이 내게 의존하는 까닭일까?

그들이 오면 나도 더불어 따라오고

그들이 가면 나도 더불어 따라가거든.

나는 그냥 그들이 움직이면선명해지면 나도 따라서 움직일선명해질 뿐이야.

움직이는선명해지는 것은 무엇 때문인지 물을 수 있을까?"

予有而不知其所以 。
여 유 이 부 지 기 소 이

予蜩甲也蛇蛻也 ,
여 조 갑 야 사 태 야

似之而非也 。
사 지 이 비 야

火與日吾屯也 ,
화 여 일 오 둔 야

陰與夜吾代也 。
음 여 야 오 대 야

彼吾所以有待邪，
피 오 소 이 유 대 사

而況乎以有對者乎 。
이 황 호 이 유 대 자 호

彼來則我與之來，
피 래 즉 아 여 지 래

彼往則我與之往 。
피 왕 즉 아 여 지 왕

彼强陽則我與之强陽 。
피 강 양 즉 아 여 지 강 양

强陽者又何以有問乎 。
강 양 자 우 하 이 유 문 호

〈寓言〉

　망량이 그림자에게 하는 질문은 우리가 자신에게 늘 던지는 물음이기도 합니다. '내가 지금 왜 이런 생각을 하지?' '내가 왜 그랬을까?' 그림자의 두 번째 대답은 고대 그리스 철인哲人 플라톤의 저 유명한 '동굴의 비유'를 떠오르게 합니다. 한 동굴에는 어릴 적부터 그 안에서만 생활해 온 죄수들이 있는데, 그들의 두 발과 목은 쇠사슬로 단단히 묶여 있습니다. 그들 앞에는 백색의 벽이 있고 뒤에는 불이 타오르고 있지요. 그들이 유일하게 볼 수 있는 것은 백색의 벽에 투영投影된 자신의 모습과 불빛이 전부입니다. 다른 것은 본 적이 없기에 그들은 눈앞에 보이는 그림자를 유일한 진실로 알았으며, 동굴 안에서 어쩌다 가끔 들리는 소리도 눈앞의 그림자가 내는 소리로 알았습니다. 물론 그러한 인식이 그들로서는 너무도 당연하고 자연스러운 일이겠지요.

　장자와 플라톤의 우화가 전하는 메시지는 하나입니다. 만약 사람의 감정과 이성을 '빛'으로 본다면 우리가 사물을 '바라보는' 행위는 빛의

'조명照明'이 될 것입니다. 이런 가정 하에 본다면, 당신이 인식하고 있는 자신과 세계와 인생은 단지 감정과 이성의 투영일 뿐, 그것들은 그림자나 매미 또는 뱀의 허물처럼 외형은 비슷하지만 결국 사물世界의 본질은 아닌 것이 되지요. 감정과 이성의 인식이 더 분명해져서빛이 더 세져서 좀 더 또렷하게 본다고 하더라도, 그것은 결국 투영된 그림자이고 모호함의 차이망량과 그림자의 차이처럼만 있을 뿐입니다. 하지만 많은 이들은 그 투영된 허상을 유일한 진실로 굳게 믿고 결코 의심하지 않습니다.

여불위呂不韋가 편찬한 진秦나라의 사론서史論書『여씨춘추呂氏春秋』에 이런 이야기가 나옵니다. 한 사내가 도끼를 잃어버렸는데, 그는 옆집 아이가 훔친 것으로 짐작하고 그때부터 아이를 유심히 살핍니다. 아니나 다를까 아이는 걷는 모양새와 얼굴 표정이며 말하는 투까지 딱 도둑새끼 같았지요. 나중에 사내는 산골짜기에서 잃어버린 도끼를 찾게 되었고, 며칠 후 다시 아이를 보니 아무리 봐도 남의 것에 손을 댈 도둑새끼로는 보이지 않았더랍니다. 이 이야기는 쉽고 간결하게 장자와 플라톤의 사상을 전해줍니다. 우리는 '아이의 참 모습'을 인식할 수 없다는 것, 우리가 인식하는 세계는 우리 자신의 감정, 이성, 지식, 호오好惡가 투영된 것일 뿐이라는 말이지요. 사실 우리는 주변에서 일어나는 크고 작은 사건들, 외부 세계는 물론이고 심지어 우리 자신조차도 제대로 인식하지 못합니다.

플라톤의 동굴 이야기 속 한 죄수는 결국 자신을 묶고 있는 쇠사슬을 끊고 동굴 밖으로 나옵니다. 그리고 깨닫습니다. 동굴 바깥에 참되고 아름다운 세계가 있었다는 것을. 자신을 가두고 있던 동굴에서 탈출한 그 죄수 같은 인물이 바로 장자입니다. 장자는 자신의 삶의 체험을 기록한 책 『장자』를 통해 자신을 가두고 있는 세계에 사로잡힌 당대 사람들에게 무엇이 참이고 거짓인지, 그리고 깨달음 후에 가야 할 인생의 길은 또 어떠한 것인지 말하려 했겠지요. 만약 지금 당신 생이 곤혹스럽게 느껴진다면, 그래서 자신에게 새로운 자리와 방향을 찾아주고 싶다면, 장자의 이야기를 들어보세요. 장자는 당신이 그동안 당연시해온 기존의 사유 방식을 버리고 완전히 새로운 방식으로 세상을 다시 볼 수 있도록 안내해줄 것입니다. 하여 지금까지와는 전혀 다른 생의 길을 걸어갈 수 있도록! 당신은 그럴 준비가 되었습니까?

세상을 거닐다

: 사유 체계를 전복하는 생명의 신화

세상이라는 무대 위에 선 우리 각자의 인생은 저마다 한 편의 드라마입니다. 무대 위에 올라 다양한 역할을 하다가도 아래로 내려와 한 명의 관객이 될 때도 있지요. 현실에서는 주인공일 때보다 관객일 때가 더많은 것 같습니다. 그러니까 우리는 모두 자기 인생의 주인공이면서 관객입니다. 중요한 것은 당신이 관객으로 있을 때 무대 위의 인생을 '어떻게 보느냐' 하는 관점의 문제입니다. '인생을 어떻게 살 것인가'보다 실은 더 근본적인 문제가 '인생을 어떻게 볼 것인가'입니다. 왜냐하면 우리는 다른 사람의 인생을 보면서 자기 삶의 영감을 얻기 때문입니다. 생각이 행동을 지배하는 것처럼 인생에 대한 관점이 각자 삶에 임하는 태도와 행동 방식을 결정하는 것입니다.

그러면 인생이라는 드라마를 어떻게 봐야 하는 걸까요? 먼저 봐야 할 것은 인생의 구조, 큰 틀입니다. 중국의 역대 사상가들 중에서 우리에게 인생의 틀을 가장 크게 그려 보여준 인물 역시 장자입니다. 책『장자』는 첫 장부터 그야말로 광대무변廣大無邊한 세계를 보여줍니다.

북해에 한 물고기가 있는데, 이름을 곤鯤이라 한다.

곤은 그 크기가 어마하여 몇 천 리인지 알 수 없다.

이것이 변하여 새가 되니 그 이름을 붕鵬이라 한다.

붕의 등 넓이도 몇 천 리인지 알 수 없다.

한번 노하여 날아오르면 그 날개가 하늘에 구름을 드리운 것 같았다.

이 새는 바다가 움직이고 바람이 불면 남명南冥으로 이동했다.

남명이 바로 '하늘연못天池'이다.

北冥有魚, 其名爲鯤 。
북 명 유 어   기 명 위 곤

鯤之大, 不知其幾千里也 。
곤 지 대   부 지 기 기 천 리 야

化而爲鳥, 其名爲鵬 。
화 이 위 조   기 명 위 붕

鵬之背, 不知其幾千里也 。
붕 지 배   부 지 기 기 천 리 야

怒而飛, 其翼若垂天之雲 。
노 이 비   기 익 약 수 천 지 운

是鳥也, 海運則將徙於南冥 。
시 조 야   해 운 즉 장 사 어 남 명

南冥者, 天池也 。
남 명 자   천 지 야
<逍遙遊>

『장자』의 첫 장을 읽고 '거대한 기세라는 것은 알겠는데 지나치게 신화적이지 않나?'라고 의문하는 이들이 있는데요, 맞습니다. 큰 물고기가 큰 새로 변하는 이 이야기는 환태평양지역의 민족들이 공유해 온 먼 옛날의 공통 신화입니다. 심리학자 칼 구스타브 융Carl Gustav Jung은 말했습니다. 한 인간을 이해하고 설명하는 데 신화는 사실보다 더 설득력이 있고 심지어 때로는 더 정확하다고요. 말로는 다 설명할 수 없는 신비와 영원의 무엇과 연결된 신화 같은 존재가 바로 인간이니까요. 따라서 신화라는 해석 틀은 인류의 정신 유산 속에 담긴 영감과 사상을 찾아 나를 감동시키고 내 삶을 더 풍요롭게 할 안내자인 것입니다. 사람들은 모두 자신만의 신화를 갖고 있다고 합니다. 다만 우리가 모를 뿐이지요. 위대한 시적 세계인 우주에서 온전히 내 것인 나만의 이야기, 우화, 신앙, 상징들을 찾는 정신적 탐구가 필요한 이유는 그 작업이 자기실현을 위한 시작이기 때문입니다.

앞에 나온 우화는 인간의 이상을 담은 신화입니다. 아마 이 글을 읽는 당신도 당신의 인생이 북해의 곤이 대붕이 되어 남명의 천지로 날아오르듯 도약과 변화의 여정이 되길 꿈꿀 테니까요. 우화는 우리가 바라는, 또 우리에게 필요한 큰 세계를 보여줍니다. 물론 이 세계는 판타지 영화에서 보듯 요술봉을 휘두르고 마법의 문을 통해서 닿을 수 있는 환상의 공간은 아닙니다.

물이 쌓여 두껍지 않으면 큰 배를 띄울 힘이 없다.

……

마찬가지로 대기가 쌓여 두껍지 않으면

대붕도 큰 날개를 띄울 힘이 없다.

且夫水之積也不厚, 則其負大舟也無力 。
차 부 수 지 적 야 불 후   즉 기 부 대 주 야 무 력

……

風之積也不厚, 則其負大翼也無力 。
풍 지 적 야 불 후   즉 기 부 대 익 야 무 력

<逍遙遊>

장자의 '소요유逍遙遊'가 가진 현대적 함의는 이런 것입니다. '소消'는 '없 애다, 청산하다'라는 뜻입니다. 그동안 자의든 타의든 우리를 속박해 온 여러 관념들과 편견들을 '없애라'는 말이지요. 가장 먼저 '청산'해야 할 것은 스스로를 작게 보는 태도입니다. 경계가 없이 아득하게 '멀고 넓다' 라는 뜻의 '요遙'는 넓은 시야, 넓은 가슴으로 세계를 보고 삶을 체험하 라는 의미입니다. '유遊'는 자유롭게 유유히 움직이는 것입니다. 여행자처 럼 스스로 만족하며 먼짓길 인생을 걷는 것이지요. 여행자의 눈으로 바 라보는 세상의 만사 만물은 신기와 재미가 가득한 것일 테니, 그가 걷 는 먼짓길은 지루하지 않을 게 분명합니다.

하늘도 땅도 다르다

: 다르게 보면 달라진다

세상 사람들을 멀리하고 홀로 깊은 산속에 들어와 사는 삶, 상상해 보셨나요? 외딴 섬 같은 삶은 과연 어떤 느낌일까요? 아마도 우선 멀고 가까움, 크고 작음, 많고 적음 따위에 대한 당신의 생각을 물어야 할 것 같습니다. 미국의 자연주의 철학자이자 작가인 헨리 데이비드 소로Henry David Thoreau는 스물여덟에 하던 일을 그만두고 월든 호숫가의 숲 속에 들어가 작은 통나무집을 짓고 혼자만의 은둔 생활을 시작합니다. 숲 속 호숫가에서 지낸 2년여의 시간, 그때의 경험을 정리해 펴낸 책이 바로 지금까지 인구에 회자되는 『월든Walden』입니다. 산에 들어가 지내는 소로에게 누군가 물었지요.

"그렇게 궁벽한 곳에서 혼자 지내기가 너무 외롭고 쓸쓸하지 않나요?"

"그럴 리가요? 우리가 사는 지구는 우주에 있는 아주 작은 점일 뿐입니다. 그 작고 작은 점에 이 세상 사람들 전부가 모여 살고 있는 걸요."

지구가 아주 넓어서 사람들과 멀리 떨어져 살고 있다고 생각하는 당신이라면, 아마도 산속에 들어가 독거하는 삶은 당신한테 고독과 적막이겠지요. 하지만 소로의 말처럼 지구가 실은 쌀알만큼이나 작고 또 그 작디작은 곳에 많은 사람들이 오밀조밀 모여서 살고 있는 것이라고 생각한다면, 당신은 훈훈한 온기와 함께 오히려 조금은 북적이고 비좁은 느낌마저 받을 것입니다. 이렇듯 세계와 사물에 대한 인식은 곧장 그것에 대한 느낌과 판단으로 연결됩니다. 동일한 대상이라도 그것을 인식하는 주체의 '바라봄의 차이'에 따라 전혀 다른 판단이 나오는 것이지요. 소로의 이러한 견해는 장자의 말을 떠올리게 합니다.

하늘과 땅을 쌀 한 톨이라 할 수도 있음을 알고,
터럭 한 올을 큰 산이라 할 수도 있음을 안다.

知天地之爲稊米也, 知毫末之爲丘山也 。
지 천 지 지 위 제 미 야   지 호 말 지 위 구 산 야
〈秋水〉

　100여 년 전에 살았던 소로는 미국 근대 교육을 받은 지식인이었으니 이해가 가지만, 소로보다 훨씬 옛날인 2천여 년의 세월을 거슬러 되돌아가야 만날 수 있는 장자는 어떻게 우주와 천문학에 대해 이와 같은 인식이 가능했을까요? 그것은 장자가 '상대성'을 누구보다 잘 이해한 철학자였기 때문입니다. 땅 위에 서서 보면 높은 하늘에 점점이 박힌 별들은 기껏해야 쌀 한 톨 크기로만 보입니다. 반대로 별들이 있는 곳에서 우리가 살고 있는 이곳을 본다면 지구도 마찬가지로 쌀 한 톨만큼 작게 보이겠지요. '무한無限'의 개념도 계량 계측 가능한 모든 것들에 '상대성'을 부여합니다. 당신이 아무리 커도 당신보다 더 큰 존재가 있으며, 당신이 아무리 작아도 당신보다 더 작은 무엇이 있기 마련입니다. 크다고 하는 것도 실은 크지 않은 것이며, 작다고 하는 것도 실은 작지 않은 것이지요. 또 다른 기준으로 측량한다면 작은 것이 외려 큰 것이 될 수도 있겠지요.

천하를 가을이 되어 가늘어진 털끝보다 크지 않다고 생각하면,

태산泰山은 더욱 작은 것이 된다.

天地莫大於秋毫之末, 而泰山爲小 。
천 지 막 대 어 추 호 지 말   이 태 산 위 소

〈齊物論〉

  장자는 사람들의 경직되고 차별적인 관점을 깨고 싶어 했습니다. 그
가 우리에게 일깨우고자 한 것은 이른바 크고 작음, 길고 짧음, 가볍고
무거움, 많고 적음 따위의 차이는 기실 모두 상대적이며, 어떤 대상과 비
교하는 척도의 기준은 무엇인지를 먼저 봐야 한다는 이치입니다. 터럭
을 놓고 비교하면 태산은 그야말로 어마어마한 큰 것이겠지만, 지구를
놓고 비교하면 태산도 그저 작을 뿐이니까요. 터럭도 마찬가지입니다.
나노미터를 기준으로 측정하면 터럭도 엄청나게 크게 보이겠지요.
  소로에게 월든 호수는 작은 바다였습니다. 대서양은 월든보다 좀 더
큰 호수였고요. 소로와 장자는 마치 서로 약속이나 한 것처럼 세계와
사물에 대해 동일한 인식을 보여주고 있는데요. 실은 소로와 장자만이
아닙니다. 동서고금의 많은 현자들은 세계에 대해 유사한 견해를 설파
했습니다. 중국 명대의 철학자이자 문인이요 정치가였던 왕양명王陽明의
시 「폐월산방蔽月山房」을 잠깐 보겠습니다.

    산이 가깝고 달은 멀어 달이 작게 보이니
    사람들은 산이 달보다 크다 말하네
    하늘처럼 큰 눈을 가진 이가 있다면

산이 작고 달이 더 큰 것을 볼 수 있을 텐데

山近月遠覺月小
산 근 월 원 각 월 소
便道此山大於月
변 도 차 산 대 어 월
若人有眼大如天
약 인 유 안 대 여 천
還見山小月更闊
환 견 산 소 월 갱 활

이 시는 왕양명이 열한 살의 나이에 썼다고 합니다. 대단하지요. 어리지만 주변 세계와 사물을 넓은 시야로 바라보는 열린 마음을 가진 덕분에 저리도 섬세하고 명료한 인식이 가능했을 겁니다.

다르게 보면 당신과 당신을 둘러싼 모든 것이 달라집니다. '다르게 보기'는 세계에 대해서, 우리 자신에 대해서, 그리고 삶에서 이전과는 완전히 다른 혁명적 변화를 시도할 수 있는 출발점입니다. 경직되고 차별적인 관점을 버리고 대신 상대적 각도에서 대상을 바라보고 느끼고자 애쓴다면, 당신이 머물고 있는 작은 곳이 어느 순간 크게 보입니다. 이제전에는 몰랐던, 하지만 늘 그곳에서 당신의 발견과 탐닉을 기다려온 무궁무진無窮無盡의 보물들이 시야에 들어올 겁니다. 또 당신이 살고 있는 넓은 세상을 작게 볼 수 있다면, 당신은 전보다 가볍고 편한 마음이 되겠지요. 그러면 풍진 세상을 건너는 고달프고 답답한 인생길이 한결 자유롭지 않겠습니까?

만물을 대하는 마음

: 우열(優劣)과 귀천(貴賤)의 잣대를 버려라

코끼리와 개미 둘 중에 누가 더 영리할까요? 대부분은 코끼리라고 답하겠지요. 코끼리가 더 영리한 이유에 대해서도 꽤나 할 말들이 많을 테지요. 그런데 만약에 말입니다. 코끼리가 개미처럼 작고, 개미가 코끼리처럼 크다면 어떻게 될까요? 아마 많은 분들이 말을 바꿔 개미가 더 영리하다고 하실 것 같습니다. 그리고 역시 꽤 설득력 있는 이유들을 제시하겠지요. 이러한 차별적 판단이 만들어지는 주된 원인은 우리가 '크기'에 미혹돼 있기 때문입니다. 동물의 지능을 판단하는 근거로 '크기'를 사용하는 것이지요.

천하의 만물과 사람들은 크기, 길이, 무게 등으로 '나눠지고', 거기서 다시 귀천(貴賤), 우열(優劣), 선악(善惡) 따위로 '구별 짓기'가 파생됩니다. 후자의 '구별 짓기' 즉 가치 판단에 속하는 차별적 관점은 사람들에게 더 큰 정서적 반응을 일으키고, 나아가 인생의 방향까지 좌우합니다. 장자는 사람들이 가치 차별적 관점에 휘둘리고 우롱당하는 것을 경계합니다.

도(道)의 관점에서 보면 사물은 본디 귀천의 구별이 없다.

물건의 입장에서 보면 언제나 자기는 귀하고 상대는 천하다.

세속의 눈으로 보면 귀천은 사물 자체에 있지 않다.

以道觀之, 物無貴賤 。
이 도 관 지   물 무 귀 천

以物觀之, 自貴而相賤 。
이 물 관 지   자 귀 이 상 천

以俗觀之, 貴賤不在己 。
이 속 관 지   귀 천 부 재 기

〈秋水〉

　귀천, 우열, 선악은 길이나 무게처럼 객관적인 척도의 기준이 있지 않
습니다. 매우 주관적이고 상대적입니다. 그래서 누구한테는 '귀한' 것이
또 다른 누구에게는 '천한' 것이 되기도 합니다. 귀천이나 우열, 선악 따
위는 결코 존재의 본질이 아닙니다. 사람들이 제멋대로 억지로 갖다 붙
이는 것일 뿐이지요. 호주 퀸즐랜드 대학교의 심리학자 폴 윌슨Paul Wilson이
재미있는 실험을 했습니다. 그는 학생들을 세 조로 나누고 동료 학자들
을 강사, 부교수, 정교수로 각각의 직위를 소개했지요. 그리고는 학생들
에게 그 학자들의 신장을 추정해보도록 했더니, 꽤 흥미롭고 의미심장
한 결과가 나왔습니다. 학생들은 학자들의 직위가 높을수록 그의 키를
약 2센티미터씩 더 크게 봤습니다. 실험 결과는 사람들의 관습적 인식
구조를 보여줍니다. 키의 크고 작음과 신분의 귀천이나 능력의 우열 사
이에 놓인 허구적 상관성이 그것입니다. 인식의 내용은 사실이 아닌 허
구일 뿐이지만, 사람들의 판단에 실질적인 영향력을 행사하지요. 몇 해
전에 미국 프린스턴 대학교에서 실시한 연구 결과에 따르면, 남녀를 불
문하고 키가 10센티미터 더 큰 사람은 평균 소득도 10% 가량 증가하는
것으로 나타났다고 합니다.
　키가 큰 사람은 정말 더 유능할까요? 그거야 알 수 없지요. 하지만 키
가 작은 사람은 자주 조롱과 희화화의 대상이 됩니다. 미국의 작가 올

리버 웬델 홈스Oliver Wendell Holmes는 체구가 왜소했지요. 어느 날 그가 한 회의에 참석했는데, 홈스만 빼고 다들 하나같이 키가 컸나 봅니다. 회의에 동석한 지인이 다소 야유가 섞인 투로 홈스에게 말했지요.

"홈스 자네, 이렇게 키 큰 사람들 틈에 있으려니 자신이 더욱 작게 느껴지겠구먼!"

홈스도 지지 않고 받아쳤습니다.

"맞아요, 동전 더미에서 홀로 반짝이는 작은 은화가 된 기분이네요."

거기에 모인 많은 사람들이 홈스의 재치에 박수를 보냈을 게 분명합니다. 조금도 기죽지 않고 오히려 촌철살인으로 상대의 얄팍함과 미욱함을 보기 좋게 드러냈으니까요. 하지만 장자라면 홈스의 반격에 동의하지 않았을 겁니다. 키가 큰 사람들을 값싼 구리 동전으로 비유한 홈스의 태도도 마찬가지로 상대를 폄하하는 것이었으니까요. 장자는 '자기는 귀하고 상대는 천하다'는 자기중심적 사고방식을 사람들이 버리길 바랐지요. 그리고 '상대론'적 관점에서 진일보하여 평등의 견지에서 만물을 관찰하고 대하는 '제물론'적 세계관으로 우리를 이끌고자 합니다.

> 대체로 작은 것으로 큰 것을 보면 그 전체를 볼 수 없고
> 또 큰 것으로 작은 것을 보면 분명하게 볼 수 없다.
> 무릇 정精은 작은 것 중의 작은 것이요, 천지는 큰 것의 큰 것이다.
> 큰 것은 큰 것대로 작은 것은 작은 것대로
> 그 적합한 자리가 있으니
> 그것이야말로 사물이 본디 가진 형세인 것이다.

夫自細視大者不盡,
부 자 세 시 대 자 부 진

自大視細者不明 。
자 대 시 세 자 불 명

夫精小之微也,
부 정 소 지 미 야

垺大之殷也 。
부 대 지 은 야

故異便,
고 이 편

此勢之有也 。
차 세 지 유 야

<秋水>

'한 자의 길이도 짧을 때가 있고, 한 치의 길이도 길 때가 있다'라는 말이 있습니다. 모든 사람 모든 사물은 각각 나름의 장점과 단점이 있고, 고유의 존재 의미와 가치를 지녔다는 뜻이지요. 우주 만물은 태초부터 하나로 연결된 것이니 길고 짧음이나 크고 작음으로 서로를 구별 짓고, 잘나고 못남이나 귀하고 천함 따위로 서로를 규정하는 행위는 아무런 의미가 없다고 장자는 말합니다. 그러니까 타인이나 주변 사물과 마주할 때 어떤 우열이나 귀천의 잣대를 들이대지 말고, 또 역시 같은 잣대로 자신을 보면서 우쭐대거나 주눅들 일도 없다는 것입니다. '모든 존재가 소중하다'는 깨달음을 얻는다면 당신은 지금보다 훨씬 쾌활한 삶을 살겠지요. 그리고 타인에게도 지금보다 훨씬 너그럽고 따뜻한 당신이 될 것입니다.

탈 중심 탈 주변

: 모두가 중심이며 주변이다

인생이란 무대에서 당신은 당신의 자리가 있고 나도 나의 자리가 있습니다. 그리고 우리는 그 무대 위에서 종종 위치를 바꾸며 움직이기도 합니다. 그 움직임에는 일정한 방향이 있는데요, 그건 사람들 대부분이 무대 중앙을 향해 나아가려 한다는 것이지요. 무대 중앙은 모두가 주목하고 선망하는 자리니까요. 사람들이 지방이 아닌 도시로 몰리는 것도 번화한 대도시에서 활약하는 삶이 성공의 척도가 되었기 때문이지요. 반면에 한적한 도시 외곽이나 궁벽한 시골에서의 삶은 실패와 빈곤의 동의어가 되었습니다. 중심과 주변을 나누는 차별적 관점은 사람과 사람 사이의 거리를 벌려 놓았습니다. 뿐만 아니라 우월감과 열등감, 기쁨과 시름 같은 상반된 정서를 만들었습니다. 이 글을 읽는 당신은 지금 어디에 있나요? 변두리에 사는 당신, 바깥으로 내쳐진 것 같아 낙심하고 슬픈가요? 화려한 도시를 누비는 당신, 인생에서 성공한 것 같아 의기양양한가요? 장자가 말합니다.

> 내가 아는 천하의 중앙은 연나라의 북쪽이요 월나라의 남쪽이다.
>
> 我知天之中央, 燕之北, 越之南是也。
> 아 지 천 지 중 앙　 연 지 북　 월 지 남 시 야
>
> 〈天下〉

상식적으로 보면 천하의 중앙은 연나라와 월나라의 중간인 중원中原 일

대인데, 장자는 어째서 중심이 변경에 있다고 했을까요? 물론 지리적 감각이 없어서 그런 것은 아닙니다. 장자의 이 말은 중심과 주변에 대한 일반화된 사고의 경직성과 폐쇄성을 깨트리려는 시도였습니다. 지구는 원형이니까 지구상의 모든 곳이 중심이 될 수 있고, 그 중심은 다른 중심지의 주변이기도 합니다. 이것은 장자의 상대론과 제물론에서 중요한 개념 중 하나입니다. 중심과 주변의 관계는 상대적이며 언제고 바뀔 수 있다는 말이지요. 역사를 보면 많은 국가와 도시들의 중앙과 변경이 계속 변해온 것을 알 수 있습니다. 정작 우리가 놓친 중요한 사실은 진짜 중심은 사람이지, 그가 머물고 있는 지역의 위치가 될 수 없다는 것입니다.

20세기 최고의 첼리스트 파블로 카잘스Pablo Casals는 스페인 출신이지만 내전 이후 집권한 프랑코 독재 정권에 저항하며 프랑스의 작은 산골 마을인 프라드로 갑니다. 카잘스는 프랑코 정권에 애매한 태도로 일관한 영국, 미국 등의 초청 공연도 모두 거절하고 프라드에 틀어박혀 지냈지요. 그런 카잘스를 그리워하고 흠모하는 세계 각지의 음악가들과 음악 애호가들이 1950년 프라드에 모여서 제1회 프라드 음악제를 열게 됩니다. 이를 계기로 인적 드문 산골의 작은 마을이었던 프라드는 세계 음악의 중심으로 주목받게 되었습니다.

그 누구도 영원히 무대의 중앙에 있을 수는 없습니다. 언젠가는 내려와야 합니다. 그리고 다른 사람이 당신이 서 있던 자리를 대신 차지하게 되겠지요. 지역이든 사람이든 중심과 주변, 우열과 귀천의 관계는 계속 변하고 바뀌는 것입니다. 그것은 거스를 수 없는 자연의 이치입니다.

도의 관점에서 본다면 무엇이 귀하고 무엇이 천한가?

이는 자연의 방대함에 반하는 것이라 한다.

너의 마음과 뜻에 사로잡히지 말라.

도와 함께 가는 길은 아주 어려운 길이다.

以道觀之, 何貴何賤, 是謂反衍, 無拘而志, 與道大蹇 。
이 도 관 지   하 귀 하 천   시 위 반 연   무 구 이 지   여 도 대 건

<秋水>

타이베이臺北는 타이완의 중심지, 수도입니다. 타이마리太麻里향이란 곳은 타이둥臺東현의 남동부에 위치한 작은 해안 마을로 만 천 명이 조금 넘는 인구가 살고 있지요. 이 두 곳은 그 자체로는 중앙과 변경, 부유와 빈곤 따위의 구별이 있을 수 없는 그냥 지역일 뿐입니다. 이분법적으로 구별을 짓고 차별화하는 것은 순전히 우리의 가치 판단 때문이지요. 세속적인 눈으로 보면, 타이페이가 타이완의 중앙이고 타이마리가 변경인 것은 분명한 사실처럼 보입니다. 하지만 타이마리의 원주민인 파이완Paiwan족 입장에서 보면, 그들한테는 타이마리가 중심지고 타이베이야말로 변두리가 되겠지요. 당신한테는 당신만의 중심지가 있고, 나한테도 나만의 중심지가 있지 않겠습니까? 그러니 수도인 타이베이에 산다고 우쭐댈 이유가 전혀 없습니다. 타이마리에 산다고 기죽을 필요도 물론 없습니다. 우리가 만들어낸 좌표와 좌표에 붙인 속성들이 생산해내는 정서적 방해물에 휘둘린다면, 당신은 주체적이고 독립적으로 사유하지 못하는 줏대 없는 사람이 되는 것입니다. 이는 기성적 사고와 관념에

세뇌당하고 제약받은 채 안주하려는 태도입니다.

중세 유럽의 전기적傳奇的 인물인 아서 왕은 소년 시절 마법사 멀린을 스승처럼 따르며 그로부터 많은 것을 배우고 익힙니다. 아서는 멀린과 함께 산 속 외진 곳에서 지냈는데, 소년 아서에게 그곳이 꽤나 답답했던 모양입니다. 신통한 멀린이 그런 아서의 마음을 모를 리 없었지요. 아서는 틈만 나면 높은 곳에 앉아 먼 데를 바라보며 멍하게 있곤 했으니까요. 멀린이 아서에게 다가가 이런 말을 건넵니다.

"왕자가 서 계신 곳에서 사면팔방 어느 쪽을 보더라도 끝은 보이지 않아요. 왕자가 지금 계신 곳이 바로 우주의 중심이니까요."

멀린의 한 마디는 소년 아서의 가슴에 영원히 새겨집니다. 그 후로 우뚝 성장한 아서는 산에서 내려와 신검 엑스칼리버를 휘두르며 수많은 무훈武勳을 세우고 잉글랜드의 가장 위대한 국왕이자 전설적 영웅이 되지요. 영웅이 되기까지 수많은 일들이 아서를 둘러싸고 일어납니다. 어디를 가더라도 아서가 우주의 중심이 될 것이라는 멀린의 예언이 현실로 실현된 것입니다.

소년 아서에게 건넸던 마법사 멀린의 말은 곧 장자가 우리에게 주는 가르침입니다. 모든 곳이 중심이며 주변이라고요. 당신이 어디에 있든 또 어디로 가든, 당장 발 딛고 서 있는 당신의 '지금 여기'가 당신 영혼의 안식처이자 생활의 중심이며, 성공의 무대이자 행복의 거처인 것입니다.

옳은 것과 그른 것

: 코끼리 더듬는 장님을 멈춰라

인간 세상의 수많은 차별 혹은 차이와 대립들, '크고 작음', '길고 짧음', '귀하고 천함', '높고 낮음' 따위들보다 더 논쟁적인 것은 다름 아닌 '옳고 그름이나 맞고 틀림'에 관한 문제일 것입니다. 왜냐하면 '옳고 그름이나 맞고 틀림'에 대한 판단이 담지擔持하는 것은 한 개인의 주장과 입장, 신앙, 심지어 그 사람의 지혜와 어리석음까지 반영하는 문제이기 때문입니다. 그런 까닭에 우리는 자주 '무엇이 맞고 무엇이 틀린지', '누가 옳고 누가 그른지'를 놓고 논쟁하느라 날을 세우며 대립합니다. 사상 논쟁의 대표적 예라 할 수 있는 춘추전국시대 제자백가의 쟁명爭鳴에 대해 장자는 그 특유의 견해를 보입니다.

> 도는 작은 성취에 가려지고
> 말은 화려한 언사에 가려진다.
> 그래서 유가와 묵가 사이에 시비가 생겨
> 옳다고 하면 그른 것이다 하고
> 그르다고 하면 옳은 것이다 한다.
> 상대가 그르다고 한 것을 옳다고 하고
> 상대가 옳다고 한 것을 그르다고 하며 서로 고집하느니
> 자연의 명증함을 구하는 것만 못할 것이다.

道隱於小成,
도 은 어 소 성

言隱於榮華 。
언 은 어 영 화

故有儒墨之是非,
고 유 유 묵 지 시 비

以是其所非,
이 시 기 소 비

以非其所是 。
이 비 기 소 시

欲是其所非,
욕 시 기 소 비

以非其所是,
이 비 기 소 시

則莫若以明 。
즉 막 약 이 명

〈齊物論〉

　사물의 본연은 '헤아릴 수 없고, 끝이 없으며, 나눌 수 없는' 것입니다. 그러므로 어떤 누구 혹은 어떤 학설이나 주장도 사물에 대한 완전한 관찰과 종합적 조명이란 있을 수 없습니다. 결국 사람들이 보았다고 하는 것은 무한의 시공간적 관계 속에 있는 사물의 한 단면일 수밖에 없으며, 우리가 볼 수 있는 것은 본질의 미세한 부분일 뿐이지요. 마치 장님이 거대한 코끼리를 더듬듯 말입니다. 유가와 묵가의 시비 논쟁만이 아닙니다. 제가백가의 모든 논쟁이 다 그렇습니다. 그들은 각자의 작은 성취에 경도되어 마치 장님이 코끼리를 더듬듯 자기가 아는 부분적 지식을 전부라 믿고, 자신의 주장만 내세우는 논쟁을 되풀이했습니다. 자신이 알고 있는 것이 실은 전체의 극히 작은 일부라는 사실을 깨닫고 인정한다면, 불

필요한 논쟁에 서로 지치고 부대끼는 소모전을 피할 수 있습니다. 더욱 값진 것은 넓은 가슴과 시야로 문제를 바라볼 줄 아는 마음이지요.

젊은 스님 두 분이 무슨 까닭인지 서로 얼굴을 붉히며 옥신각신 논쟁이 한창입니다. 양쪽 모두 서로 자기 생각만 내세우며 고집을 꺾지 않으니 다툼은 도무지 해결의 실마리가 보이지 않습니다. 결국 두 스님은 시비를 가려달라며 각자 큰스님이 계시는 선방禪房을 찾습니다. 제자 갑의 이야기를 다 들은 후 큰스님은 환하게 웃으며 말씀합니다. "자네 말이 맞네." 뒤이어 선방을 찾은 제자 을의 이야기를 다 들은 후 큰스님은 역시 밝게 웃으며 말씀합니다. "자네 말이 맞네." 줄곧 뒤에서 스님들의 대화를 듣고 있던 사미승(십계十戒를 받고 수행 중인 어린 남자 승려-옮긴이)은 알다가도 모르겠다는 표정으로 큰스님께 묻습니다.

"사부님! 갑 스님이 옳다면 을 스님은 틀린 것이고, 을 스님이 옳다면 갑 스님은 틀린 것 아닙니까? 사부님께선 어찌하여 두 스님이 다 옳다고 하시는지요?" 사미승의 말을 들은 큰스님은 인자한 얼굴로 말합니다. "그래, 네 말도 옳구나."

사물은 본디 그런 것이고, 본래 옳은 것이다.
사물은 그렇지 않은 것이 없고, 옳지 않은 것이 없다.

物固有所然, 物固有所可 。
물 고 유 소 연   물 고 유 소 가
無物不然, 無物不可 。
무 물 불 연   무 물 불 가
〈齊物論〉

모든 문제는 다양한 일면과 방향성을 갖습니다. 그러므로 어떤 문제든 여러 각도에서 바라볼 때에라야 조금이라도 더 본질에 접근할 수 있는 것입니다. 관점의 다름은 문제를 바라보는 각도와 차원의 다름일 뿐, 그 각각은 '부분적 진실'을 갖습니다. 예화에 등장하는 젊은 스님 두 분과 사미승도 모두 부분적으로는 옳은 것이지요. 그러니까 큰스님의 시비 평론은 위선도 거짓도 아닙니다. 오히려 장자 사상의 핵심을 정확히 체득하고 포착한 것입니다. 거꾸로 생각하면 모든 관점에는 '부분적 거짓 혹은 오류'가 있습니다. 장자는 말합니다.

> 사물의 옳은 면에서 보면 그 옳은 점이 보이니
> 천지만물은 옳지 않은 것이 없으며
> 사물의 그른 면에서 보면 그 그른 점이 보이니
> 천지만물은 그르지 않은 것이 없다.

因其所然而然之,
인 기 소 연 이 연 지

則萬物莫不然 。
즉 만 물 막 불 연

因其所非而非之,
인 기 소 비 이 비 지

則萬物莫不非 。
즉 만 물 막 불 비

〈秋水〉

따라서 만약 큰스님이 세 제자의 말을 듣고 '네 말이 틀렸다' 평한다고 해도, 그 역시 성립 가능한 것입니다. 왜냐하면 사람은 누구나 오류를 범할 수 있기 때문이지요. '너희가 모두 옳다'는 큰스님의 말은 결코 '입장 없음'이 아닙니다. 그것은 '선善'으로 타인을 대하고 자비와 관용의 태도로 문제를 바라보는 높은 도덕 수행의 표현입니다.

코끼리 더듬는 장님이 아닌 참 지혜로 눈 밝은 '명안인明眼人'이 되고자 한다면, 먼저 알아야 합니다. 사람은 누구나 선한 일면과 악한 일면을 가지며, 그가 취하는 관점도 옳은 부분과 틀린 부분이 있다는 너무도 평범하지만 위대한 진리를요. 어떤 것도 긍정할 수 있고 또 부정할 수 있는 넓은 시야와 열린 마음에서 평화와 행복의 온기가 탄생합니다.

놓치고 잃는 것

: 뭐 잊은 거 없는가

우리는 하나같이 바쁩니다. 늘 무언가에 쫓기고 무언가를 쫓으며 살아갑니다. 지금 당신이 바라고 쫓는 대상이 무엇이든, 그것은 당신에게 때로는 성취감을 때로는 좌절감을 안겨줄 것입니다. 성취와 좌절의 누적은 당신 인생의 기복起伏을 보여주고, 삶의 성공과 실패를 가름하는 중요한 지표처럼 보입니다. 그런데 성공과 실패가 우리 삶의 값어치 전부일까요? 장자의 사상은 이 대목에서 특히 빛이 납니다. 장자는 인생의 득실得失을 소문昭文의 거문고 연주와 견주고 있습니다.

과연 이루고 훼손함이 있는 것인가, 이루고 훼손함이 없는 것인가?

이룸과 훼손이 있다 함은 옛날 소문昭文이 거문고를 뜯은 것이며
이룸과 훼손이 없다 함은 옛날 소문이 거문고를 뜯지 않은 것뿐이다.

果且有成與虧夫哉, 果且無成與虧夫哉 。
과 차 유 성 여 휴 부 재   과 차 무 성 여 휴 부 재

有成與虧, 故昭氏之鼓琴也 。
유 성 여 휴   고 소 씨 지 고 금 야

無成與虧, 故昭氏之不鼓琴也 。
무 성 여 휴   고 소 씨 지 불 고 금 야

<齊物論>

    소문은 거문고를 아주 잘 뜯었다는 중국 고대의 유명한 음악가입니다. 하지만 아무리 그의 거문고 연주 실력이 뛰어나도 삼라만상 자연이 품고 있는 그 모든 아름다운 소리들을 다 담아서 표현할 수는 없습니다. 소문이 지극한 정성으로 거문고를 뜯는다 해도 모자람이 있는 아쉬움은 항상 남게 마련입니다. 소문이 거문고를 아예 뜯지 않는다면 모를까요. 그의 손가락이 거문고에 가 닿는 순간, '부분의 성공'과 '부분의 실패'는 피할 수 없는 숙명이 되는 것입니다. 우리는 '완성 혹은 성취'를 '얻은 것'으로, '결손 혹은 실패'를 '잃은 것'으로 생각하는 데 익숙합니다만, '득실과 성패'에 대한 장자의 견해는 '구별하고 가르는 판단'의 습관으로부터 우리를 무장해제합니다. 그러니까 당신이 무엇을 하든 상관없이 그 결과는 얻은 것이 있으면 반드시 그만큼 잃은 것도 있다는 사실입니다. 주변을 보세요. 예는 얼마든지 있습니다. 부는 얻었지만 건강을 잃고, 권력은 잃었지만 대신 사랑을 얻는 경우도 그런 예의 하나가 되겠지요.

이야기를 하나 하겠습니다. 그는 어릴 적부터 음악을 좋아했답니다. 특히 바이올린에 열광했지요. 하지만 성년이 된 그는 부친이 가셨던 길을 따라 상계商界에 진출해 기업인으로서 큰 성공을 이룹니다. 하루는 그가 부친을 모시고 고급 레스토랑에서 식사를 하는데, 마침 바이올린 연주가가 그곳에서 공연을 하고 있더랍니다. 바이올린의 선율이 부드럽게 울려 퍼졌지요. 성공한 젊은 기업인은 연주를 감상하면서 바이올린에 열중했던 자신의 어린 시절을 떠올립니다. 그리고 문득 무언가를 놓쳤다는 결락감에 작은 한숨을 내쉬며 부친한테 말했지요.

"제가 그때 계속 바이올린을 배웠더라면, 어쩌면 저도 지금 여기서 저렇게 연주를 할 수 있었을 텐데요."

그의 부친이 웃는 얼굴로 아들을 바라보며 말합니다.

"그래, 네 말대로 그럴 수도 있겠지. 하지만 그렇게 됐다면 네가 여기서 지금처럼 편히 식사를 즐길 수는 없었을 거다."

자신이 잃은 것만 보려는 사람들이 있습니다. 그들은 자기가 얻은 것들이 많다는 사실을 알지 못합니다. 그런가하면 자신이 얻은 것들만 보느라 자신이 잃은 게 무엇인지 깨닫지 못하고 살아가는 사람들이 있습니다, 아니 그런 사람들이 훨씬 더 많습니다. 『장자』의 잡편雜篇 제32장 「열어구列禦寇」를 보면 송나라 사람 조상曹商의 이야기가 나옵니다. 송나라 왕은 조상을 진나라에 사신으로 보내면서, 그에게 수레를 몇 대 하사합니다. 진나라에서도 조상은 후한 대접을 받습니다. 조상을 마음에 들어한 진나라 왕이 그에게 수레를 자그마치 백 대나 주었으니까요. 의기양양해져 돌아온 조상이 장자를 만나 이렇게 말합니다.

"나보고 좁고 더러운 골목에서 짚신이나 짜면서 굶기를 밥 먹듯이 하며 살아라 한다면 난 할 수 없을 것이오. 하지만 만승萬乘의 군주를 깨닫게 하여 수레 백 대를 하사받는 일은 내가 잘 하는 것이오."

장자의 말이 곧 이어집니다.

"내 듣자하니 진나라 왕이 신병身病을 앓아 의원을 청한 적이 있답니다. 왕의 몸에 난 농창膿瘡을 없앤 의원한테 수레 한 대를 주었고, 치창痔瘡을 직접 핥아 치료한 의원한테는 수레 다섯 대를 내렸지요. 더러운 부위를 치료할수록 더 많은 수레를 하사했다 들었는데, 그대도 진나라 왕을 핥아서 치료한 것이오? 아니면 어찌 그렇게 많은 수레를 받았단 말이오? 어서 나가시오!"

장자와 조상의 대화 장면은 고대 그리스의 철학자 아리스티포스와 디오게네스의 일화를 떠올리게 합니다. 아리스티포스는 소크라테스의 제자로 키레네 학파의 창시자입니다. 그는 당시에 꽤나 호화로운 생활을 했나 봅니다. 반면 거리의 거지 철학자로 잘 알려진 디오게네스는 무소유와 자족의 삶을 평생 실천했습니다. 디오게네스가 강가에서 푸성귀를 씻고 있는데, 마침 그곳을 지나가던 아리스티포스가 그 모습을 보고 이렇게 한 마디를 건넸지요.

"자네 말일세, 나한테 처세의 도를 좀 배워야겠군, 이를테면 이런 것들이라네, 권세가들과 사귀고 그들에게 아첨하는 기술이지, 이런 것들은 부귀영화를 누릴 수 있게 해주지. 물론 지금처럼 고생할 필요도 없고 말이야."

잠자코 듣고 있던 디오게네스가 입을 엽니다.

"자네는 나한테 안빈낙도安貧樂道의 자유를 배워야 할 것 같군, 거친 밥 한 덩이에 푸성귀 쪼가리로도 충분히 만족된 삶을 살 수 있으니까, 자네처럼 종일 권세가들 꽁무니 따라다니며 굽실거리고 무릎 꿇을 일 따위는 전혀 없거든."

우리는 보통 '득得과 실失'을 생의 '영榮과 욕辱'으로 연결합니다. 그게 전부라고 생각하지요. 한 사람의 '득'이 어쩌면 다른 한 사람의 '실'이 될 수 있고, 한 사람의 '영광'이 다른 한 사람의 '치욕'이 될 수도 있음을 생각하지 않습니다. '득과 실', '영과 욕' 사이에서 따라야 할 것은 당신의 가치 판단입니다. 타인의 욕망에 이리저리 휘둘리지 않는 것입니다. '주체적'이라 함은 바로 이런 것입니다. 디오게네스처럼 말이지요.

당신이 지금 보는 것이 '성취'든 '좌절'이든, 아니면 '영달榮達'이든 '망신亡身'이든, 그것은 곧 당신이 욕망하는 대상이겠지요. 하지만 욕망은 또 다른 욕망을 낳을 뿐입니다. '욕망 추구' 자체를 부정하려는 것이 아닙니다. 다만 욕망의 대상과 과정을 점검해보자는 것입니다. 우리가 잃어가고 있는 것, 놓치고 있는 것은 없는지 이따금 멈추고 살펴보는 것이지요. 한 개인의 삶을 성공 아니면 실패로 평가하는 '일방적이고 편협한' 이분법적 사유 방식은 그 자체로 편파적이고 폭력적이기 때문입니다.

부디 잊지 마세요. 당신이 얻거나 잃은 것이 무엇이든, 당신이 의도했든 안 했든, 당신의 소홀로 그 무엇의 배면背面에는 놓친 다른 무언가가 있다는 사실을요. 놓친 것을 찾아 되살리는 일은 당신 인생의 완성도를 높여가는 과정이니까요.

조삼모사 이야기

: 어떤 인생을 선택할 것인가

인생은 결코 달지만은 않습니다. 술술 잘 풀리고 잘 나갈 것만 같은 인생도 실패와 시련에 몸서리치게 지독한 쓴 맛을 봐야 할 때가 오게 마련입니다. 그 어떤 인생도 승승장구만 계속되지 않습니다. 누가 먼저 성공하고 누가 먼저 실패하느냐, 전후 순서의 차이가 있을 뿐입니다. 그래서 '첫 끗발이 개 끗발'이란 말도 생겼나 봅니다. 만약 당신에게 선택을 하라고 한다면, 당신은 '선 성공, 후 실패'의 인생을 택하겠습니까 아니면 '선 실패, 후 성공'의 인생을 택하겠습니까? 여러분이 어떤 선택을 하든, 또 무슨 이유로 그런 선택을 했든, 장자는 여러분에게 같은 하나의 이야기를 할 것입니다.

원숭이 주인이 아침먹이로 도토리를 주면서

아침에 세 알 저녁에 네 알을 주겠다고 말했다.

원숭이들이 모두 성을 내자

주인이 그러면 아침에 네 알 저녁에 세 알을 주겠다고 말했다.

원숭이들이 모두 좋아했다.

狙公賦芋,
저 공 부 서
曰 :「朝三而暮四」。
왈   조 삼 이 모 사

衆狙皆怒,
중 저 개 노

曰:「然則朝四而暮三」。
왈   연 즉 조 사 이 모 삼

衆狙皆悦 。
중 저 개 열

〈齊物論〉

　너무도 유명한 조삼모사朝三暮四의 원숭이 이야기는 주로 변덕이 심해 갈피를 잡을 수 없는 사람을 말할 때 자주 인용됩니다만, 그 애초의 의미는 '동일한 내용이라도 다른 순서로 배치하면 사람들에게 착각을 일으켜 진실은 은폐되고 기만과 우롱을 당할 수 있음'을 경계하는 것입니다. '원숭이니까 그런 말도 안 되는 조롱을 당하지!'라고 말하는 사람이 있을지도 모르겠습니다. 하지만 장자가 이 우화를 빌려 말하고자 한 것은 결국 사람의 이야기입니다. 장자는 인생의 성공과 실패에 대한 당신의 선택과 견해가 실은 조삼모사 우화 속 원숭이들과 별반 다르지 않다고 말하는 것입니다.

　이와 관련한 심리학자들의 실험도 많습니다. 두 무리의 피실험자들에게 'A'라는 동일한 사람을 소개하면서 설명 방식을 '가'형과 '나'형으로 나누는 실험을 했습니다. '가'형은 '총명, 근면, 충동, 예민, 완고, 질투'라는 단어를 사용했고, '나'형은 '질투, 완고, 예민, 충동, 근면, 총명'으로 앞서 'A'를 소개할 때 사용한 단어의 순서만 바꿨습니다. 피실험자들에게 'A'의 전체적 인상에 대한 평가를 요구했을 때 '가'형으로 'A'를 소개받은 실험 참가자들은 '나'형으로 소개받은 이들보다 훨씬 더 좋게 'A'의 인상을 평가했습니다. 다른 여러 실험의 결과도 마찬가지였습니다. 내용은 같고 순서만 바뀌었을 뿐인데도 사람들한테 전혀 다른 느낌과 정서 반응을 생산하더란 것입니다. 아래 장자의 말도 같은 이야기입니다.

명名도 실實도 변한 것이 없거늘

좋고 싫은 마음을 만들어내니

이는 기호 때문이다.

그러므로 성인聖人은 옳고 그름을 화합하여

하늘의 균형을 유지해야 하는데

이를 일컬어 '양행兩行'이라고 한다.

名實未虧,
명 실 미 휴

而喜怒爲用,
이 희 노 위 용

亦因是也 。
역 인 시 야

是以聖人和之以是非,
시 이 성 인 화 지 이 시 비

而休乎天鈞,
이 휴 호 천 균

是之謂兩行 。
시 지 위 양 행

〈齊物論〉

소설이나 드라마에 자주 등장하는 인생의 판본은 이런 것이지요. 착한 사람의 인생은 언제나 고난과 시련으로 시작해서 좌절과 역경을 이겨내고 결국에는 행복한 결말로 웃으며 끝을 맺지요. 반면에 악한 사람은 처음에는 성공의 가도를 달리며 부귀영화를 누리지만 점점 퇴락을 향해 가다가 마침내 모든 것을 잃고 비극의 최후를 맞지요. 우리 사회의 가치 지향을 보여주는 이 흔한 판본이 계속 통하는 이유는 사람들 대부분이 해피엔딩을 더 선호하기 때문입니다. 사람과 원숭이가 다른 점이 있다면 원숭이들은 목전의 쾌락과 이익을 중시하지만 사람들은 최후의 결과를 더 중요하게 생각한다는 것 정도겠지요. 오늘보다는 내일이 더 좋아지길 바라는 것입니다. 그래서 사람들은 희망이니 미래지향이니 따위의 말들을 좋아하나 봅니다. 하지만 이것은 시간의 순서가 만들어낸 미망, 환상일 뿐입니다.

장자는 우리에게 만약 순서의 차이가 만들어낸 착각과 그 착각이 일으킨 기만과 우롱에 휘둘리고 싶지 않다면, 먼저 인생의 가치를 성공과 실패나 득의와 실의로 평가하는 '양 극단의 관점을 하나로 합치고' 그 가운데서 '마음의 균형 잡기'를 위해 먼저 애쓰라고 말합니다. 마음의 균형을 이루면 인생의 기복 따위로 흔들리는 일이 없습니다. 사람과 세상만사에 대해서도 이전보다 더 명확하고 합리적으로 판단할 수 있게 됩니다. 지금 잘나간다고 끝까지 잘나가리라 누가 보장하겠습니까? 또 지금 못 나간다고 인생이 끝까지 꼬이기만 하겠습니까? 모르지요, 그러니 일희일비—喜—悲하지 마세요.

다만 인생이 쓰고 아플 때, 잊지 마세요! 당신에게도 다른 누구보다는 분명 '달고 좋았던 시절'이 있었다는 사실을요. 부디 지금의 쓰라림으로 그 '달고 좋았던 시절'을 부정하고 왜곡하며 괴로워하지 마세요!

시간의 길고 짧음이란

: 나의 밤도 당신의 낮도 모두 아름답다

누구에게나 일 년 365일 하루 24시간 공평하게 주어집니다. 그런데 일생은 다릅니다. 긴 생도 있고 짧은 생도 있습니다. 가장 안타까운 것은 너무 이른 죽음이지요. 가능만 하다면요, 누군들 더 길게 더 오래 살고 싶지 않겠습니까! 방중술房中術의 시조로 잘 알려진 전설적 인물 팽조彭祖처럼 800년 가까이 살 수 있다고 하면 가장 좋겠지요. 그런데 장자는 팽조의 장수를 전혀 부러워하지 않은 모양입니다.

> 천하를 가을이 되어 가늘어진 털끝보다 크지 않다고 생각하면
> 태산泰山은 더욱 작은 것이 된다.
> 어려서 죽은 갓난아기보다 오래 산 자가 없다고 생각하면
> 팽조彭祖도 일찍 죽은 것이다.

> 天地莫大於秋毫之末,
> 천 지 막 대 어 추 호 지 말
> 而泰山爲小 。
> 이 태 산 위 소
> 莫壽於殤子,
> 막 수 어 상 자
> 而彭祖爲夭 。
> 이 팽 조 위 요
> 〈齊物論〉

팔천 년을 봄으로 또 다시 팔천 년을 가을로 산다는 상고 시대의 전설

속 동백나무와 비교한다면 팽조의 팔백 년 생애도 단명한 것이지요. 장자는 '어려서 죽은 갓난아기보다 오래 산 자가 없다'고 생각한다면 팽조의 생도 짧은 것이라고 말하고 있는데, 장자의 이 말은 시간의 길고 짧음에 대한 고정관념을 깨고 시간성을 초월하고자 하는 의지적 발언입니다.

당신이 몇 년을 살든 혹은 어떤 일에 대해 얼마나 긴 경험을 하든, 그 시간은 길고 동시에 또 짧습니다. 아인슈타인이 이런 말을 했다지요. '예쁜 여자와 함께 2시간을 앉아 있었지만, 당신이 느끼는 그 시간은 고작해야 2분일 것이다. 하지만 뜨거운 화롯불 위에서라면 2분도 2시간처럼 느껴질 것이다.' 그렇습니다. 중요한 것은 시간의 객관적인 길이가 아니라 그 시간 동안의 경험을 통해 당신이 받는 주관적 느낌입니다. 매일을 하는 일도 없이 멍때리고 앉아서 보내는 인생이라면 팽조처럼 팔백 년을 산들 무슨 의미가 있겠습니까? 하지만 긴장과 기대로 두근거리는 다채롭고 풍성한 매일이라면, 그야말로 '스펙터클'한 생애라면 알렉산더 대왕처럼 서른셋의 짧은 생애라도 그것으로 이미 충분하겠지요. 하루살이의 마음으로 매일 맞이하는 오늘을 선용善用해야 할 이유는 당신이 흘려보낸 하루들이 모이고 쌓여서 결국 당신의 인생을 이루기 때문입니다.

당대唐代의 선종禪宗 승려로 유명한 마조도일馬祖道一 선사禪師가 한번은 병으로 위중한 적이 있었는데, 선사의 병세가 염려스러운 원주院主(절의 사무를 맡아보는 사람-옮긴이)가 와서 안부를 묻습니다. "스님, 몸은 좀 어떠하신지요?" 마조 선사는 "일면불, 월면불日面佛, 月面佛이지."라고 하셨답니다. 불교에서 말하는 일면불의 수명은 천8백 년이고 월면불의 수명은 하루 낮 하룻밤입니다. 마조 선사의 '일면불, 월면불'에 대한 의미 해석도 다양한데, 그 중에는 장자의 사상이 반영된 것도 있습니다. 그 해석은 이렇습니다. '난 말일세, 족히 천백 년은 산 것 같기도 하고 또 그저 한 순간 아주 잠깐 존재했던 것 같기도 하네.' '내 목숨이 경각에 달려 있다 해도 되고, 내가 아주 오래오래 살 것이다 해도 되네.'

'삶의 길이'에 대한 이와 같은 모순적인 생각을 수용할 수만 있다면 우리는 장수에 대한 욕심과 죽음에 대한 두려움에서 벗어날 수 있을 것입니다. 뿐만 아니라 삶과 죽음에 대해 깊이 있는 철학과 사색도 가능하겠지요. 인도의 성웅聖雄 간디는 삶과 공부의 중요성을 이렇게 말했습니다. '당장 내일 죽을 것처럼 살고, 영원히 살 것처럼 공부하라.' 간디의 이 말은 마조 선사나 장자의 그것과 매우 닮았습니다. 수명이 아주 짧다고 생각된다면 누구라도 일분일초가 아깝고 소중할 것입니다. 반대로 수명이 아주 길다고 생각된다면 당신은 인생의 계획을 잘 세우고 차근차근 준비하겠지요. 이처럼 쾌활하고 적극적이고 지혜롭고 대범한 삶의 태도가 또 있을까요? 이것은 시간의 상대성을 체득하고 인생을 성실히 살아가되 그 유한성을 초월하여, 길면 긴 대로 짧으면 짧은 대로 주어진 생의 시간을 받아들이고 온전한 제 생의 몫을 할 때에라야 비로소 얻게 되는 깨달음이자 태도일 것입니다.

시간에는 전후 순서가 있습니다. 하루는 아침, 낮, 저녁의 순서로 오고, 한 사람의 생애는 유년, 청년, 장년, 중년, 노년의 순서로 옵니다. 시간의 순서로 인해 사람들은 각 시기마다 다른 가치를 부여하는 데 익숙합니다. 흔히들 시기가 짧을수록 더욱 소중하다고 여기지요. 하지만 시기(혹은 시간의 길고 짧음)에 대한 이러한 가치 차별관 역시 장자는 타도해

야 할 것으로 봅니다. 앞서도 말했듯이 도의 관점에서 보면 귀하고 천함이란 있을 수 없습니다. 세상 만물이 다 그렇습니다. 시간도 그렇습니다. 시간은 그냥 시간일 뿐입니다. 시간에는 귀천의 구별이 없습니다. '하루의 계획은 아침에 달려 있다.'라든가 '천금千金을 주어도 젊음은 사기 어렵다.' 따위의 격언은 짧은 아침 시간과 청춘기를 소중히 알고 잘 보내라는 뜻이지만 도리어 이 말은 많은 사람들이 아침을 지나 오후를 넘기면 혹은 중년기에 접어들면 의욕을 잃고 상실감이나 우울감에 시달리는 원인이 되었습니다. 안타깝게도 오후 혹은 중년의 우울을 겪는 그들은 하루 혹은 일생에서 '가장 아름다운' 시간이 이미 다 지나가버렸다고 생각하기 때문입니다.

가치 차별관이 아닌 시간의 '상대론'에서 나아가 시간의 '제물론'으로 바라보는 저녁과 아침, 노년의 세월과 청춘의 연화年華 모두 똑같이 중요한 시간입니다. 꽃처럼 아리따운 소녀와 흰머리를 얹은 주름투성이 할머니도 독립된 존재로서 저만의 위상과 매력을 갖고 있습니다. 인생의 각 노정에서 만나는 다양한 사람들과 경험들, 그리고 사연들이 더욱 소중하고 의미 있는 까닭이며, 그러기에 나의 밤도 당신의 낮도 모두 아름다운 것입니다.

편견과 선입견

: 마음 속 색안경을 벗어라

대나무 그림을 그리기 전에 이미 마음속에 완성된 대나무 그림이 있다는 뜻의 '흉유성죽胸有成竹'이란 말은 일을 처리하는 데 있어 마음속에 일의 계획이 모두 서 있다는 의미로도 해석되지만, '선입견' 즉 개인의 지식수준과 경험치, 사상과 신념, 취향이나 기호에 대한 호오 등이 만들어낸 인식의 틀을 언급할 때 더 많이 사용되는 표현입니다. 다시 말해서 선입견이란 어떤 사람이나 사건, 사물을 제대로 알기도 전에 이미 마음속에 새겨진 인상입니다. 실로 많은 사람들이 외부 세계를 대할 때 자신도 모르게 '선입견'을 중요한 지침으로 삼고 있지요. 그러기에 장자도 「제물론」에서 관습적 인식을 경계했나 봅니다.

마음에 이미 있는 것을 좋아 스승을 삼는다면

그 누군들 스승이 없겠는가?

어찌 변화를 알 필요가 있겠는가?

제 마음에서 스스로 취하는 것이 있을 테니

어리석은 자라도 그런 것은 있을 것이다.

마음을 정하기도 전에 시비를 가리는 것이 있다면

그것은 마치 오늘 월나라로 떠났는데

어제 그곳에 도착했다는 꼴이다.

夫隨其成心而師之,
부 수 기 성 심 이 사 지

誰獨且無師乎。
수 독 차 무 사 호

奚必知代。
해 필 지 대

而心自取者有之,
이 심 자 취 자 유 지

愚者與有焉 。
우 자 여 유 언

未成乎心而有是非,
미 성 호 심 이 유 시 비

是今日適越而昔至也 。
시 금 일 적 월 이 석 지 야

〈齊物論〉

　　우리가 외부 세계를 바라볼 때 선입견이나 기존의 인식 틀은 대상을 신속히 선별하고 다른 것과 비교 대조하는 데 아마도 용이성과 편리성을 제공할 것입니다. 하지만 장자의 지적처럼, 만일 우리가 대상에 대해 빠른 판단을 하고 게다가 얻은 결론이 언제나 개인적 호불호를 만족시키고 우리에게 익숙한 고정된 인상이나 자신의 신념 등에 부합하는 것이라면, 심지어 먼저 결론부터 내리고 나중에 가서 증거를 찾는 식이라면, 그것은 '마치 오늘 월나라로 떠났는데 어제 그곳에 도착했다는 꼴'일 것이 분명합니다.

　　선입견은 색안경을 끼고 세상을 보는 일과 같습니다. 색안경 너머로 보이는 세상이 전부 그 색에 물들어 실제와는 다르게 보이는 것처럼, 선입견이란 색에 물든 후에 바라보는 대상도 사실과는 다른 것일 수밖에 없습니다. 자신이 예단한 결과와 맞지 않는 근거들은 걸러내고 자신의 선입견과 딱 맞아 떨어지는 정보만 눈에 들어옵니다. 그러면서 자신의 판단과 기존의 신념이 과연 옳았다며 더욱 확신합니다. '여자는 거짓말을 좋아한다.'는 속설을 믿는 당신이라면, 아마도 당신은 여자를 만날 때마다 이 속설을 뒷받침하는 '증거'들을 아주 쉽게 '발견'하게 될 겁니다. 그렇게 되면 속설에 대한 당신의 믿음은 한층 더 강화되겠지요.

　물론 선입견이 없는 사람은 없습니다. 자신의 신념으로 외부 세계를 평가하는 것도 그 자체로는 문제가 되지 않습니다.(사실은 많은 신념들이 모두 선입견이지만요!) 중요한 것은 편견이나 선입견의 노예가 되지 않는 방법을 찾고 또 찾고자 하는 의지입니다. 자신의 생각과 다르다고 거부하고 배제하는 대신, 오히려 더 많이 자신이 지켜온 기존의 선입견과 상반되는 생각들의 세상과 접속해야 합니다. 자신과 대척점에 있는 그들의 세상 속에서 한데 섞이고 어울리면서 끊임없이 스스로를 '세례洗禮'시킨다면 당신이 갖고 있는 선입견의 색깔을 얼마쯤은 옅게 할 수 있을 테니까요. 근본적인 방법은 '자기 경계'입니다. '자기 경계'란 자신의 신념들, 사람과 사건에 대한 기존의 판단과 견해들, 이제까지 옳다고만 알았던 것들을 다시 꺼내어 내가 틀린 것은 아닌지 살피는 일입니다. 버트런드 러셀Bertrand Russell은 논리를 좋아한 영국의 철학자로 그의 저서는 대부분 논증의 방법으로 서술돼 있습니다. 그런 만큼 러셀은 많은 문제에 대해 자신만의 견해와 신념을 논리적으로 피력했지요. 하지만 그런 그가 한 말은 아주 의미심장합니다. '난 결코 내 신념을 위해 죽지는 않을 것이다. 왜냐하면 내 신념이 틀릴 수도 있기 때문이다.' 자신의 생각이 틀릴 수도 있고 언제라도 수정될 수 있는 불완전한 것임을 인정하는 러셀의 '열린 의식과 겸손한 태도'야말로 우리에게 필요한 '자신을 아는 현명함自知之明'일 것입니다.

성인은 필연인 것도 필연이 아니라고 보니

그러므로 분쟁이 없다.

보통사람들은 필연 아닌 것도 한사코 필연이라 하니

그러므로 분쟁이 많다.

聖人以必不必,
성 인 이 필 불 필

故無兵 。
고 무 병

衆人以不必必之,
중 인 이 불 필 필 지

故多兵 。
고 다 병

<列禦寇>

　식견이 높고 사리에 밝은 사람은 자신의 옳음을 무조건 주장하지 않습니다. 대신 스스로 돌아보아 살피고 자신의 견해와 신념을 끊임없이 의심합니다. 편견과 선입견, 혹은 틀릴지도 모를 신념이 구축한 허구와 왜곡의 세계에서 살고 싶지 않다면 당신은 먼저 필연으로 보이는 것이 실은 필연이 아님을 알아야 합니다. 자신의 모든 견해에 대해 '과연 그럴까?'라고 물음표를 던지는 습관을 길러야 합니다. 그렇다고 줄곧 회의懷疑만 하라는 말은 아닙니다. 다만 수많은 의심과 실험을 통해 얻어진 신념만이 참됨眞과 바름正에 '가장 가까운' 신념이라는 사실을 잊지 말라는 것입니다.

제2편 | 자신의
자리 찾기

불안과 격동의 오늘, 내면의 소리에 귀를 기울이고 생을 천명天命에 맡기며 신명身命의 안위를 걱정하지 않는 안신입명安身立命의 도를 세워야 할 때다. 출세를 위해 인간의 본성을 해치며 자신을 잃지 않기, 생명의 가치는 '서로 다름'에 있음을 굳게 믿기, 자신만의 개성을 아끼고 존중하기, 급변하는 환경에 순응하고 변화하기, 사물의 이치를 깨닫고 임기응변을 활용하기, 오늘의 세계를 사는 가장 적절한 처세이자 자신의 본색을 지키는 길은 변모變貌하되 변질變質되지 않는 '외화내불화外化內不化'다.

세상이라는 그물

: 밖에서 보면 새장 속 당신이 보인다

'인간은 자유롭게 태어나서 어디서든 속박 받는다.' 프랑스 철학자 장
자크 루소Jean-Jacques Rousseau의 말입니다. 루소의 이 말에 무릎을 치지 않
는 사람은 아마도 없을 것 같습니다. 어려서는 부모님의 단속 아래 가
르침을 받았습니다. 우리는 이것은 하지 마라, 그것도 안 된다는 소리를
들으며 자랐습니다. 학교를 가게 되면 그야말로 '자유'는 교과서에만 있
는 '문자'일 뿐입니다. 우리는 교실 안에서 얌전한 모범생이 되어야 했습
니다. 이것도 공부해야 하고 저것도 외워야 했지요. 어렵사리 학생 신분
을 벗고 사회인이 되어선 매일을 아침부터 저녁까지 직장에 매어 있습
니다. 오늘 안에 처리해야 할 업무로도 바쁜데 각종 회의에도 참석해야
하고, 또 써 내라는 보고서는 왜 그리도 많은지요. 우리는 비상의 자유
를 박탈당한 한 마리 새처럼 이 새장에서 저 새장으로 옮겨질 뿐입니다.

'생명에 대한 구속' 혹은 '멍에' 또는 '새장' 따위의 표현을 '그물'이라는 말로 바꿔도 좋겠습니다. 세상을 산다는 것은 결국 나 아닌 다른 누군가와 관계를 맺고, 다양한 사연들로 서로 엮인 '그물'에 걸려서 옴짝달싹 못하고 아등바등 살아내는 일이니까요. 그래서 당신도 나도 원하는 것을 하며 자유롭게 살기란 참으로 어려울 수밖에 없습니다. 당신을 붙들고 있는 것에서 간신히 벗어났다 싶으면 다시 어느새 다른 것이 와서 당신을 잡아 묶고 놓질 않지요. 세상을 완벽히 등지고 온전한 혼자가 되지 않는 한, 세상의 그물을 빠져나올 길은 없습니다.

꿩은 비와 이슬 속에서 열 걸음에 한 번 쪼아 먹고
백 걸음에 한 모금 마시더라도
조롱 속에 갇혀 길러지는 것을 원하지는 않는다.
넉넉한 곳에 살아 정력이 왕성해진대도 그것을 좋아하지는 않는다.

澤雉十步一啄,
택 치 십 보 일 탁

百步一飲,
백 보 일 음

不蘄畜乎樊中。
불 기 축 호 번 중

神雖王,
신 수 왕

不善也。
불 선 야

　　〈養生主〉

어쩌면 우리네 삶이 새장에 갇힌 새보다 더 고단하고 슬픈지도 모르겠습니다. 새장 속의 새는 비상의 자유는 잃었지만 적어도 먹이를 구할 걱정은 하지 않아도 되니까요. 하지만 우리네 삶이야 어찌 그렇습니까? 먹고 살기 위해서, 먹여 살리기 위해서 우리는 반드시 새장 속으로 들어가야 합니다. 더욱 안타까운 것은 새들은 스스로 들어간 게 아니라 잡혀서 새장에 갇혔지만, 세상 속의 새장은 우리가 제 발로 걸어 들어간다는 사실입니다. 참 많은 사람들이 먹고 살만 해지면 그 후에는 명예와 이익을 좇기 시작합니다. 스스로에게 명예의 고삐와 이익의 쇠사슬을 채우는 것이지요. 명리名利를 얻는 것도 어렵지만 얻은 것을 지키기란 더 어렵습니다. 얻고 지키려면 하기 싫은 일을 반드시 해야 합니다. 대신 당신이 정말 하고 싶은 일은 포기해야 합니다. 이것이 명리가 속박이고 억압인 이유입니다.

밖에 존재하는 유형의 속박도 있지만 안에 숨어 있는 무형의, 그래서 우리가 깨닫지 못하는 속박도 있습니다. 마음의 굴레나 사상의 속박이 그것들입니다. 이 무형의 속박들은 우리를 더 무겁게 짓누르고 더 단단하게 옭아매지만, 우리는 그 존재를 지각하지 못합니다. 심지어 그것들은 우리가 구속과 통제를 달게 받도록 조종합니다. 『장자』의 내편內篇 6장 「대종사大宗師」를 보면 의이자意而子가 '인의仁義를 몸소 실천하고, 시비를 분명히 말하라躬服仁義, 明言是非'는 가르침과 함께 요堯임금의 임명을 받고 나서 은사隱士 허유許由를 찾아 나누는 대화가 나옵니다.

자네는 어찌하여 이곳에 왔는가?

요임금은 이미 인의仁義로 네게 먹물을 뜨는 형벌을 내리고

시비是非로 코를 베는 형벌을 주었다.

그런데 네 어찌 자유롭게 소요逍遙하며

변화의 경지에서 마음껏 노닐 수 있겠는가?

而奚爲來軹。
이 해 위 래 지

夫堯旣已黥汝以仁義,
부 요 기 이 경 여 이 인 의

而劓汝以是非矣。
이 의 여 이 시 비 의

汝將何以遊夫遙蕩,
여 장 하 이 유 부 요 탕

恣睢轉徙之途乎。
자 휴 전 사 지 도 호

〈大宗師〉

허유의 말인즉 우리 마음에 있는 시비나 인의 같은 관념적 기준들이 우리의 영혼을 구속하는 무형의 형벌 같은 것이라는 뜻입니다. 일단 당신의 생각이나 언행이 마음의 경계선을 넘어서 기준을 위배하면 당신은 고통을 느끼게 될 테니까요. 이런 관념적 기준들은 대개가 당신의 성장 과정에서 선택의 여지도 없이 타자로부터 일방적 강제적으로 학습화된 것입니다. 그것들은 때로는 쥐덫 안에 놓인 미끼처럼 당신을 사로잡고 달콤함에 취하게 합니다. 또 때로는 손오공 머리를 옥죄는 긴고주緊箍呪처럼 당신을 자책의 고통에 시달리게 합니다. 그래서 당신은 마음의 편함을 얻고 고통을 피하기 위해 성가시면서도 이러저러한 기준과 틀 속

에서 살아갑니다.

세상의 그물, 삶의 멍에는 어디에나 있습니다. 당신이 이 세상으로 오기 훨씬 전부터 그것들은 거기서 당신을 기다리고 있었습니다. 모든 그물과 멍에는 들어가기는 쉽지만 나오기는 어렵습니다. 하여 장자는 우리에게 말합니다. 자유를 갈망한다면 그물과 멍에 앞에서 먼저 충분히, 신중히 그것들(관계, 인연, 명리, 신념, 사상 ……)을 생각하고 우리 자신을 생각하라고요. 그런 후에 들어갈 것인지 물러날 것인지를 결정하라고요.

자유의 본질

: 숲을 찾아서

우리가 스스로 세상의 그물에 몸을 담그고 기꺼이 삶의 멍에를 짊어지는 까닭은 그것에 기대하고 의지하는 무엇이 있기 때문입니다. 장자에게 있어 진정한 '소요逍遙'란 일말의 기대도 의지도 완전히 없는 상태가 되는 것입니다. 사상과 언행에서 그 어떤 구속도 없고, 삶에서 그 어떤 조건의 제약도 받지 않는 것입니다. 만약 가능만 하다면요, 누구인들 속박 없이 자유로운 소요유의 삶을 바라지 않겠습니까? 하지만 대부분의 사람들에게 소유유의 삶은 '불가능한 임무'입니다. 그 누구도 어떤 구속도 받지 않고 완전히 자유로울 순 없으니까요. 그래서 장자는 속박에서 벗어날 것을 권하면서 동시에 속박 안에서도 만족할 것을 주장합니다.

발뒤꿈치가 베인 숙산무지(叔山無趾)가 공자를 만나고 나와

노자를 찾아가 말했다.

"공자는 아직 경지에 이른 지인(至人)은 못 된 것 같더군요.

그는 어째서 자주 선생을 찾아와 배우는 것일까요?

게다가 그는 괴이한 명성을 얻고자 하는데,

지인들이 명성을 자신을 옭아매는 질곡으로 보는 것을

모르는 것 같습니다."

노자가 말했다.

"당신은 어찌하여 그에게 직접 삶과 죽음은 한줄기이며,

옳고 그름은 같은 이치인 것을 가르쳐 주지 않았소?

그의 질곡을 풀어주면 되지 않겠소?"

무지가 말했다.

"그것은 그가 받은 하늘의 형벌인데, 어찌 풀 수 있겠습니까?"

無趾語老聃曰:
무 지 어 노 담 왈

「孔丘之於至人 其未邪 。
　　　공 구 지 어 지 인 　기 미 사

彼何賓賓 以學子爲 。
　피 하 빈 빈 　이 학 자 위

彼且 蘄以諔詭幻怪之名聞 。
　피 차 　기 이 숙 궤 환 괴 지 명 문

不知至人之 以是爲己桎梏邪 。」
부 지 지 인 지 　이 시 위 기 질 곡 사

老聃曰:
노 담 왈

「胡不直使彼 以死生爲一條,
　호 부 직 사 피　이 사 생 위 일 조

以可不可爲一貫者 。
　이 가 불 가 위 일 관 자

解其桎梏 其可乎 。」
　해 기 질 곡　기 가 호

無趾曰:
　무 지 왈

「天刑之, 安可解。」
　천 형 지　안 가 해

〈德充符〉

장자는 벼슬을 원하지 않았습니다. 명성을 얻으려 애쓰지도 않았습니다. 그는 벼슬이나 명성이 자신을 가두는 새장이 될 것이라고 생각했으니까요. 공자는 장자와는 달랐지요. 공자는 벼슬자리가 필요했습니다. 그는 관직에 나아가 자신의 정치 이상을 펼치고 자기 이름을 남기고 싶어 했지요. 숙산무지는 공자의 선택과 추구를 어리석다고 비웃습니다. 하지만 노자는 무지의 말에 맞장구치는 대신 '알면서 왜 그의 질곡을 풀어주지 않았느냐?'고 묻습니다. 무지는 '하늘이 내린 형벌인데 내가 무슨 수로 공자를 도울 수 있겠느냐?'고 대답하지요. 실은 하늘도 누구도 아닌 공자 스스로 선택한 질곡의 길입니다. 자기가 좋아서 하겠다는데 무슨 말을 하겠습니까? 무슨 권리로 그의 인생을 간섭하겠습니까? 무지와 노자의 이 대화에는 장자의 생각이 그대로 드러나 있습니다. '나는 그 어떤 것에도 구속받지 않겠다.' '하지만 내 생각으로 다른 사람의 선택을 강요하고 간섭하고 구속하지도 않겠다.'

생명은 그 자체로 많은 구속을 안고 태어납니다. 우리의 형체形體, 수명, 감각 기관 등은 모두 일정한 한계성이 있습니다. 실은 이런 한계성이야말로 우리를 '인간'으로 만드는 특성이지요. 장자가 마음의 굴레나 사상의 속박을 말했지만 그렇다고 어떤 도덕관념이나 시비 기준도 가질 필요가 없다고 주장하는 것은 결코 아닙니다. 장자의 일관된 주장은 이른바 '도덕'이나 '시비'라는 것은 상대적이므로 그것들을 '초월'해야 한다는 것입니다. 주입된 도덕관념이나 시비 기준으로 자신과 타인을 옭아매지 말고 천성天性 혹은 양지양능良知良能(선천적으로 세계를 이해하고 행할 수 있는 마음의 작용-옮긴이)에 따라 반응하고 행동하는 것입니다.

우리 삶의 에너지는 흐르는 물과 같습니다. 물살은 언덕 같은 걸림돌이 없으면 사방으로 뻗어 흘러가지요. 그 흐름 속에는 어떤 형체도 없습니다. 오히려 걸림돌의 존재로 인해 강이 먼 바다에 가 닿을 수 있듯 우리 삶의 에너지도 목적지를 향해 갈 수 있는 것입니다. 그러므로 새장을 모조리 부수고 일체의 속박에서 벗어나는 것이 핵심이 아님은 분명합니다. 문제는 당신 삶의 에너지를 다루고(단속하고) 당신 인생을 설계하는(구속하는) 방식입니다. 선택은 그만큼의 자유이자 그만큼의 구속입니다. 누구도 선택을 안 하고 살 수는 없습니다. 선택한 결과의 차이만 있을 뿐입니다. 제약과 구속으로 가득한 새장 속의 삶이냐 아니면 자족의 행복이 있는 숲 속의 삶이냐?

네덜란드의 철학자 스피노자는 '자유는 필연성을 체득하는 것'이라고 했습니다. 생명(삶)이란 필연적으로 유형무형의 제약과 구속을 받는 존재임을 먼저 깨달아야 한다는 뜻입니다. 깨달음이 있은 후에 제약과 구속의 내용을 이해하고 그것들과 어떤 관계를 맺을 것인지-탈주, 극복, 수용 혹은 변혁-선택하는 것이 자유의 출발입니다. '자유 추구'는 우리가 지켜야 할 개인의 소중한 권리입니다. 그러면 의미 있는 자유란 무엇일까요? 미국의 철학가이자 문인인 랠프 월도 에머슨Ralph Waldo Emerson은 '자유의 권리란 마음대로 사는 게 아니라, 숨겨진 재능을 찾고 실현하기 위해 마땅히 어떻게 살아야 하는지 발견하는 것'이라는 말로 자유의 가치를 설명했습니다. 우리가 추구해야 할, 그리고 우리가 할 수 있는 소요유의 자유란 바로 이런 것입니다.

물고기와 곰 발바닥

: 가치관, 흔들림 없이 내 길을 걷는 용기

흔히들 무한한 가능성을 가진 청춘이란 말을 하지만, 사실 우리는 잘 알고 있습니다. 인생은 유한하고 삶살이가 여간 녹록치 않다는 것을요. 바로 이 삶의 유한성 때문에 우리는 매순간 선택을(다른 말로 하면 포기를) 해야 합니다. 당신이 지금 그곳에 있는 것은 당신이 그곳을 선택했기 때문이지요. 그러니까 인생은 크고 작은 선택들의 총합인 것입니다. 뜻대로 할 수 없는 일이었다 할지라도 결국 그 선택은 당신이 한 것입니다. 그리고 무엇을 선택했든 그것은 당신의 생각을 반영한 것이고요. 우리와 마찬가지로 장자도 중대한 선택의 갈림길에 몇 번 놓인 적이 있었습니다.

장자가 복수濮水에서 낚시를 하는데,

초나라 왕이 두 명의 대신을 먼저 보내어 뜻을 전했다.

"삼가 우리나라에 모시기를 원합니다."

장자는 낚싯대를 잡은 채 뒤도 돌아보지 않고 말했다.

"내 듣기로 초나라에 죽은 지 삼천 년이 지난 신령한 거북이 있는데,

왕께서는 수건으로 감싸 대나무 함에 넣어 묘당 위에 두었다지요.

그 신령한 거북은 죽고 뼈를 남겨서 귀함을 얻기 보다는

진흙탕에서라도 살아 꼬리를 끌고 다니는 것이 좋지 않았겠습니까?"

두 대신이 말했다.

"그야 물론 살아서 진흙 속에 꼬리를 끌고 다니는 것이 낫겠지요."

장자가 말했다.

"그러니 돌아들 가십시오!

나는 진흙 속에서 꼬리를 끌고 다니며 살 것이오."

莊子釣於濮水,
장 자 조 어 복 수

楚王使大夫二人往先焉,
초 왕 사 대 부 이 인 왕 선 언

曰：「願以境內累矣 。」
왈   원 이 경 내 루 의

莊子持竿不顧 曰：
장 자 지 간 불 고 왈

「吾聞楚有神龜,
오 문 초 유 신 귀

死已三千歲矣,
사 이 삼 천 세 의

王巾笥 而藏之廟堂之上 。
왕 건 사 이 장 지 묘 당 지 상

此龜者 寧其死爲留骨而貴乎 。
차 귀 자 녕 기 사 위 류 골 이 귀 호

寧其生 而曳尾於塗中乎 。」
녕 기 생 이 예 미 어 도 중 호

二大夫曰:
이 대 부 왈

「寧生而曳尾於塗中 。」
녕 생 이 예 미 어 도 중

莊子曰:
장 자 왈

「往矣 。 吾將曳尾於塗中 。」
왕 의   오 장 예 미 어 도 중

<秋水>

권세 높은 일국의 승상으로 충분히 잘나갈 수 있었는데, 장자는 왜 보잘 것 없는 촌부의 삶을 선택했을까요? 장자는 자신의 가치관에 충실한 선택을 한 것입니다. 장자한테는 그 무엇보다 자유로운 삶이 가장 중요했으니까요. 혹자는 대소大小, 미추美醜, 시비是非, 성패成敗, 귀천貴賤 따위로 편 가르기에 익숙한 우리의 상대적 차별관을 부수려는 장자의 의도였다고 말합니다. 장자의 의도가 그렇다고 한다면 승상을 버리고 촌부를 취한 태도도 마찬가지로 차별관과 다를 바가 없는 것 아닐까요? 혹자는 장자를 크게 오해하고 있는 것입니다. 장자는 우리에게 '선파후립先破後立', 부수고 다시 새롭게 세울 것을 요청합니다. 세속적 관념이나 타인의 견해에 미혹되지 않고 자신만의 안신입명의 도를 세우라는 것입니다. 그런 후에 자신의 가치관에 따라 판단하고 선택하라는 것이지요. 『장자』의 20장 「산목山木」편에 나오는 가假나라 사람의 도망 이야기를 보겠습니다.

그대는 가나라 사람이 도망간 이야기를 듣지 못하였소?

임회林回라는 자는 나라가 망하자 천금의 옥을 버리고

갓난아기를 업고 도망쳤는데

혹자가 물었소.

'돈으로 따진다면 갓난아기는 값어치가 작고

짐으로 따진다면 갓난아기는 거추장스러운 것인데

천금의 옥을 버리고 갓난아기를 업고 도망치니

무엇 때문이오?'

임회가 말하길

'옥은 이利로써 결합되는 것이지만

아이는 천륜으로 묶여 있다'하였소.

무릇 이로써 결합된 것은

궁핍, 재앙, 환난, 손해가 닥치면 서로를 버리지만

천륜으로 묶인 것은

궁핍, 재앙, 환난, 손해가 닥치면 서로를 받아들이지요.

서로 받아들임과 서로 버림은 아주 거리가 먼 것이오.

子獨不聞假人之亡與。
자 독 불 문 가 인 지 망 여

林回棄千金之璧,
임 회 기 천 금 지 벽

負赤子而趨。
부 적 자 이 추

或曰:
혹 왈

「爲其布與 赤子之布寡矣。
위 기 포 여 적 자 지 포 과 의

爲其累與 赤子之累多矣。
위 기 루 여 적 자 지 루 다 의

棄千金之璧, 負赤子而趨,
기 천 금 지 벽 부 적 자 이 추

何也。」
하 야

林回曰:
임 회 왈

「彼以利合,
피 이 이 합

此以天屬也。」
차 이 천 속 야

夫以利合者,
부 이 이 합 자

迫窮禍患害相棄也。
박 궁 화 환 해 상 기 야

以天屬者,
이 천 속 자

迫窮禍患害相收也。
박 궁 화 환 해 상 수 야

夫相收之與相棄亦遠矣。
부 상 수 지 여 상 기 역 원 의

<山木>

이 이야기는 물질과 바꿀 수 없는 혈육의 정을 말하고 있습니다만, 물질(이득)과 혈육 둘 중 하나를 선택해야 하는 상황에서 누구나 다 혈육에 손을 내미는 것은 아닙니다. 우리가 잘 아는 삼국지의 인물 유비가 그랬습니다. 조조에 의해 형주荊州 땅이 함락되자 유비는 황급히 도망을 갑니다. 조조는 도망치는 유비의 뒤를 바짝 쫓지요. 다급해진 유비는 결국 처자식을 팽개치고 저 혼자 살겠다고 달아났습니다. 당신의 선택은 그대로 당신의 가치관을 드러냅니다. 그러니까 나는 이런 사람입니다 애써 설명하지 않아도 당신이 선택하는 것을 보고 세상 사람들은 당신이 어떤 사람인지 알게 되는 것이지요. 중요한 것은 자기 양심의 문제입니다. 스스로에게 부끄럽지 않다면 그것으로 족하겠지요.

가치관은 인생의 밸러스트 같은 것입니다. 가치관은 인생의 풍랑에서 안정된 균형을 잡아줘서 우리가 선택한 항구로 갈 수 있도록 안내합니다. 장자는 왜 승상의 높은 자리를 태연하게 거절할 수 있었을까요? 임회는 왜 천금의 옥을 기꺼이 버릴 수 있었을까요? 그들은 자신만의 명확한 가치관이 있었기에 자신의 선택에 만족할 수 있었고, 자신의 선택과 상반된 세계를 향해 평화롭고 유쾌하게 큰 소리로 'NO!'라고 말할 수 있었습니다. 우리가 배워야 할 것은 흔들림 없이 자기 길을 걷는 그들의 용기, 명확한 가치관입니다.

당신은 소중하다

: 부디 당신 자신이 되라

꿈을 꾸는 인생이 가장 아름답다고 하지요. 가장 보편적이고 가장 아름다운 꿈은 '자신이 되는 것' 흔히 하는 말로 '자아실현'일 것입니다. 자신의 소망에 따라 자기 안에 있는 재능을 찾고 발휘하는 것이지요. '자신이 되는 것'이라고 말하지만 그 속내를 들여다보면 실은 많은 이들이 꿈꾸는 '자신이 되기'는 '다른 사람이 되는 것'입니다. 그 '다른 사람'은 바로 당신이 선망하는 대상입니다. 연예계의 스타들, 잘나가는 예술가, 성공한 기업인, 각 분야의 거물들이 바로 당신이 꿈에서라도 되고 싶은 그들입니다. 그들처럼 성공하고 출세해서 그들처럼 화려하고 부유한 생활을 하는 것, 세상에 그만한 행복이 또 없을 것이라고 당신은 생각하지요. 영화《와호장룡》,《게이샤의 추억》등으로 월드 스타가 된 장쯔이도 많은 여성들의 부러움과 시샘을 받는 '다른 사람' 중 한 명이지요. '나도 얼굴 몸매 다 예쁘고 배우로서의 자질까지 갖춘 그녀처럼 된다면 유명해져서 돈도 많이 벌고 대중의 사랑도 받고 얼마나 좋을까!' 선망의 정도가 강해지면 자신의 우상을 모방하기 시작하지요.

이런 맹목적 모방 현상이 오늘의 일만은 아니었습니다. 14장 「천운天運」편을 보면 저 유명한 모방 이야기 동시효빈東施效顰의 고사가 나옵니다. 춘추春秋시대 월越나라 출신의 절세미인 서시西施는 위병을 앓았던지 자주 명치 언저리를 붙잡고 미간을 찌푸린 얼굴로 마을길을 오갔습니다. 같은 마을에 사는 못생긴 여자 동시는 서시의 그 찌푸린 얼굴이 무척 예뻐 보였나 봅니다. 그래서 동시도 그때부터 서시처럼 가슴께를 붙잡고 눈썹을 찌푸린 채 마을을 다녔지요. 그런데 마을의 부자들은 눈썹을 찌푸린 동시를 한 번 보더니 문을 걸어 잠그고 나오지 않았고, 가난한 사람들은 그런 동시를 보고는 처자식을 데리고 멀리 도망을 가더랍니다. 왜 그랬을까요?

그녀는 찡그린 모습이 아름다운 것은 알았지만,

그 아름다움의 까닭은 알지 못했다.

彼知矉美而不知矉之所以美 。
피 지 빈 미 이 부 지 빈 지 소 이 미
〈天運〉

타고난 자질과 조건이 없으면 제 아무리 열심히 한다고 해도 안 되는 법이죠. 그러니까 '화호유구(畵虎類狗)', 즉 범을 그리려 했지만 개와 비슷한 꼴이 되고 마는 것입니다. 잘못된 모방은 원하는 바는 얻지 못하고 오히려 웃음거리만 되기 십상입니다. 당신이 되고 싶은 그 사람도 어쩌면 자신이 되기보다는 지금의 자기 모습과 다른 삶을 소망할지 모릅니다. 장쯔이가 이런 말을 했지요. "다음 생애란 게 있다면 그때는 남자로 태어나고 싶어요. 남자로서 여자를 보호하는 일이 제게 큰 만족감을 줄 것 같아요." 많은 여성들의 워너비인 장쯔이가 남자로 태어나고 싶다니, 왜 이런 현상이 있는 걸까요?

외발짐승 기는 발이 많은 노래기를 부러워하고
노래기는 뱀을 부러워하고
뱀은 바람을 부러워하고
바람은 눈을 부러워하고
눈은 마음을 부러워한다.

夔憐蚿, 蚿憐蛇, 蛇憐風, 風憐目, 目憐心 。
기 련 현 현 련 사 사 련 풍 풍 련 목 목 련 심
〈秋水〉

소를 닮았는데 뿔은 없는 기虁라는 짐승은 자신이 외발이라서 발이 많은 노래기가 부럽습니다. 노래기는 발 없이도 사방을 기어 다닐 수 있는 뱀을 부러워하지요. 발이 없는 뱀으로서는 천하를 휘젓고 다니는 형체 없는 바람이 선망의 대상이지요. 형체 없는 바람은 먼 곳까지 볼 수 있는 눈을 부러워하고, 눈은 시공을 초월해 꿈꾸는 모든 것을 상상할 수 있는 마음의 영혼을 부러워합니다. 사람이란 그런 존재인가 봅니다. 우리네 보통사람은 스타나 위인의 삶을 부러워하는데, 스타나 위인들은 외려 또 다른 삶을 꿈꾸니까요. 이 대목에서 임어당의 말이 떠오릅니다. '사람들은 모두 다른 누군가가 되고 싶어 한다. 그 다른 누군가가 현재의 자기만 아니면 된다.' 사람들은 늘 자신과는 다른 무엇, 자신한테 없는 무엇, 새로운 무엇을 동경합니다. 그 혹은 그녀가 잘나가든 못나가든 '지금 여기'에 만족하지 못하기는 매한가지입니다. 인생의 보편성이라는 큰 테두리에서 본다면 잘난 아무개도 못난 아무개도 그냥 평범한 한 개인일 뿐이지요.

세계 최대 규모의 타이완 반도체 파운드리 업체 TSMC의 장중모張忠謨 회장 역시 많은 남성들이 꿈꾸는 전형적인 '성공 모델'이지요. 다음은 한동안 네티즌들 사이에서 '유행'했던 그가 쓴 글의 일부입니다. '포장을 중요하게 생각하는 사회에서 우리는 다른 사람의 화려한 겉모습을 부러워하면서 자신한테 없는 것들로 인해 괴로워한다. 내가 살아오면서 얻은 깨달음이 있다면 그것은 완전무결한 사람은 없다는 사실이었다. 누구나다 얼마간의 결핍을 안고 살아간다. 고액의 연봉을 받으며 윤택한 생활을 하고 금실도 아주 좋지만 불임증으로 마음고생을 하는 부부가 있는

가 하면, 외모와 재능이 모두 출중해서 능력을 인정받고 재물도 많이 모았지만 애정 문제에 걸려 넘어지는 인생도 보았다. 몇 대가 놀고먹어도 될 만큼 가산이 많지만 자식 농사를 잘못 지어 불행한 집안도 있었고, 좋은 운수를 갖고 있는 것 같은데 제 길운을 풀어먹을 머리가 없는 사람도 보았다. 신은 인간을 흠결이 있는 불완전한 존재로 만들었다. 그러니까 다른 사람을 부러워할 게 아니라 하늘이 당신에게 내린 선물을 세어볼 일이다. 그리고 발견하게 될 것이다. 당신한테는 없는 것보다 가진 것이 훨씬 많다는 놀라운 사실을.'

다른 사람이 가진 것만 보면서 당신이 갖고 있는 것들을 잊고 놓치지 마세요. 당신이 다른 사람을 부러워하며 '다른 사람 되기'를 소망할 때, 또 다른 누군가는 당신의 인생을 부러워하고 있다는 사실을 부디 잊지 마세요. 서로를 부러워하느니 '진정한 자기'가 되기 위해 노력하는 삶이 더 값질 테니까요.

자신의 본색을 지켜라

: 백락伯樂은 필요 없어, 난 그냥 나야!

남들이 알아주는 재능, 누구나 갖고 싶어 합니다. 보석 같은 자신의 재능을 마음껏 펼칠 수 있는 인생, 누구나 살고 싶어 합니다. 당신도 잘 알겠지만 쉽지 않습니다. 그러려면 우선 여러 조건이 적소적시에 갖춰져야 하니까요. 훌륭한 자질을 지녔지만 불운하게도 그것을 펼칠 기회를 얻지 못하는 경우도 많지요. 그래서 '백락이 있어야 천리마도 있는 법'이라 말하는 것이겠지요. 당신은 어떤가요? 당신도 재능은 있는데 기회를 못 얻었다고 생각하세요? 장자라면 '내가 말이면 됐지, 백락이 어찌 필요하겠소?'라고 말할 게 분명합니다.

　백락은 춘추시대의 인물로 말의 생김새를 보고 그 말의 좋고 나쁨을 가리는 상마사相馬師로 유명했습니다. 백락을 만난다는 것은 말한테는 그야말로 최고의 행운일 터인데, 백락이 필요 없다니요? 장자의 이유는 무엇일까요? 장자의 생각은 언제나 세상을 넘어 저만치에 가 있습니다.

　　말은 발굽이 있어 서리와 눈을 밟을 수 있고
　　털이 있어 바람과 추위를 막을 수 있다.
　　풀을 뜯고 물을 마시며 발로 뛰어 달리는 것이
　　말의 본성이다.
　　위의威儀를 갖춘 누대樓臺나 침실은 쓸데가 없다.
　　그런데 백락伯樂이 와서 말하길
　　'나는 말을 잘 다스린다'고 하면서
　　낙인을 찍고 털을 깎으며
　　발굽을 다듬고 쇠를 박으며
　　굴레를 씌우고 밧줄로 묶어
　　마구간에 나란히 세워두니
　　말이 열에 두셋은 죽었다.
　　굶기고 목마르게 하며

몰고 경주시키며

열지어 나란히 달리게 하니

앞에서는 재갈과 멍에가 걱정이고

뒤에서는 채찍이 위협하니

말이 절반 넘게 죽었다.

馬蹄可以踐霜雪,
마 제 가 이 천 상 설

毛可以禦風寒,
모 가 이 어 풍 한

齕草飲水 翹足而陸,
흘 초 음 수 교 족 이 륙

此馬之眞性也 。
차 마 지 진 성 야

雖義臺路寢無所用之 。
수 의 대 로 침 무 소 용 지

及至伯樂曰:
급 지 백 락 왈

「我善治馬 。」
아 선 치 마

燒之剔之,
소 지 척 지

刻之雒之 。
각 지 락 지

連之而羈馽,
연 지 이 기 침

編之以皁棧,
편 지 이 조 잔

馬之死者十二三 。
마 지 사 자 십 이 삼

饑之渴之,
기 지 갈 지

馳之驟之
치 지 취 지

整之齊之,
정 지 제 지

前有橛飾之患 。
전 유 궐 식 지 환

後有鞭筴之威,
후 유 편 협 지 위

而馬之死者已過半矣 。
이 마 지 사 자 이 과 반 의

<馬蹄>

백락은 좋은 자질을 갖춘 말을 찾으면 바로 일련의 길들이기와 훈련의 과정을 시작합니다. 길들이기와 훈련의 과정은 하늘이 말에 부여한 본성을 사람의 기준에 맞춰 다듬고 왜곡하는 것입니다. '발굽을 다듬고 쇠를 박으며 굴레를 씌우고 밧줄로 묶는' 일들이 다 그렇습니다. 장자가 일관되게 반대하는 것은 본성을 훼손하는 인위적 조작입니다. 그런 까닭에 세인들이 백락을 두고 천리마를 알아본 '귀인貴人'이라며 치켜세울 때 장자는 백락을 말을 죽이는 '망나니' 쯤으로 여긴 것입니다.

장자의 관점이 다소 극단적으로 보일 수도 있겠으나 일리 없는 것은 아닙니다. 중국의 가수 왕페이王菲는 그녀의 백락 역할을 했던 음반 제작사에 의해 정교하게 포장돼 데뷔를 합니다. 당시 예명藝名 왕징원王靖雯으로 낸 음반들은 인기 순위에 오르며 성공을 거뒀지만 그녀는 자신의 백락과 결별을 선언합니다. '내가 누군가에 의해 조종당하는 로봇처럼 마네킹처럼 변하는 것 같았다. 개성과 방향감각이 모두 사라진 느낌이었다.'

고 당시의 심경을 전하기도 했습니다. 그리고 그녀는 자신의 본명 왕페이로 활동하면서 자신이 직접 곡을 쓰고 자신이 하고 싶은 것만 하기로 합니다. 무대 밖에서는 거의 말을 하지 않기로 유명한 왕페이는 팬들의 호응과 사랑을 먹고 사는 스타이면서 관객들한테 무심한 편이지요. 그런 그녀의 태도는 연예계에서는 '금기' 사항이지만 오히려 대중들한테는 '독특한 개성'으로 받아들여졌습니다. 왕페이는 척하지 않고 자신의 모습을 있는 그대로 보여준다는 것이 그 이유였지요. 그래서 그녀의 노래와 공연은 예술로 평가를 받고 왕페이는 자신만의 음악 세계와 지위를 갖게 된 것입니다.

만약 왕페이가 자신의 백락이 시키는 대로 계속 했다면 오늘의 그녀는 없었을 것입니다. 그러니까, 꼭 백락을 만나야만 명마가 되는 것은 아니라는 말이지요. 1997년 세계배드민턴선수권대회에서 우승을 한 시옹 궈바오熊國寶선수가 타이완을 방문했을 때의 일입니다. 기자가 그에게 이런 질문을 했습니다. "이번에 세계 우승을 하셨는데 가장 감사한 코치는 누구입니까?" 시옹궈바오가 대답합니다. "가장 감사한 사람은 바로 내 자신입니다. 아무도 날 알아주지 않았기 때문에 바로 오늘의 내가 있는 것입니다." 당시 코치가 그를 뽑은 이유는 그를 키우겠다는 뜻이 아니었습니다. 스타 선수의 연습 상대로 활용할 목적으로 그를 뽑은 것이었습니다. 하지만 그는 스스로 고된 훈련을 하면서 독특한 백핸드backhand 기술을 계발했고, 결국 불리한 상황에서 나가 경기를 승리로 이끌며 세계 우승을 했습니다.

어쩌면 백락을 거절할 필요는 없는 것인지도 모르겠습니다. 백락을 만나든 못 만나든 그것은 중요하지 않으니까요. 백락과의 만남이 행운이 될는지 불행이 될는지 그조차 확신하기 어려운 세상에서 정말 중요한 것은 자신을 지키는 일이어야 합니다. 재능을 펼치는 것도 성공을 좇는 것도 다 좋습니다. 다만 하늘이 당신에게 내린 당신의 본색을 잃지 말아야 합니다. 타인의 의지와 욕망에 따라 당신의 본성을 왜곡하고 훼손하면서 만들어진 당신 아닌 당신의 모습이라면 설혹 성공한다 할지라도, 그것은 진짜 당신이 아니기에 당신은 행복하지 않을 게 분명하니까요.

자적自適은 스스로의 길을 가는 것

: 자신한테 집중하라

누구나 자신을 완성하고 싶어 합니다. 그것이 행복이라고 믿습니다. 어떻게 하는 것이 '자아 완성'일까요? '행복'은 무엇일까요? 저마다 다른 답을 내놓습니다. 그런데 안타깝게도 의외로 많은 사람들은 자기 생각이 없습니다. 스스로 답을 구하지 않고 다른 사람이 정의한 것을 자신의 기준으로 삼는 경우가 실은 더 많습니다. 그가 좇는 것은 '다른 사람처럼 되는' 완성이고 '다른 사람처럼 되는' 행복입니다. 앞서도 말했듯 삶이 이런 식이라면 종국에 가서는 자신을 잃고 불행해질 뿐입니다.

『장자』 17장 「추수」편에는 한단학보邯鄲學步의 고사가 나옵니다. 조趙나라 사람들의 걸음걸이가 멋지다고 생각한 연燕나라의 한 소년이 한단에 가서 그들의 걸음걸이 자세를 배웁니다. 하지만 제대로 배우지 못한 까닭에 자기 원래의 보법마저 잊어버려 돌아올 때는 기어서 와야 했다고 합니다. 이 이야기는 앞서 나온 '동시효빈'보다 상황이 훨씬 더 심각합니다. 생각 없이 자기 본분을 버리고 남의 흉내를 내다가 둘 다를 잃어버렸으니까요. 그래서 장자는 말합니다.

내가 말하는 귀 밝음이란
저들한테 귀를 기울이는 것이 아니라
자신한테 귀를 기울이는 것이다.
내가 말하는 눈 밝음이란
저들을 제대로 보는 것이 아니라
자신을 제대로 보는 것이다.
무릇 자신을 보지 못하고 남들만 바라보고
스스로 만족하지 못하고 남들만 부러워하는 것은
남들이 소유한 것만 집착하고 자기 것에 만족할 줄 모르며
남들이 가는 곳으로만 가려 할 뿐
스스로의 길을 가지 못하는 것이다.

吾所謂聰者,
오 소 위 총 자
非謂其聞彼也,
비 위 기 문 피 야
自聞而己矣。
자 문 이 이 의

吾所謂明者,
오 소 위 명 자

非謂其見彼也,
비 위 기 견 피 야

自見而己矣。
자 견 이 이 의

夫不自見而見彼,
부 부 자 견 이 견 피

不自得 而得彼者,
부 자 득 이 득 피 자

是得人之得 而不自得其得者也,
시 득 인 지 득 이 부 자 득 기 득 자 야

適人之適 而不自適其適者也。
적 인 지 적 이 부 자 적 기 적 자 야

<騈拇>

　　나는 이 대목을 읽으며 영화배우 성룡成龍이 떠올랐습니다. 월드 스타 성룡의 이름을 모르는 사람은 아마 없을 것 같습니다. 하지만 그의 길이 처음부터 순탄한 것은 아니었습니다. 꽤 오랜 시간을 엑스트라나 단역만 하며 보내야 했습니다. 그의 첫 번째 도약의 기회는 이소룡李小龍의 갑작스러운 죽음으로 찾아 왔습니다. 당대의 흥행사 뤄웨이羅維 감독이 성룡을 영화《신정무문新精武門(1976)》의 주연으로 캐스팅한 것이지요. 뤄웨이는 그의 이름을 예명 성룡으로 바꿉니다. '용이 된다'는 뜻처럼 성룡을 제2의 이소룡으로 만들겠다는 생각이었지요. 그런 까닭에《신정무문》은 이소룡의《정무문》을 그대로 베끼는 영화로 만들어집니다. 첫 주연 작품으로 다행히 흥행 성적이 무난했기에, 성룡은 이소룡 영화의 아류 같은 무술 영화를 몇 편 더 찍게 됩니다. 하지만 성적은 별로 좋지

않았지요. 성룡을 알아본 사람은 무술영화 감독 위안허핑袁和平이었습니다. 위안허핑은 이소룡과 다른 성룡 특유의 유머러스함과 뛰어난 액션 연기를 결합해 '코믹 쿵푸 영화'라는 하나의 장르를 탄생시키는데, 그것이 성룡의 출세작 《사형도수蛇形刁手(1978)》와 《취권醉拳(1979)》입니다. 두 작품은 연이어 관객들의 큰 호응을 얻으며 앞선 무술 영화들의 흥행 기록을 깨는 대성공을 거둡니다. 두 영화의 성공과 함께 성룡은 영화계의 큰 별로 발돋움하는 튼튼한 발판을 마련하게 되지요.

영화 《취권》의 성공은 그동안 취해 있던 성룡을 깨어나게 한 각성제 역할을 했습니다. 타인의 꿈과 욕망에 취해 있다가 비로소 깨어나서 진정한 자신을 발견한 것입니다. 그 각성은 성룡에게 자신을 긍정하고 믿도록 도와주었습니다. 이소룡의 성공도 마찬가지입니다. 이소룡은 자신이 다른 아무개가 아닌 다만 자기가 되도록 만들어 갔던 것이지요. 성룡은 '성룡'이 되고 이소룡은 '이소룡'이 되었기에 그들의 꿈이 실현된 것입니다. 그러니까 출세하고 싶다면 '자신만의 길'을 걸어야 한다는 말이 겠지요. 다른 사람이 아무리 잘났다한들 그것은 영원히 그 사람의 것입니다. '발굽을 다듬고 쇠를 박으며 굴레를 씌우고 밧줄로 묶는' 식으로 다른 사람을 모방하며 그가 가는 길을 쫓는 것은 멀리도 못가고 앞서지도 못하며 남는 것은 그의 발자국이지 당신의 것은 아닙니다.

다른 사람을 통해서만 행복을 찾을 수 있고 다른 사람의 것만 얻으려 하며 도리어 자신이 가진 것을 잊고 심지어 버리려 한다면 그것은 무척이나 어리석고 비참한 일입니다. 군웅群雄이 함께 일어나고 백가百家가 쟁명했던 전국 시대에 담담히 안빈낙도安貧樂道의 삶을 택했던 장자도 그저 '자신이 되었을 뿐'입니다. 장자의 철학이 심오한 이유가 여기에 있습니다. '자기중심적 태도를 버리라' 함은 생명의 가치가 '서로 다름'에 있다는 것을 깨닫고 타인에게 자신의 것을 강요하지 말라는 뜻입니다. 저마다 서로 다른 존재이므로 다른 사람이 가진 것을 부러워하고 욕심낼 일도 아니란 말이지요. 그보다는 자기 내면의 소리에 귀를 기울이고 자신이 가지고 있는 것을 알뜰히 돌보고 살뜰히 가꿔 그것들이 제자리에서 제힘을 발휘할 수 있도록 하는 것이 스스로를 완성하고 스스로 행복해지는 최고의 방법입니다.

순리적 삶

: 역경에 대처하는 자기 보존의 철학

세상을 살다보면 어찌할 수 없는 어려움과 자주 맞서야 합니다. '개인'이 아닌 '사회인'으로서의 우리는 각종 예법과 규범의 제한을 받는 것은 물론이고 밥벌이의 고달픔과 서러움을 '어쩔 수 없이' 견디며 하루하루를 살아갑니다. 사회 환경이나 개인적 상황이 불리한 방향으로 변화할 때 우리는 풍랑 위에 떠 있는 부평초처럼 이리저리 휩쓸리며 방향을 잡기 어려워합니다. 따라서 어떻게 변화에 대처하고 반응할 것인가의 문제는 '자아 완성'을 위해 수행해야 할 중요한 도전이자 과제입니다.

변화란 대개가 내 능력 밖의 일입니다. 내 신상의 변화라도 내 마음대로 할 수 없는 것이 대부분입니다. 생로병사가 그렇고 화복禍福이나 기회가 그렇습니다. 대환경의 변화는 더더욱 마찬가지입니다. 국가의 흥망이 그렇고 천재지변이 그렇습니다. 이러한 변화들 앞에서 우리는 어떻게 해야 하는 걸까요? 장자가 내놓은 대책은 '안시처순安時處順', 때에 맞게 순리대로 사는 것이었습니다.

성인의 삶은 하늘의 운행을 따르니
그 죽음도 만물의 변화를 따라서 간다.
고요할 때는 음기陰氣와 더불어 덕이 함께하고
움직일 때는 양기陽氣와 더불어 물결이 함께한다.
행복의 인도자가 되지 않고
재앙의 근원이 되지 않으며
느끼는 대로 응하고 닥치는 대로 움직이며
그칠 수 없으면 일어난다.
지식과 기교를 버리고 하늘의 이치를 따른다.
그러므로 하늘의 재앙도 없고
외물의 얽매임도 없으며
타인의 비난도 없으며
귀신의 꾸지람도 없다.

聖人之生也天行,
성 인 지 생 야 천 행
其死也物化。
기 사 야 물 화

靜而與陰同德,
정 이 여 음 동 덕

動而與陽同波 。
동 이 여 양 동 파

不爲福先,
불 이 복 선

不爲禍始 。
불 위 화 시

感而後應 迫而後動,
감 이 후 응 박 이 후 동

不得已而後起 。
부 득 이 이 후 기

去知與故 順天之理 。
거 지 여 고 순 천 지 리

故無天災,
고 무 천 재

無物累,
무 물 루

無人非,
무 인 비

無鬼責 。
무 귀 책

〈刻意〉

　　전하려는 바는 간단합니다. '수동적 대응과 소극적 적응', 모든 변화를 '자연적'인 것으로 받아들이고 문제를 일으키지 않기, 변화에 대항해 흐름을 바꾸거나 없애려는 적극성과 능동성을 취하지 않기. 이것은 오면 오는 대로 가면 가는 대로 다 받아들이겠다는 태도입니다. 서양인들은 이 같은 순응적 태도를 중국인의 민족성 중 하나로 꼽기도 합니다. '순리에 따르기'라 해도 좋고 '무조건적 순응'이라 해도 좋습니다. 다만 분

명한 것은 순리에 따르라는 장자의 가르침이 묵묵히 고통을 참고 견디
라는 뜻은 결코 아니라는 사실입니다.

> 곤궁함이 운명인 것을 알고
>
> 형통함은 시운時運인 것을 알아
>
> 큰 어려움이 닥쳐도 두려워하지 않는 것이
>
> 성인聖人의 용기다.

> 知窮之有命,
> 지 궁 지 유 명
>
> 知通之有時,
> 지 통 지 유 시
>
> 臨大難而不懼者,
> 임 대 난 이 불 구 자
>
> 聖人之勇也。
> 성 인 지 용 야
>
> 〈秋水〉

큰 어려움이나 역경이 왔을 때 필부匹夫의 용기로 저항하는 것은 아무
런 도움도 되지 않습니다. (사마귀가 팔뚝을 휘둘러 수레에 맞선다는 당랑거철
螳螂拒轍의 고사가 바로 『장자』의 「인간세人間世」편에 나옵니다.) 그보다는 오히려 두
려움 없이 원망도 없이 자신에게 닥친 고난을 웃으며 받아들이는 것이
참 용기라고 장자는 말하고 있는 것입니다. 중국의 문인 선충원沈從文은
초기에 자기가 쓴 글 때문에 비판투쟁을 받고 강제로 절필되는 곤욕과
수모를 겪으면서 두 차례 자살을 시도했으나 미수에 그치고 요양원 신
세가 된 적이 있습니다. 두 차례의 자살 미수를 겪으며 그는 모든 상황

을 받아들이는 것으로 생각을 정리합니다. 문화대혁명 시기에 그는 타도의 대상으로 붙잡혀서 여자 화장실을 청소하는 일을 하게 되는데, 매일 변기를 광이 번쩍번쩍 나도록 닦아놓았답니다. 누구에게 잘 보이겠다는 뜻이 아니었습니다. 그냥 현재의 일에 충실하기로 생각을 바꾸니 그렇게 마음이 편할 수가 없더랍니다. 나중에 그는 다시 후베이湖北 셴닝咸寧에 있는 노동개조수용소로 하방下放되어 돼지 치는 일을 하게 됩니다. 문인들한테 참 힘들었던 문화대혁명 시기에 자살을 생각했던 이들이 적지 않았습니다. 당시 선충원의 친구도 자살을 생각할 만큼 힘들다는 편지를 적어 그에게 보냅니다. 선충원은 친구에게 자살 생각을 접으라며 답장에서 이렇게 말했습니다. '난 이곳에서 돼지를 기른다네, 병든 돼지들도 나한테 오면 포동포동 살이 오르고 건강해지지.' 선충원이 있는 곳은 비가 많이 내려 땅이 마를 날이 없는데도 조카에게 보내는 편지에서는 '이곳의 연꽃이 얼마나 예쁜지 모른다.'고 적고 있습니다. 선충원은 주변의 환경과 상황이 어떻게 바뀌든 얼마나 열악하든 태연자약泰然自若할 수 있는 깨달음을 얻은 것입니다. 당국이 창작활동을 막자 선충원은 대신 고고학 연구에 매진하여 『중국고대복식연구中國古代服飾硏究』, 『당송동경唐宋銅鏡』, 『용봉예술龍鳳藝術』 같은 훌륭한 저서를 내놓기도 했습니다. 문혁의 종말로 명예가 회복된 그는 미국으로 건너가 가족들을 만나고 그곳에서 강의를 하면서 그의 문학도 새롭게 평가를 받게 됩니다. 1988년 노벨 문학상은 선충원의 것이었으나 애석하게도 그는 노벨상이 발표되기 다섯 달 전인 1988년 5월에 세상을 떠나고 말지요.

선충원의 삶처럼 때에 맞춰 순리대로 처하며 자신을 보존하는 것은 지혜로운 삶의 적응 방식입니다. 언젠가 기독교의 기도문을 본 적이 있는데, 참 좋았습니다.

'주님, 저에게 용기를 주셔서 제가 바꿀 수 있는 것들을 바꿀 수 있게 해주시고, 저에게 마음의 평안을 주셔서 바꿀 수 없는 것들은 그대로 받아들일 수 있게 해주세요. 그리고 그것들을 분별할 수 있는 지혜를 저에게 주세요!'

갑작스러운 변화와 시련이 당신을 찾아 올 때, 당신에게 필요한 것은 비단 용기만이 아닙니다. 그보다 더 필요한 것은 평안과 지혜로 당신에게 가장 적합한 안신입명安身立命의 길을 찾는 일입니다.

통리通理와 응변應變
: 변화에 대처하는 최적의 방법

역경이 찾아올 때 우리가 취할 태도로 장자는 때에 맞춰 순리대로 행하는 '안시처순安時處順'을 주장했습니다. 장자의 주장이 순종적이고 소극적이라는 느낌을 줍니다만 다른 측면에서 바라보면 이 또한 적극성의 일면입니다. 너무도 유명한 다윈의 진화론의 핵심은 '자연선택'과 '적자생존'입니다. 생활환경이 변화할 때 변하는 환경에 가장 잘 적응하는 종이 생존과 번성의 기회를 얻는다는 뜻입니다. 장자가 말하는 '자연에 순응하기'가 다윈의 진화론과 연결되는 지점이 있다는 것입니다.

도를 아는 자는 반드시 사리에 통달해야 하고

사리에 통달한 자는 반드시 응변應變에 밝아야 하며

응변에 밝은 자는 외물이 자신을 해치도록 두지 않는다.

도덕이 지극히 높은 자는 불도 그를 태우지 못하며

물도 그를 삼키지 못한다.

추위와 더위도 그를 해치지 못하며 짐승도 그를 상치 못한다.

이는 물과 불, 추위와 더위, 짐승이 그보다 약하다는 뜻이 아니라

다만 그 안위를 살펴서 화복禍福에 편안하고

나가고 물러남을 신중히 하면 어떤 것도 그를 해칠 수 없다는 말이다.

知道者必達於理,
지 도 자 필 달 어 리

達於理者必明於權,
달 어 리 자 필 명 어 권

明於權者不以物害己 。
명 어 권 자 불 이 물 해 기

至德者 火不能熱 水不能溺,
지 덕 자 화 불 능 열 수 불 능 익

寒暑不能害, 禽獸不能賊 。
한 서 불 능 해 금 수 불 능 적

非謂其薄之也,
비 위 기 박 지 야

言察乎安危 寧於禍福,
언 찰 호 안 위 녕 어 화 복

謹於去就 莫之能害也 。
근 어 거 취 막 지 능 해 야

<秋水>

내 몸 안에서 일어나는 변화도 내가 어찌하지 못하는데 하물며 내 몸

바깥에서 일어나는 외부 환경의 변화를 내가 어찌하겠습니까? 피할 수도 되돌릴 수도 없는 경우가 대부분이지요. 그래서 장자는 환경이 변화할 때 가장 먼저 취해야 할 태도로 변화의 소용돌이 속에서 다치지 않도록 스스로를 지키는 일이라고 말하는 것입니다. 그 다음 나아갈 것인지 물러날 것인지 대응의 길을 차분하게 찾는 게 일의 순서라고 말합니다. 다윈이 이런 말을 했지요. '계속 생존할 수 있는 종은 가장 강한 것도 아니고 가장 총명한 것도 아니다. 변화에 가장 적절하게 반응하는 종이 최후까지 살아남는다.'

'새로운 대응'은 어떻게 하는 것일까요? '변화에 대한 가장 적절한 반응'은 무엇일까요? 역사에는 가르침이 될 좋은 예화가 많습니다. 1945년 8월 15일 일본인 오가와 기쿠마쓰小川菊松는 비즈니스 여행 도중 라디오 방송을 통해 일본의 패전과 항복을 선언하는 천황 히로히토裕仁의 육성을 듣습니다. 심한 충격을 받은 그는 중도에 여행을 포기하고 눈물을 머금은 채 도쿄행 열차에 올라탑니다. 엎어진 둥지에 성한 알 없다고, 미군들이 들어와 본토를 점령하면서 일본 전체가 전에 없는 변란을 겪고 있었습니다. 그는 기차 안에서 빠르게 사라져가는 창밖의 풍경들을 바라보았습니다. 아무 생각도 떠오르지 않았습니다. 하지만 현실이 어떻든 살아갈 방도를 찾아야 했지요. 그는 의식을 명료히 하려고 애를 쓰며 생각했습니다. 그러다 문득 한 가지에 생각이 미쳤습니다. '일본을 점령한 미군들에게 필요한 것은 무엇일까?' 궁금해진 것입니다. 그는 잘만 하면 장사가 되겠구나 생각했지요. 도쿄로 돌아온 그는 곧장 출판사를 찾아갑니다. 그리고 『일미회화수첩』이란 회화교재를 출간합니다. 초판 1쇄 부수가 30

만 권이었는데 순식간에 다 팔려나갔지요. 1945년 말까지 최초 1쇄 판매량을 제외하고 350만 권이 더 팔려나갔습니다. 오가와 기쿠마쓰는 회화교재 한 권으로 부호가 되었고 일본과 미국의 민간 교류 증진에도 공헌을 하게 된 것입니다.

천황이 나서서 조국의 패전과 무조건 투항을 선언하는 급변의 상황에서 비통해 하며 울고 분노하고 받아들일 수 없다고 저항하는 것이 무슨 의미가 있겠습니까? 무슨 도움이 되겠습니까? 도움도 되지 않을 뿐더러 생명을 낭비하는 일입니다. 차라리 그 모든 변화를 평안히 고요히 받아들이는 것이 지혜로움입니다. 비통이나 분노 따위의 부정적 감정에 휘둘리지 않고 새로운 환경에서 자신이 할 수 있는 것과 없는 것, 또 할 필요가 없는 것들을 냉정하게 헤아리는 것이 현명함입니다. 이것은 결코 맹목적 순종이 아닙니다.

근자에는 '2차 금융 위기설'과 함께 찾아온 세계적 불경기로 많은 업종들이 큰 어려움을 겪었습니다. 적지 않은 투자자들이 몰락했고 일자리를 잃은 이들도 많았습니다. 하지만 다들 어렵다고 하는 상황에서도 블루오션을 찾기 위해 지난날 고수해온 자신의 생존법을 수정하고 새로운 발전 전략을 세우는 이들도 분명 있습니다. 바로 그런 사람들이 중고품판매 사이트, 온라인 쇼핑몰, 마음 성장 컨설팅 같은 것을 만들었고, 보온 기능이 있는 커피잔 같은 아이디어 제품은 물론이고 심지어 채소 씨앗 따위도 잘 팔리는 히트 상품으로 만들었습니다. 경기가 어려워지면서 커피 한 잔 마시는 용돈도 반찬값도 줄여야 하는 서민들로서는 집에서 커피를 준비해 직장에 가지고 가서 마시거나 직접 채소를 재배해 먹는 것도 충분히 가능한 일이겠다는 발상이 새로운 시장을 만든 것입니다.

변하지 않고 살 수는 없습니다. 환경이 변하면 그에 맞춰 생존법도 바꿔야 합니다. 다시 말하지만 최고의 생존법은 적응입니다.

겉은 변화하되 속은 변하지 말라

: 변화의 대상과 변화의 방법

『미래 쇼크』, 『제3의 물결』의 저자 앨빈 토플러Alvin Toffler가 일찍이 이런 말을 했습니다. '변화란 생명의 필요이며 생명 그 자체다.' 주변 환경이나 사회만 변하는 것은 아닙니다. 우리 개인들도 계속 변화하고 있습니다. 환경과 개인 양자가 사로에게 영향을 주고 관여하며 서로에게 원인과 결과가 됩니다. 하지만 변화의 가운데서도 변하지 않는 무엇들이 존재합니다. 그래서 진짜 문제는 변화 여부에 대한 의지가 아니라 변화의 대상(무엇을 변화시킬 것인가?), 변화의 방법(어떻게 변화할 것인가?)입니다. 장자가 우리에게 제안하는 변화의 방법론은 이것입니다.

옛사람들은 겉은 외물을 따라 변화했으나 속은 변하지 않았다.

지금 사람들은 속은 변하면서 그 겉은 외물을 따라 변화하지 않는다.

외물을 따라 변화할 수 있는 사람은

그 내면에 한결같이 불변하는 무엇을 갖고 있다.

하여 그는 변화에도 편안하고 불변에도 편안하니

만약 외물과 더불어 평안히 순응하면

변화에 참여하면서도

반드시 함부로 크게 지나치거나 벗어나지 않는다.

古之人 外化而内不化,
고 지 인 외 화 이 내 불 화

今之人 内化而外不化,
금 지 인 내 화 이 외 불 화

與物化者,
여 물 화 자

一不化者也 。
일 불 화 자 야

安化安不化,
안 화 안 불 화

安與之相靡,
안 여 지 상 미

必與之莫多 。
필 여 지 막 다

　　　　〈知北遊〉

　　변화에 대한 장자의 생각은 유연합니다. 변할 것도 있고 변치 않아야
할 것도 있다는 게 요점입니다. 이상적 방식은 외화이내불화外化而内不化, 겉
은 외물을 따라 변화하되 속은 변하지 않는 것입니다. '외화外化'는 기술
적 측면의 변화라고 할 수 있겠습니다. 이를 테면 차림새나 일을 처리하
는 방법 따위를 외부 환경의 요구에 맞춰서 조정하고 변화시키는 것입
니다. '내불화内不化'는 가치를 지키는 일입니다. 우리 내면에는 반드시 변
하지 않는 중심 사상과 신념이나 가치관을 가지고 있어야 한다는 뜻입
니다.

13세기 몽고족 대군이 지금의 허난河南 신정新鄭을 공격해 들어올 때, 당시 한 젊은이는 마을 사람들과 함께 피난길에 오릅니다. 난민들은 길을 가다가 줄지어 서 있는 배나무들을 보고는 저마다 달려가 배 열매를 따먹으며 갈증을 푸는데, 유독 그 젊은이만 조용히 길가에 앉아서 미동도 하지 않더랍니다. 누군가 물었지요. "아니, 자네는 목이 마르지 않은가? 어째서 배를 따지 않는가?" 젊은이가 대답합니다. "목이야 마르지만 내 것이 아니니 손을 대지 않는 것입니다." 젊은이의 말을 듣고 있던 사람들이 어이없다는 듯 웃으며 전란 중에 나무의 주인이 있겠느냐고 말합니다. 젊은이가 자못 진지하게 다시 말합니다. "길가의 배나무야 주인이 없을 수 있어도 내 마음은 주인이 있지 않겠습니까?" 이 젊은이가 허형許衡입니다. 허형은 원元 세조世祖 쿠빌라이忽必烈에게 등용되어 국자감 제주祭酒 등의 요직을 맡은 인물입니다. 허형은 벼슬 생활을 오래 하면서 여러 번 부침浮沈을 겪었지만 시종일관 자신의 원칙을 지키며 어떤 유혹에도 흔들리지 않았고 권세에 아첨하지도 않았기에, 사람들은 원조元朝의 위징魏徵이라 불렀습니다. 위징은 당 태종 때 간의대부諫議大夫 등의 요직을 거쳐 재상으로 중용된 인물인데, 대쪽 같은 성품으로 직간直諫을 해 태종의 분노를 자주 샀지만 조금도 주저함이 없었다고 합니다. 그런 위징이 병으로 죽자 태종은 자신의 허물을 막을 수 있는 거울 하나를 잃어버렸다며 슬퍼했다고 하지요.

원조의 위징이라 불렸던 허형의 태도가 바로 '외화이내불화外化而內不化'입니다. 전란을 당해 무리를 따라 피난길을 선택한 것은 '외물을 따라 변화하는 외화外化'의 처신이며, 목이 마르다고 배를 따 먹지 않은 것은 자신의 도덕관을 포기하지 않은 '내불화內不化'의 의지입니다. 허형의 태도는 13세기 남송南宋의 문인 문천상文天祥이 쓴 시의 한 구절인 '세상이 어떻게 변하든 내 마음은 밝은 달처럼 분명하다世態便如翻覆雨, 妾身原是分明月'를 떠올리게 합니다. 허형과 문천상은 같은 시대를 살았던 사람들입니다. 문천상의 기상과 재능을 알아본 쿠빌라이는 그도 중용하려고 했으나 문천상은 외적을 군주로 섬길 수 없다며 거절하고 끝내는 스스로 죽음을 택했습니다. 문천상의 죽음을 생각하면 허형은 절개가 없는 사람으로 보입니다. 하지만 두 사람은 같은 시대였지만 완전히 다른 환경에서 살아왔습니다. 허형은 본디 남송이 아닌 여진족이 세운 금의 관할지인 허난 사람입니다. 허형의 이상은 유학을 널리 알리는 것이었습니다. 쿠빌라이도 유교에 근본을 둔 중국의 통치 방식에 매력을 느끼고 남송과 금나라 출신의 유학자들을 적극 등용하고 싶어 했습니다. 그러니 허형이 자신의 이상을 좇아 원조의 신하가 된 것을 두고 옳지 않다 나무랄 일은 아닙니다. 반면 문천상은 남송조의 장원壯元 출신으로 남송 황제의 부름을 받고 벼슬을 하였으므로 원조에 투항하지 않고 남송조의 신하된 도리를 지키기 위해 순국한 것입니다. 문천상의 곧은 절개, 내불화의 정신은 분명 높이 평가해야 할 가치관입니다.

시대의 격변 속에서 모든 사람은 저마다의 '변화와 불변'이 있고 저마다의 마음속에 '분명한 달'이 있습니다. 정말 중요한 것은 변화 혹은 불변을 선택한 후에 자신을 돌아보고 반성하며 부끄러움은 없는지 자문하는 일입니다. 28장 「양왕讓王」편에는 공자에 관한 이야기가 나오는데, 공자가 진陳나라와 채蔡나라 사이에서 어려움에 처하자 자로子路가 말합니다. "이와 같은 것을 바로 곤경이라 말해야 할 것입니다." 공자가 그게 무슨 말이냐고 자로를 꾸짖으며 다음과 같은 말을 합니다.

군자가 도에 통달하는 것을 통通이라 하고
도에 막히는 것을 궁窮이라 한다.
지금 나는 인의仁義의 도를 품고 난세의 환난을 만난 것이니
어찌 그것을 곤궁하다고 하겠는가!
그러니 나는 내면을 돌아보아 덕에 부끄럽지 않고
난관에 부딪쳐도 덕을 잃지 않은 것이다.
엄혹한 추위가 닥치고 서리와 눈이 내리자
나는 비로소 송백의 푸름을 알았다.
진陳나라와 채蔡나라에서의 액운은 오히려 나에게는 아주 값진 시련
인 것이다!

君子通於道之謂通,
군 자 통 어 도 지 위 통

窮於道之謂窮 。
궁 어 도 지 위 궁

今丘把仁義之道 以遭亂世之患,
금 구 포 인 의 지 도 이 조 난 세 지 환

其何窮之爲,
기 하 궁 지 위

故內省 而不窮於道,
고 내 성 이 불 궁 어 도

臨亂而不失其德,
임 란 이 불 실 기 덕

天寒旣至 霜雪旣降,
천 하 기 지 상 설 기 강

吾是以知松柏之茂治。
오 시 이 지 송 백 지 무 야

陳蔡之隘, 於丘其幸乎。
진 채 지 애   어 구 기 행 호

<讓王>

변하지 않는 것은 없습니다. 환경도 변하고 사람도 변합니다. 환경의 변화는 허형과 문천상은 물론이고 장자와 공자에게도 시험이고 시련이었을 것입니다. 삶은 수도 없이 우리를 시험과 시련의 한가운데 서 있게 합니다. 그때마다 우리는 선택해야 합니다. 변화할 것인지 아니면 지킬 것인지, 변화한다면 무엇을 어떻게 변화할 것인지, 이 모든 것은 당신의 지혜와 신념을 시험할 것입니다.

지금의 당신이 가장 아름답다

: 시골 비너스의 행복

생명은 예측할 수 없는 존재입니다. 그러므로 자신을 지나치게 낮추며 금을 긋듯 스스로의 한계를 미리 지어버리는 것은 어리석은 태도입니다. 그런데 사실 다시 생각해보면, 다소 '김빠지는' 말이겠지만, 당신이 자신의 재능과 잠재력을 어떻게 펼치고 자아를 어떻게 실현하든, 대부분의 사람들 인생이 그러하듯, 당신도 그저 평범한 보통 사람일 뿐입니다. '작은 인물'인 평범한 우리는 평범치 않은 '큰 인물'을 어떤 눈으로 바라봐야 할까요? 그리고 우리의 평범한 인생에 대해 우리는 또 어떤 관점을 세워야 할까요? 1장 「소요유」에는 우리가 참고로 삼을 만한 이야기가 나옵니다. 창공을 나는 대붕大鵬은 큰 인물로, 작은 나무들 사이를 오가는 매미와 염주비둘기는 작은 인물로 놓고 봐도 좋겠습니다. 대붕이 높은 창공에서 날개를 펴고 남해를 향해 날아갈 때의 일입니다.

매미와 염주비둘기가 대붕을 비웃으며 말하길
"내가 결심하고 한번 날아오르면
느릅나무와 빗살나무 위까지 닿을 수 있다.
간혹 힘에 부쳐 이르지 못하고 땅에 곤두박질할 때도 있지만
왜 구태여 구만리 창공을 날아 남해로 가려는 것인가?"

蜩與學鳩笑之曰 :
조 여 학 구 소 지 왈
「我決起而飛, 搶楡枋。
아 결 기 이 비   창 유 방
時則不至 而控於地而已矣,
시 즉 부 지   이 공 어 지 이 이 의
奚以之九萬里 而南爲。」
해 이 지 구 만 리   이 남 위
<逍遙遊>

이 우화는 두 가지로 해석될 수 있습니다. 핵심은 '웃음笑'의 행위에 있습니다. 만약 그 웃음이 '비웃음嘲笑'이었다면, 매미와 염주비둘기는 자신들의 생존 방식 혹은 생활환경에만 매몰되어 자신의 식견이 협소하다는 사실을 아예 모르거나 알면서도 인정하지 않았기에 대붕을 비웃은 것입니다. 매미와 염주비둘기의 '비웃음'은 자신을 정확히 알지 못하기에

생기는 방해 작용의 일종입니다. 장자가 「소유유」에서 말한 작은 지혜小知와 어린아이小年의 어리석음이니 취할 바가 못 됩니다. 반대로 만약 '매미와 염주비둘기의 웃음이 미소微笑'였다면, 그들은 저들의 환경에 만족하며 작은 수풀 속에서 자유롭게 소요하므로 남해를 향해 날갯짓하는 대붕에 담박한 웃음을 지었을 것입니다. 그 담박한 웃음에는 부러움도 박탈감도 없습니다. 『장자』에 주석을 단 위진魏晉 시대의 곽상郭象은 이렇게 적고 있습니다. '무릇 큰 것과 작은 것은 서로 다르지만 저마다의 자리에 놓여 제 물성과 능력으로 제 소임을 감당한다면, 이 또한 '소요逍遙'다.' 장자가 주장한 '제물론齊物論'의 세계에서는 '큰 인물'도 '작은 인물'도 각자 저마다의 '소요유적 삶의 길'이 있는 것입니다. 수풀에서 살도록 생존 조건을 갖고 태어났다면 제 아무리 노력해도 높은 창공까지 날아오를 수는 없는 노릇입니다. 그런데 그에게 숲의 작은 새가 되어선 안 된다고 한다면 그것은 그의 존재 자체를 부정하고 모욕하는 행위입니다.

심리학에 '시골 비너스 증후군'이라는 말이 있는데, 특수한 현상을 일컫는 용어로 상용됩니다. 외딴 시골 마을에 아주 예쁘게 생긴 아가씨가 있습니다. 그 마을 사람들한테는 그녀가 세상에서 가장 아름다운 여인 '비너스'였습니다. 덕분에 제 모습에 매료된 시골 아가씨는 하루하루가 즐겁고 행복했습니다. 하지만 제가 살던 시골을 벗어나 바깥세상에 가서 보니 저보다 훨씬 더 예쁜 여자들이 많다는 것을 알게 되었지요. 그녀들과 비교해보니 자기는 예쁜 축에도 끼지 못했던 겁니다. 시골 아가씨는 큰 충격을 받았지요. 자신감도 잃고 심한 좌절감에 몸을 떨었습니다. 득의양양 하늘을 날다가 하루아침에 고통의 심연으로 떨어진 것 같았습니다.

우리는 모두 어쩌면 '시골 비너스'일지 모릅니다. 어떻게 하면 시골 비너스가 받은 충격과 고통을 면할 수 있을까요? 방법은 우화 속 매미와 염주비둘기처럼 자신이 있는 '시골'에 만족하며 다른 인생을 부러워하지도 꿈꾸지도 않는 것입니다. 또 다른 방법은 자기 '내면의 비너스'를 존중하는 것입니다. 어디를 가든 누구를 만나든 비교하지 않고 동요되지 않으며 자기 '내면의 비너스'를 격려하고 칭찬하는 것입니다. 큰 물고기 곤鯤이 큰 새 대붕이 되는 생명 신화의 핵심 역시 자신의 '내적 아름다움'을 발견하고 변혁하는 것입니다.

우리의 장자도 '시골 비너스'입니다. 장자가 양梁나라에 갔을 때의 일입니다. 양나라 재상 혜시惠施는 장자가 자신의 재상 자리를 염두에 두고 온 줄로 알고 사흘 낮 사흘 밤을 장자를 찾습니다. 하는 수 없이 장자가 직접 혜시를 만나러 가서 남방의 원추鵷鶵라는 새가 북해까지 날아가는 이야기를 합니다.

오동나무가 아니면 내려앉아 쉬지 않고
대나무 열매가 아니면 먹지 않으며
단 샘물이 아니면 마시지 않는다.

非梧桐不止,
비 오 동 부 지
非練實不食,
비 련 실 불 식
非醴泉不飲 。
비 예 천 불 음
　　〈秋水〉

장자는 스스로를 원추에 비유하고 있습니다. 벼슬이라고는 칠원漆園의 작은 관리를 지낸 이력이 전부지만, 재상이라는 높은 벼슬자리도 장자한테는 '썩은 쥐腐鼠'에 불과했지요. 그런데 혜시라는 부엉이는 장자가 자신이 아끼는 '썩은 쥐'를 훔치러 온 줄로 알았던 것입니다. 장자처럼 자기 '내면의 비너스'를 발견하고 존중할 수 있다면 어디를 가서 누구를 만나든 흔들림 없이 스스로 즐겁고 스스로 만족하는 '시골의 비너스'로 살아갈 수 있습니다.

당신 안에 있는 '비너스'는 지금 즐거운가요? 슬픈가요? '비너스'의 행복과 불행은 당신의 태도에 달려 있다는 것을 부디 잊지 마세요.

제3편 | 넉넉한
인생을
살려면

시야를 넓히려면 경험도 풍부해야 하지만 지식은 더 많이 필요하다. '앎'을 구하려 할 때 우리는 책 속의 지식과 스승의 삶의 정신을 내 것으로 '흡수'해야 한다. 모든것을 의심하는 태도로 지식의 불완전성을 인식하기, 겸손하여 스스로를 낮추고 자신의 무지를 깨닫고 책임지기, 지식의 한계성과 실용성을 넘어서기, '무용의 쓸모가 큰 쓸모가 되는' 참뜻을 체득하기, 경직된 사고를 버리고 창의적 상상력을 발휘하기, 그리하여 완전히 새로운 삶의 세계를 창조하는 것이 앎의 목표가 되어야 한다.

견문을 넓히는 일
: 재능을 최대한 발휘하는 방법

하늘이 준 재능은 마땅히 쓸 곳이 있을 것입니다. 하지만 많은 사람들이 자신은 재능이 있는데 운이 없다고 불평을 합니다. 또 자신의 재능을 충분히 발휘할 수 없는 여건이나 환경을 탓하기도 합니다. 자신이 가진 재능을 어디에 써야 할지 모르겠다며 호소하기도 합니다. 기회와 운수보다 더 중요한 것은 개인의 견문과 시야입니다. 「소요유」를 보면 견문과 시야의 중요성에 관한 이야기가 나옵니다. 송宋나라에 손이 트고 갈라지는 것을 예방하고 치료하는 약을 잘 만드는 사람이 있었습니다. 그의 집안은 자자손손 이 약으로 비단의 얼룩을 지우는 일을 하며 생계를 이어갔습니다. 그런 약이 있다는 얘기를 전해들은 한 사내가 와서는 금 백 냥을 내놓으면서 약 처방을 사겠다고 말합니다. 약 처방의 주인은 집안사람들을 불러 놓고 말합니다. "우리 집안은 자자손손 이 약으로 비단 얼룩을 지우는 세탁업을 해왔지만 여태 많은 돈을 벌지 못했는데, 하루아침에 금 백 냥이라는 큰돈을 벌게 되었으니 처방을 파는 게 좋겠습니다."
금 백 냥을 주고 약 처방을 손에 넣은 사내는 오_吳나라로 건너가 오왕_{吳王}을 유세합니다. 때마침 오나라는 월_越나라의 침략을 받고 있던 터라 오왕은 그에게 군대를 이끌고 나가 싸우라고 합니다. 오왕의 명을 받은 그는 병사들에게 약을 몸에 바르고 출전하도록 하지요. 때마침 겨울인데 수전_{水戰}을 벌여야 하는 오나라 군사들은 손발이 갈라지지 않고 트지 않으니 월나라 군을 대패시키고 전쟁에서 승리를 거둡니다. 결말은 예상하셨겠지만 혁혁한 전공_{戰功}을 세운 그가 오왕한테 토지를 하사받는 것으로 끝이 납니다. 장자는 이야기 말미에 이런 평어_{評語}를 달았습니다.

거북등처럼 갈라지는 손을 치료하는 약 처방은 하나지만
어떤 이는 그것으로 큰 상을 받아 영주로 봉해졌으나
어떤 이는 그것을 다만 빨래하는 데 쓰고 말았으니
이는 사용하는 방법이 달랐기 때문이다.

能不龜手一也,
능 불 귀 수 일 야

或以封,
혹 이 봉

或不免於洴澼絖,
혹 불 면 어 병 벽 광

則所用之異也 。
즉 소 용 지 이 야
〈逍遙遊〉

그 사내는 약 처방을 다른 용도로도 쓸 수 있다는 사실을 어떻게 알았을까요? 약 처방의 주인도 몰랐는데 말입니다. 그것은 두 사람의 견문의 폭이 달랐기 때문입니다. 견문과 시야는 개인의 경험에서 비롯됩니다. 대대로 비단의 얼룩을 지우는 세탁업을 해온 집안의 그 사람은 아마도 평생 자신이 나고 자라고 어른이 되어서는 삶의 터전이 된 고향을 한 번도 떠나 본 적이 없었을 것입니다. 식견이 적고 시야도 좁을 수밖에요. 그러니 신비의 약 처방을 비단의 얼룩을 지우거나 갈라지고 튼 손을 치료하는 용도로만 써 왔을 뿐, 그 약이 다른 곳에도 사용될 수 있다는 사실은 전혀 몰랐던 것입니다. 하지만 마을을 지나던 사내는 약 처방의 값어치를 한 눈에 알아봅니다. 천하를 주유하며 견문을 넓힌 그는 병사들의 손발을 보호하는 약으로 쓴다면 전쟁의 승리를 이끌어낼 수 있겠다 생각한 것입니다. 그리고 자주 월나라와 수전水戰을 치루는 오나라가 자신의 기회가 있는 곳이라는 사실을 알았기에 약 처방으로 큰 공을 세우고 토지를 소유한 영주가 될 수 있었습니다.

재능을 최대한 발휘하고 싶다면 반드시 적절한 시간과 장소를 찾아 적절한 방식으로 적절한 사람에게 당신의 재능을 보여야 합니다. 최적의 '시時, 지地, 인人, 사事'를 분별하는 지혜는 경험에서 얻은 견문과 시야에서 나옵니다.

우물 안 개구리에게 바다를 말할 수 없는 것은
삶의 공간에 제한을 받기 때문이고
여름철 곤충에게 얼음을 말할 수 없는 것은

삶의 시간에 제한을 받기 때문이며

편벽한 서생에게 대도大道를 말할 수 없는 것은

그 교양의 속박 때문이다.

井蛙不可以語於海者 拘於虛也,
정 와 불 가 이 어 어 해 자 구 어 허 야

夏蟲不可以語於氷者 篤於時也,
하 충 불 가 이 어 어 빙 자 독 어 시 야

曲士不可以語於道者 束於敎也 。
곡 사 불 가 이 어 어 도 자 속 어 교 야

〈秋水〉

보고 듣고 경험한 것들이 풍부하면 개인의 식견도 그만큼 넓어집니다. 아는 만큼 들리고 보이는 이치입니다. 그러니 자연 남들보다 더 많은 기회를 보고 만날 수 있는 것이지요. 인생은 길지 않습니다. 개인이 경험할 수 있는 것도 한계가 있습니다. 다행인 것은 몸소 체험하지 않아도 다른 사람의 경험을 자기 것으로 만들 수 있다는 사실입니다. 그러려면 다양한 사람들과 만나서 서로의 경험을 나누고 서로의 지식을 공유하며 자신의 귀와 눈을 날마다 새롭게 채워야 합니다. 가장 쉽고 빠른 방법은 '매체'를 이용하는 것이지요. 동서고금의 위인들이 남긴 명저, 위대한 고전들, 역사서, 세계 각지의 문화와 풍습을 소개한 책들, 당대의 문제를 분석한 사회과학서적들, 성공한 기업의 발전 전략과 비밀을 밝힌 책들까지, 헤아릴 수 없이 많은 분야의 지식들이 있습니다. 필요한 지식과 정보를 찾아 배우고 익히면, 당신이 흡수한 양만큼 귀는 더 열리고 눈은 더 커지는 법입니다. 책은 무엇을 가지고 언제 어디로 가서 누구를 찾아 어떻게 쓰는 것이 최고의 효능을 발휘하는 길인지 알려주는 안내자인 것입니다. 그래서 옛 사람들은 '천 리 길을 걸으며 만 권의 책을 읽는다.'고 말했나 봅니다. 급할수록 돌아가라고 했습니다. 바쁠수록 멈추고 앉아서 책과 더불어 사색하는 시간을 가져야 하는 이유는, 그래야 더 잘 더 멀리 갈 수 있기 때문입니다.

책은 찌꺼기다

: 지혜로운 책 읽기

책 읽기는 다른 이들의 경험을 내 것으로 만들고 지식을 쌓고 시야를 넓히는 가장 쉽고 빠른 방법입니다. 책은 인생이라는 바다에서 먼 곳을 볼 수 있도록 해주는 망원경이며 갈 방향을 일러주는 나침판이며 인생의 항해에 지친 당신을 다독이고 일으켜 세우는 반려자입니다. 앎의 추구이든 영혼의 성장이든 아니면 재미를 위해서든 책 읽기는 누구나가 긍정하는 유익한 것입니다. 그런데 사람들은 '좋은 독자', '지혜로운 책 읽기'에는 다소 관심을 덜 갖는 것 같습니다. 좋은 것인 만큼 제대로 잘 활용해야 하지 않겠습니까? 그러면 어떻게 읽어야, 책의 내용과 저자에 대해 어떤 태도를 취해야 지혜롭게 책을 읽는 좋은 독자가 되는 것일까요?

13장 「천도天道」편을 보면 제齊나라 환공桓公이 당상堂上에서 책을 읽고 있을 때 아래서 수레의 바퀴를 다듬고 있던 자가 와서 묻습니다. "폐하께서 지금 읽고 계신 책은 무엇을 말하고 있습니까?" 제환공이 대답합니다. "성현의 가르침이니라." 하지만 수리공이 이렇게 말합니다.

군주께서 읽으시는 책은 그저 죽은 사람의 시체일 뿐입니다!

君之所讀者, 古人之糟魄己夫 。
군 지 소 독 자   고 인 지 조 백 이 부
〈天道〉

이 말은 책을 대하는 장자의 기본적인 생각을 얼마간 보여줍니다. 책 읽기를 좋아하는 사람이라면 그게 무슨 말이냐며 고개를 젓겠습니다만, 책의 중요성을 부정하거나 책 읽기를 경멸하는 뜻은 아닙니다. 진정한 성현의 도란 수레의 바퀴를 만들고 다듬는 장인의 솜씨를 말로 전달할 수 없는 이치처럼 책을 읽는다고 배울 수 있는 것이 아니라는 뜻입니다. 책을 '죽은 사람의 시체'라 한 것도 저자를 모욕하는 태도가 아니라 실은 저자에 대한 경의의 표시입니다. 아무리 좋은 책이라도 문자의 나열일 뿐이고, 책 한 권에 저자의 풍요로운 영혼과 사상의 정수를 온전히 담아낼 수 없다는 뜻입니다. 그래서 장자는 이렇게 말합니다.

세인이 귀히 여겨 칭하는 것은 책이다.
책은 말에 불과할 뿐이니 실은 말이 귀한 것이다.
그런데 말이 귀한 것은 그 뜻에 있고
뜻에는 그 지향하는 바가 있다.
뜻이 지향하는 바는 말로 전할 수가 없는 것인데도
세인은 말을 전달하는 책을 귀중히 여겨왔던 것이다.

세인이 비록 책을 귀중히 여기지만

나는 귀히 여길 것이 못 된다고 생각한다.

世之所貴道者書也。
세 지 소 귀 도 자 서 야

書不過語 語有貴也。
서 불 과 어 어 유 귀 야

語之所貴者意也,
어 지 소 귀 자 의 야

意有所隨。
의 유 소 수

意之所隨者 不可以言傳也,
의 지 소 수 자 불 가 이 언 전 야

而世因貴言傳書,
이 세 인 귀 언 전 서

世雖貴之,
세 수 귀 지

我猶不足貴也。
아 유 부 족 귀 야

〈天道〉

선종禪宗의 유명한 경전 『지월록指月錄』이 있습니다. 경전의 이름이 달을 가리키는 '指月'인 이유는 경전이 전하려는 참된 의미는 '달'이고 책은 다만 그 대상을 '가리킬' 뿐이기 때문입니다. 가리키는 '달'을 보지 않고 가리키는 '손'을 보는 어리석음처럼, 책이 전하는 말만 탐닉하고 가리키는 달을 보지 않는다면 책 읽기의 진정한 가치와 효용을 잃고 말 것입니다. 그리 되면 책도 '시체'나 '찌꺼기' 따위로 전락하는 것이지요.

책을 보배처럼 귀중히 여기며 책 속의 전언을 금과옥조金科玉條로 받드는 사람들도 흔히 봅니다. 책이 우리에게 다양한 분야의 지식을 제공하고 삶의 방향을 제시하는 것은 분명한 사실입니다. 하지만 책 속에는 황금의 집만 있는 게 아니라 철의 감옥도 있습니다. 만일 책 속의 말들에 집착하여 절대불변의 진리로 거역할 수 없는 도그마로 삼는다면, 그것은 자신은 물론이요 타인까지 얽어매는 속박일 뿐입니다. 선종에서 전해지는 이야기를 한 토막 하겠습니다. 한 스님이 찾아와 종암宗巖 선사禪師에게 가르침을 청하며 물었습니다. "대장경大藏經에는 어떤 특별한 점이 있는지요?" 종암 선사가 말합니다. "대장경 안의 검은색은 먹물이며 노란색은 종이라오." 선사의 답이 참으로 절묘합니다. 그 속뜻인즉 '경문經文에 집착하지 마라'는 것입니다. 책에 끌려다니는 꼴이 되어서는 안 된다는 말씀입니다.

그렇다고 장자가 책 읽기를 싫어한 것으로 오해해서는 곤란합니다. 사마천司馬遷의 『사기史記』를 보면, 장자는 학문이 넓어 통하지 않는 것이 없고 그의 말은 거센 물결처럼 거침이 없었다고 합니다. 장자는 책의 문자적 의미에 머무르지 않고 저자의 '말 저 너머에 있는' 언외지의言外之意를 상상하고 사색했던, 그러니까 '달'을 보고자 했던 것입니다. 책 안의 것들을 소화하고 흡수해서 정신의 자양분이 되도록, 하여 마침내는 자신만의 언론과 관점을 생산하는 책 읽기야말로 책의 가치를 올바르게 발현하는 독서입니다. 그리고 지혜로운 독자라면 마땅히 취해야 할 독서 방법입니다. 책을 찌꺼기로 만드는 답습적 폐쇄적 독서자가 아닌 끊임없는 회의와 자유로운 사색과 거침없는 상상력을 동원한 책 읽기로 스스로 변화하고 새로운 세계를 만드는 창조적 개방적 독서자가 되길 바랍니다.

사람을 배워라

: 보이지 않되 잊히지 않는 무엇

배우고 익히는 과정에서 책보다 더 중요한 것은 가르치는 사람입니다. 사람이 배우지 않으면 의로움을 모른다는 말이 있는데, '의로움' 같은 정신은 사람을 통해서만 배울 수 있는 것입니다. 책은 죽은 것이지만 사람은 살아 있기 때문입니다. 우리는 단순한 지식의 전달자를 선생이라 부르지 않습니다. 참된 선생은 자신의 삶을 통해 학문을 가르치는 살아 있는 교본敎本이며 입신과 처세의 올바른 길을 가르치는 안내자입니다. 우리는 '지금 여기'를 살아가는 선생의 모습을 보고 들으면서 책에서 얻지 못한 것들을 배웁니다. 중국 역사에서 가장 모범적인 스승과 제자의 관계로 칭송되는 두 사람이 있는데, 바로 여러분도 잘 아는 공자와 안회입니다. 21장 「전자방田子方」에는 이 두 사람의 대화가 나오는데, 우선 스승 공자를 배우고자 했던 안회의 태도를 보면 좋겠습니다.

> 선생께서 걸으시면 저도 걸었다는 것은
> 선생께서 말씀하신 것은 저 또한 말했다는 뜻입니다.
> 선생께서 뛰어가시면 저도 뛰어갔다는 것은
> 선생께서 변론하신 것은 저 또한 변론했다는 뜻입니다.
> 선생께서 말을 내달리시면 저도 말을 내달렸다는 것은
> 선생께서 도를 말씀하셨다면 저 또한 도를 말했다는 뜻입니다.
> 선생께서 먼지를 끊고 달려가실 때

저는 뒤에 처져서 바라만 본다는 것은

선생께서는 아무 말씀 않으셔도 믿음을 얻으시고

친근함을 표하시지 않으셔도 정이 두루 미치게 하시니

지위가 없으셔도 사람들이 물밀듯이 선생 앞으로 모이니

저는 그러한 까닭을 알 수 없다는 뜻입니다.

夫子步亦步也,
부 자 보 역 보 야

夫子言亦言也 。
부 자 언 역 언 야

夫子趨亦趨也,
부 자 추 역 추 야

夫子辯亦辯也 。
부 자 변 역 변 야

夫子馳亦馳也,
부 자 치 역 치 야

夫子言道 回亦言道也 。
부 자 언 도 회 역 언 도 야

及奔逸絶塵 而回瞠若乎後者,
급 분 일 절 진 이 회 당 약 호 후 자

夫子不言以信,
부 자 불 언 이 신

不比於周,
불 비 어 주

無器 而民滔乎前,
무 기 이 민 도 호 전

而不知所以然而已矣 。
이 부 지 소 이 연 이 이 의
　　　　　〈田子方〉

누구보다 열심이었기에 가장 믿었던 제자 안회가 자신을 잘 모르겠다

말하니, 공자로서는 조금 섭섭했을지도 모르겠습니다. 공자가 안회에게
말합니다.

너는 그저 내 겉으로 드러난 부분만을 본 것이다.

하지만 그것들은 이미 사라진 것일 뿐인데

너는 아직도 존재한다고 여기고 그것들을 찾고 있으니

이는 텅 빈 시장에서 말을 찾는 것과 같다.

내 마음속에 있는 네 형상이 곧 잊힐 것처럼

네 마음속에 있는 내 형상도 곧 잊힐 것이다.

비록 그렇다고 해도 네가 근심할 게 뭐가 있느냐?

설혹 지난날의 나를 잊는다고 해도

나는 여전히 잊히지 않는 무엇으로 존재할 것이다.

女殆著乎吾所以著也 。
여 태 저 호 오 소 이 저 야

彼已盡矣,
피 이 진 의

而女求之以爲有,
이 여 구 지 이 위 유

是求馬於唐肆也 。
시 구 마 어 당 사 야

吾服女也甚忘,
오 복 여 야 심 망

女服吾也亦甚忘 。
여 복 오 야 역 심 망

雖然 女奚患焉 。
수 연 여 해 환 언

雖忘乎故吾,
수 망 호 고 오
吾有不忘者存 。
오 유 불 망 자 존
〈田子方〉

안회의 태도는 선생을 따르는 제자의 전형적 모습입니다. 누군가를 존경하면 그 사람을 닮고 싶어 합니다. 그래서 의지적으로 혹은 자기도 모르게 선생의 면면을 모방합니다. 안회가 고백하듯 선생이 걸으면 같이 걸었고 선생이 뛰면 같이 뛰는 것이지요. 하지만 공자의 지적처럼 바깥으로 드러나 눈에 보이는 것만 모방하고 배운다면 그것은 선생한테는 가히 실망스러운 일일 것입니다. '눈에 보이지 않는, 잊히지 않는' 무엇들, 이를 테면 삶의 정신, 도량, 인격 따위들을 선생에게서 볼 줄 알고 배우고 익혀야 한다는 말입니다.

한 조각가가 유명해진 후 많은 이들이 그의 작품을 칭찬하면서 당신의 작품 세계에 가장 큰 영향을 준 사람은 누구냐는 질문을 했습니다. 그런 질문을 받을 때마다 조각가는 스승에게서 배웠다고 대답했지요. 하지만 그의 작품은 기교로 보나 스타일로 보나 자신의 스승과는 완전히 달랐습니다. 그래서 사람들은 다시 물었습니다. "당신과 당신 스승의 작품 세계는 조금도 닮은 곳이 없는데 대체 무엇을 스승한테 배웠다는 겁니까?" 조각가가 웃으며 말합니다. "제 스승께서는 당신의 스승을 전혀 배우지 않으셨지요, 바로 그 점을 제가 스승께 배웠다는 뜻입니다." 이처럼 참된 배움이란 스승의 정신을 제 것으로 취하는 태도입니다. 자신을 가르친 스승에 대한 최고의 경의敬意라 할 수 있지요. 좋은 선생은 제자가 자신과 같아지길 바라지 않습니다. 좋은 선생은 제자가 제2의 자신이나 자신의 그림자가 되길 원하지 않습니다. 좋은 선생은 제자가 자신을 앞서길 바랍니다.

좋은 선생의 보이지 않는, 잊히는 않는 무엇이란 현재에 만족하지 않는 탐구 정신일 것입니다. 그들의 끊임없는 탐구 정신이 인류 문명을 발전시킨 원동력이기 때문입니다. 그리고 '선생이 줄 수 있는 최고의 가르침은 창의력을 표현하고 학문을 추구하는 희열감을 학생들에게 일깨워주는 것'이라는 아인슈타인의 말처럼, 창조의 기쁨과 학문의 즐거움 또한 선생이 제자에게 가르쳐줄 수 있는, 그리고 제자가 선생한테 배울 수 있는 가장 좋은 공부입니다.

광대무변한 앎의 세계

: 겸손한 의심

아는 것이 힘이다, 너무도 유명한 근대 경험론의 창시자 프랜시스 베이컨Francis Bacon이 한 말이지요. 현대 사회를 사는 대부분의 사람들은 십여 년을 각종 지식을 습득하는 데 씁니다. 학문과 연구를 업으로 삼는 이들은 훨씬 더 많은 시간을 공부하며 보냅니다. 지식은 문제를 해결하는 도구이며 우리가 세계를 인식하고 이해하는 매개체입니다. 진취적이고 호기심이 많은 사람일수록 다양한 분야와 영역을 넘나드는 해박한 지식의 매력과 힘에 더욱 붙들리게 됩니다. 하지만 무엇에 사로잡혀 붙들리면

끌려 다니게 됩니다. 지식을 추구하는 주체의 주관적 의지와 능동성이
점점 힘을 잃게 되는 것이지요. 장자의 우려는 그런 것이었습니다.

> 우리의 생명은 유한하지만 지혜는 무한하다.
>
> 유한한 생명으로 무한한 지혜를 좇는다면 지치고 고달플 뿐이다.
>
> 그런데도 여전히 지혜를 좇느라 급급하다면
>
> 더욱 지치고 고달플 것이다.

> 吾生也有涯, 而知也無涯。
> 오 생 야 유 애   이 지 야 무 애
>
> 以有涯隨無涯, 殆已。
> 이 유 애 수 무 애   태 이
>
> 已而爲知者, 殆而已矣。
> 이 이 위 지 자   태 이 이 의
>
> 〈養生主〉

위의 글을 보면 장자는 앎의 추구를 그다지 격려하는 것 같지 않습니
다. 심지어 11장 「재유在宥」편에서는 성인과 지혜가 사람을 구속하는 형
틀이 될 수 있음을 경계하며 '군왕을 없애고 그들의 지혜를 버려야만 천
하가 태평할 것絕聖棄知, 而天下大治'이라고 다소 과격한 주장을 하고 있습니다.
이 구절 때문에 장자를 지식을 거부하고 혼돈 무지의 순수한 상고 시대
로의 회귀를 꿈꾸는 철학자로 오해하는 이들도 있습니다만 결코 그렇
지 않습니다. 윗글의 진정한 함의는 이런 것입니다. 우주만큼 광대무변
한 앎의 세계에서 당신이 알고 있는 것(지식)은 터럭만큼 작고 유한합니
다. 당신이 아무리 박학다식하더라도 당신이 모르고 있는 것이 당신이

아는 것보다 훨씬 더 많습니다. 그러니 인생의 대부분을 알고 배우는 일에 쓰는 것은 몹시 지칠뿐더러 큰 의미도 없습니다. 더욱이 우리의 생명에 허락된 시간은 유한하니까요. 그러면 장자의 말에 담긴 속뜻은 무엇일까요?

그러므로 천하가 갈수록 어지러워지는데

이는 지식을 좋아한 죄과罪過이다.

천하 사람들 모두가 모르는 바를 구할 줄만 알지

이미 알고 있는 바를 탐구할 줄은 모르기 때문이며,

천하 사람들 모두가 선하지 않은 것을 비난할 줄만 알지

이미 선하다고 인정된 것을 비판할 줄은 모르기 때문으로,

결국 바로 이 때문에 크게 어지러워진 것이다.

故天下每每大亂,
고 천 하 매 매 대 란

罪在於好知 。
죄 재 어 호 지

故天下皆知求其所不知
고 천 하 개 지 구 기 소 부 지

而莫知求其所已知者,
이 막 지 구 기 소 이 지 자

皆知非其所不善
개 지 비 기 소 불 선

而莫知非其所已善者,
이 막 지 비 기 소 이 선 자

是以大亂 。
시 이 대 란

〈胠篋〉

지식이 문제 해결의 도구인 것은 맞습니다. 하지만 자기가 아는 지식을 정확한 해답을 제시할 수 있는 유일한 것이라 주장한다면, 그 지식은 문제 해결은커녕 오히려 분쟁을 일으키고 공동체를 무너뜨리는 화근이 될 뿐입니다. 이런 식의 지식 추구는 해악입니다. 누구도 지적인 호기심과 학구열을 반대하지는 않습니다. 다만 하루가 다르게 급변하고 새로워지는 정보들의 범람 속에서 진위를 알 수 없는 신지식을 마구잡이로 맹목적으로 흡수하는 대신, 자신이 이미 알고 있는 지식들에 대한 차분한 검증 작업이 더욱 유의미하고 유익한 지적 추구라고 장자는 말하는 것입니다. 검증과 수정, 변증을 통해 얻어낸 지식만이 신뢰할 수 있는 참 지식이기 때문입니다. 지식의 총량이 중요한 것은 아닙니다. 당신이 알고 있는 지식이 참되고 유익한 것인지가 중요합니다. 진위를 알 수 없는 혹은 무익한 혹은 심지어 해로운 것이라면 모르는 편이 더 나을 것입니다.

장자는 지식을 '하늘의 지식'과 '사람의 지식'으로 나눠 말합니다. '하늘의 지식'이 객관적이고 절대적인 진리에 가까운 것이라면 반대로 '사람의 지식'은 주관적이고 상대적인 진리를 뜻합니다. 당연한 말이겠지만 인류의 지식은 '사람의 지식'이니 모두 주관적이고 상대적인 것이지요.

> 하늘이 하는 일을 알고
> 사람이 하는 일을 안다면 그것은 앎의 극치에 달한 것이다.
> 하늘이 하는 일을 아는 것은
> 천리天理로 살아가는 것이며

사람이 하는 일을 아는 것은

그 지혜로써 아는 것이니

그 지혜가 알지 못하는 바를 취하면

천수를 다하고 중도에 요절하지 않는데

이것이 지혜의 왕성旺盛이다.

비록 그렇다 해도 아직 근심은 남는다,

무릇 사람의 지식이란

반드시 대상이 있어야 합당 여부를 판단할 수 있는 것인데

그 대상이 계속 변하고 일정치 않기 때문이다.

그러니 내가 말하는 하늘에 속한 것이

사람에 속한 것이 아님을 어찌 알며

내가 말하는 사람에 속한 것이 하늘에 속한 것이 아님을 어찌 알겠는가?

知天之所爲,
지 천 지 소 위

知人之所爲者 至矣。
지 인 지 소 위 자 지 의

知天之所爲者
지 천 지 소 위 자

天而生之,
천 이 생 지

知人之所爲者
지 인 지 소 위 자

以其知之所知
이 기 지 지 소 지

以養其知之所不知,
이 양 기 지 지 소 부 지

終其天年 而不中道夭者
종 기 천 년 이 부 중 도 요 자

是知之盛也。
시 지 지 성 야

雖然有患,
수 연 유 환

夫知有所待而後當,
부 지 유 소 대 이 후 당

其所待者 特未定也。
기 소 대 자 특 미 정 야

庸詎知 吾所謂天之非人乎,
용 거 지 오 소 위 천 지 비 인 호

所謂人之非天乎。
소 위 인 지 비 천 호

〈大宗師〉

　모든 '사람의 지식'은 두 가지 문제를 안고 있습니다. 그 하나는 대상 자체가 변하거나 인류의 인식 수준이 발전하면서 끊임없이 수정되고 보완되고 변화하는 과정 안에 있는 지식이라는 문제입니다. 다른 하나는 우리 자신의 판단 능력에 대한 회의에서 비롯되는 문제입니다. 쉽게 말해서 무엇이 참이고 무엇이 거짓인지, 무엇이 객관이고 무엇이 주관인지, 무엇이 절대적이고 무엇이 상대적인지 분별하기 어렵다는 것입니다. 그러니까 우리는 진리에 접근할 수는 있지만 절대적 진리를 아는 것은 불가능하다는 말입니다. 우리는 다만 선인들의 말(기존의 지식)이 틀렸거나 부족한 것을 발견하면 그것을 수정하고 보완할 수 있을 뿐입니다. 무엇이 절대적이고 완전한 진리인지 아무도 알 수 없습니다.

　그러므로 학문과 연구에 임하는 우리의 태도는 마땅히 '겸손'과 '의

심'이어야 합니다. 틀릴 수 있음을, 완전하지 않음을 알고 겸손히 인정하고 끊임없이 의심하는 것만이 당신을 오늘보다 더 진보한 내일로 데려다 줄 것입니다.

무지의 지

: 모르면 심오하나 알면 천박하다

지식의 광대무변함 때문일까요? 사람들이 저마다 가지고 있는 지식의 영역과 총량, 지적 수준도 생김새만큼이나 다 제각각입니다. 누군가 당신에게 박학다식하다고 하면 그렇지 않다 부족한 게 많다며 겸손히 손사래를 치겠지만 은근히 그이의 칭찬을 즐길 게 분명합니다. 반대로 누군가 당신에게 무식하다고 하면 아무렇지 않은 척하겠지만 속으로는 꽤 언짢을 것입니다. '무지' 혹은 '무식'이란 말은 상대에게 모욕감을 줄 수 있는 부정적 폄하어로 누구도 듣기 좋아하지 않습니다. 하지만 장자는 '무지'를 좀 다르게 보았습니다. 「지북유知北遊」에 이런 대화가 나옵니다.

태청泰淸이 무궁無窮에게 묻습니다. "그대는 도道를 아시오?" 무궁이 말합니다. "나는 모르오." 그러자 태청은 무위無爲에게 다시 묻습니다. 무위가 대답합니다. "나는 도를 알고 있소." 그리고 무위는 도에 대해 자신이 아는 바를 말하지요. 무위의 말을 듣고 난 태청은 이번에는 무시無始에게 무궁과 무위의 말을 전하며 묻습니다.

"이처럼 무궁은 도를 모른다고 하고 무위는 안다고 하였는데, 대체 누가 옳고 누가 그른 것이오?" 아래는 무시의 대답입니다.

무시가 답하길

"모른다고 함은 심오한 것이며 안다고 함은 천박한 것이니,

모른다는 것은 내면이고 안다는 것은 외표이다."

이에 태청은 머리를 들고 탄식하며 말하길

"모르는 것이 곧 아는 것이고

아는 것이 곧 모르는 것이라면

누가 모르는 것의 앎을 알겠는가?"

無始 曰:
무 시 왈

「不知深矣 知之淺矣,
　　부 지 심 의　지 지 천 의

弗知內矣 知之外矣 。」
　불 지 내 의　지 지 외 의

於是泰淸中而歎 曰 :
어 시 태 청 중 이 탄　왈

「弗知乃知乎,
　불 지 내 지 호

知乃不知乎,
지 내 부 지 호

孰知不知之知 。」
숙 지 부 지 지 지

<知北遊>

얼핏 보면 무시의 답도 그에 대한 태청의 탄식도 말장난을 하는 것처럼 보입니다. 그런데 무엇을 알고 배우는 과정이 사실 그러합니다. 알면

알수록 자신이 모르는 게 많다는 것을 발견하게 되고 그래서 배우면 배울수록 더욱 어렵기만 합니다. 공부가 쉽지 않은 이유입니다. 아는 게 많아질수록 그동안 깨닫지 못했던 자신의 무지가 보이기 시작하니, 자신이 알고 있는 혹은 안다고 믿고 있는 '지식의 확실성'에 대해서도 예전처럼 확신에 찬 긍정을 할 수 없습니다. 오히려 뭘 모르는 이들이 자신이 세상 전부를 아는 냥 확신합니다. 무지가 낳은 교만이고 폭력입니다.

역설逆說로 유명한 그리스 철학자 제논을 찾아온 제자가 물었습니다. "선생님께선 아는 것도 많으시고 질문에 대한 답도 분명하신데, 왜 늘 잘 모르겠다 하시고 자신을 의심하시는 겁니까?" 제논은 지팡이로 바닥에 큰 원을 그린 후에 큰 원 안에 다시 작은 원을 그려 넣고 말했습니다. "큰 원이 나의 지식이라면 작은 원은 너희들 지식이다. 그리고 이 두 개의 원 바깥 전부가 나와 너희가 알지 못하는 부분이다. 큰 원의 둘레가 작은 원의 둘레보다 긴 것처럼 내 무지의 경계도 너희의 것보다 더 크고 더 넓다. 이것이 내가 잘 몰라서 회의할 수밖에 없는 이유이다."

앎의 세계는 무변무애無邊無涯해서 삼라만상이 다 있다고 하지요. 장자는 큰 지혜와 작은 지혜로 앎의 세계를 구분합니다.

> 큰 지혜는 전체를 두루 살피나 작은 지혜는 사소한 것들을 구별한다.
> 큰 말은 기세가 불꽃처럼 왕성하나 작은 말은 쉼 없이 수다스럽다.
>
> 大知閑閑 小知間間。
> 대 지 한 한   소 지 간 간

大言炎炎 小言詹詹。
대 언 염 염   소 언 첨 첨
〈齊物論〉

　　자연이나 이치, 생명에 관한 지식은 전체를 두루 살피는 큰 지혜로 '형이상학'과 유사합니다. 다양한 사상의 대폭발이 일어났던 혼란기 춘추전국시대의 제자백가 주장들은 실용적 지식, 즉 작은 지혜로 사회과학이나 자연과학과 유사합니다. 나무로 비유하자면 큰 지식은 나무 전체에 대한 앎이고, 작은 지식은 나뭇가지에 대한 앎입니다. 의외로 참 많은 사람들이 나뭇가지만큼의 작은 지식이 전부이면서 스스로 나무 전체를 안다고 착각합니다. 우리를 더 곤경에 빠트리는 것은 나뭇가지만큼의 작은 지식으로 세상 전부를 해석하려 드는 오만불손함입니다. 그들은 의학으로 모든 생명 현상을 설명하거나 물리학으로 우주의 비밀을 풀려고 합니다. 나뭇가지 하나로 세상 전체를 덮으려는 격입니다. 괜한 분쟁만 낳을 뿐이지요.

　　자신의 무지를 깨달아야 '지혜의 문'을 두드릴 수 있습니다. 자신이 다 안다고 생각하는 사람이 스스로 문을 열지는 않을 테니까요. 지금 당신이 알아야 할 것은 자신의 무지를 먼저 스스로 인정하는 지혜입니다. 그러면 적어도 뭘 모르는 사람은 되지 않습니다.

몸을 떠나고 지식을 버려라

: 지식의 한계성 뛰어넘기

지식은 우리의 시야를 넓히고 문제 해결의 방법을 제공합니다. 하지만 물이 배를 띄울 수도 있고 뒤집을 수도 있는 것처럼, 때로는 지식이 우리의 시야를 좁히고 상상력을 가두고 문제 해결을 방해하는 요소로 작용하기도 합니다. 이런 까닭에 장자는 지식에 숭고한 지위를 부여하지 않습니다. 오히려 기존의 지식을 의심하고 심지어 버리라고까지 주장합니다.

소경과는 그림의 아름다움을 함께 볼 수 없고
귀머거리와는 종과 북의 소리를 함께 들을 수 없다.
어찌 오직 육체에만 소경과 귀머거리가 있겠는가?
무릇 마음의 지혜에도 소경과 귀머거리가 있는 것이다.

瞽者無以與乎文章之觀,
고 자 무 이 여 호 문 장 지 관

聾者無以與乎鐘鼓之聲 。
농 자 무 이 여 호 종 고 지 성

豈唯形骸有聾盲哉 。
기 유 형 해 유 농 맹 재

夫知亦有之 。
부 지 역 유 지

〈逍遙遊〉

지식이 마음 지혜心智의 산물인 까닭에, 윗말의 속뜻을 모르고 보면 장자가 마치 지식 없음을 '마음의 소경' '마음의 귀머거리'라 말하는 것 같습니다. 하지만 지식이 있어도 마음이 소경이거나 귀머거리일 수 있습니다. 왜냐하면 사람들의 지식은 일면적이고 부분적이며 사물에 대한 이해도 '장님이 코끼리 더듬는' 수준이기 때문입니다. 정작 문제는 지식의 한계성 자체보다 그것을 깨닫지 못하거나 인정하지 않는 태도입니다. 그렇게 되면 당신 마음의 눈과 귀는 닫혀서 지식은 더 이상 유용한 도구가 아닌 해로운 것이 되고 맙니다. 실외 승강기 탄생에 관한 유명한 일화가 있습니다. 때는 1950년대, 미국 캘리포니아 샌디에이고의 한 호텔은 영업이 잘되면서 협소하고 노후한 실내 승강기를 교체해야 했습니다. 호텔 사장은 일류 건축가와 엔지니어를 초빙해 승강기 교체 문제를 의논합니다. 반나절이 넘는 긴 논의 끝에 건축가와 엔지니어가 사장에게 제안을 합니다. 실내 승강기 수를 늘리고 지하에 승강기 모터를 설치하려면 제법 큰 공사를 해야 하므로 호텔이 반년은 휴업을 해야 한다는 내용이었습니다. 한창 영업이 잘되는 때에 휴업이라니 사장으로선 달갑지 않은 제안이었지요. 건축가의 제안에 얼굴을 붉히며 고민하는 사장에게 옆에서 호텔 바닥을 닦고 있던 청소부가 참지 못하고 한마디 합니다. "승강기를 실외에 설치하면 안 되나요?" 절로 옳다구나! 감탄사가 나오는 말이었지요. 실외에 승강기를 설치하면 시공도 어렵지 않고 비용도 적게 들고 휴업을 할 필요도 없으니까요.

세계 최초의 실외 승강기는 이렇게 탄생했습니다. 왜 일류라는 건축가와 엔지니어는 그런 생각을 못했을까요? 그것은 그들의 머릿속에 승강기는 실내에만 있는 것이라는 고정 관념과 관련 지식들로 가득차서 마음 지혜를 소경으로 만들고 다른 가능성을 보지 못하게 만들었기 때문입니다. 반면 아무것도 모르는 청소부는 기존 지식에 붙들려 있지 않았기에 전복적인 사고가 가능했던 것입니다. 그 자유로움이 문제의 핵심을 볼 수 있도록 했던 것이지요. 그래서 장자는 필요하다면 과감히 지식을 버릴 줄 알아야 한다고 말합니다.

> 자신의 육신을 잊고 자신의 총명을 버리며,
>
> 본체를 떠나고 지식을 버리고,
>
> 큰 도와 통하여 대동大同하는 것을 '좌망坐忘'이라 한다.

墮肢體 黜聰明,
타 지 체 출 총 명

離形去知,
리 형 거 지

同於大通, 此謂「坐忘。」
동 어 대 통   차 위   좌 망

<大宗師>

호박벌은 독특한 비행법으로 잘 알려진 벌의 일종입니다. 비행을 하는 모든 동물들은 몸체가 가볍고 날개가 큽니다만 이 호박벌은 몸 크기에 비해 날개가 작아 생물학적으로 날아오르기 어려운 구조를 갖고 있습니다. 유체역학流體力學적으로 봐도 비행이 불가능합니다. 그런데 호박벌은 그 모든 학문을 비웃듯 하늘을 유유히 잘도 날아다닙니다. 그래서 다들 자연의 신비라고 하지요. 한 철학자는 호박벌의 비행을 두고 이렇게 말했습니다. "호박벌은 생물학도 물리학도 모른다. 그들은 자신들의

'불가능'을 모르기 때문에 날 수 있는 것이다." 철학자다운 말입니다. 지식의 한계성이나 구속은 그러니까 '아는 게 병'이란 뜻입니다. 모르면 자유롭지만 많이 알면 아는 만큼 속박 당할 가능성도 커집니다. 지식은 우리에게 사물을 인식하고 해석하는 힘도 되어주지만 동시에 우리의 사고를 테두리에 가두는 틀이 되기도 합니다.

장자는 지식을 경멸하며 학문 따위는 좋을 게 못 된다고 주장하지 않습니다. 진지하고 성실하게 앎을 추구하되 자유로운 사유를 가로막고 한계를 규정하는 틀을 버릴 때 비로소 지식이 제 소임을 다할 수 있노라 말하는 것입니다.

부수고 다시 세우기
: 상상력과 용기

'사람이 제 재능을 다하고 물건이 제 쓰임을 다하도록人盡其才, 物盡其用' 하려면 식견을 넓히는 일 말고 또 중요한 한 가지가 있는데, 바로 창의성입니다. 식견이 우리가 더 많은 기회를 볼 수 있도록 시야를 넓혀준다면, 창의성은 지금까지 없었던 새로운 가능성을 만들어줍니다. 장자가 그랬습니다. 그는 학식 깊은 지식인이었으며 기존에 없던 혁신의 언어로 파격적이고 창의적인 사유를 한 철학자였습니다. 「소요유」 편에 이런 이야기가 나옵니다. 혜자惠子가 위왕魏王한테 호리병박 씨앗을 받아 심었는데, 곡식 닷 섬들이나 되는 큰 호리병박이 열렸습니다. 그런데 박이 물러서

물을 담아 두지도 못하고 바가지로 쓰려니 너무 커서 쓸모가 없다며 자리만 차지하니까 부숴버리든지 해야겠다며 투덜거렸습니다. 혜자의 말을 잠자코 듣던 장자가 웃으며 말합니다. "그대는 큰 물건을 쓸 줄 모르는군!" 그리고 앞서 나왔던 트고 갈라진 손을 치료하는 약 이야기를 혜자에게 들려주며 이렇게 말했지요.

> 지금 그대는 닷 섬들이나 되는 큰 호리병박을 갖고 있는데
> 어찌하여 큰 술통 모양의 배를 만들어 강호에 띄울 생각을 않는가?
> 오히려 박이 너무 커서 담을 것이 없다고 걱정을 하니
> 그대는 여전히 마음이 꽉 막혀 있는 것으로 보이네!

> 今子有五石之瓠,
> 금 자 유 오 석 지 호

> 何不慮以爲大樽 而浮於江湖 。
> 하 불 려 이 위 대 준　이 부 어 강 호

> 而憂其瓠落無所用,
> 이 우 기 호 락 무 소 용

> 則夫子猶有蓬之心也夫 。
> 즉 부 자 유 유 봉 지 심 야 부
> 　　　　　　〈逍遙遊〉

장자는 혜자의 마음이 꽉 막혀 있다고 진단했는데, 무엇이 혜자의 마음을 막게 했을까요? 호리병박의 기능(용도)에 대한 고착화된 인식입니다. 어떤 물건을 어떻게 사용할 것인가 하는 문제에 대해, 우리는 고민하지 않습니다. 사회적으로 정해진 용도대로 사용하는 것이 익숙하고 당연하기 때문입니다. 머릿속에 호리병박은 물을 담거나 떠낼 때 쓰

는 것이라고 고정되어 있는 한, 다른 새로운 가능성은 나올 수 없습니다. 물건은 쓰기 나름이고 용도는 생각하기 나름입니다. 사용자의 생각과 필요에 따라 이렇게도 쓰이고 저렇게도 쓰일 수 있다는 말입니다.

> 사물의 효용이란 관점에서 볼 때
> '유有'의 일면에서 보면 '유'라고 여겨질 것이니
> 만물은 효용이 유 아닌 것이 없다.
> '무無'의 일면에서 보면 '무'라고 여겨질 것이니
> 만물은 효용이 무 아닌 것이 없다.

> 以功觀之,
> 이 공 관 지
> 因其所有之有之,
> 인 기 소 유 지 유 지
> 則萬物莫不有 。
> 즉 만 물 막 불 유
> 因其所無之無之,
> 인 기 소 무 지 무 지
> 則萬物莫不無 。
> 즉 만 물 막 불 무
>
> 〈秋水〉

그래서 장자가 혜자에게 배로 만들어서 강물에 띄울 수도 있지 않느냐고 말한 것입니다. 정해진 용도만 고집할 게 아니라 파격적으로 생각하라는 것이지요. 그러면 새로운 것을 찾을 수 있다고요. 세계적인 심리학자이자 창의성의 아버지라 불리는 에드워드 드 보노Edward de Bono도 '창의력이란 기존의 틀을 부수고 완전히 다른 방식으로 사물을 바라보는

것'이라고 말했습니다. 에드워드의 말대로라면 장자는 파격과 혁신, 창
조의 아이콘이라 부를 만합니다. 장자는 기존의 모든 것을 의심하고 부
수고 다시 새롭게 세운 사람입니다. 크고 작음, 귀함과 천함, 얻음과 잃
음, 아는 것과 모르는 것, 인생과 우주까지, 우리를 둘러싼 세계 전체를
새롭게 사유했으니까요.

그런데 어떤 사람은 상식을 뛰어넘는 창의적 사고를 하는데, 또 어떤
사람은 머리가 터지도록 생각해도 도통 상식적 수준에서 벗어나지를 못
합니다. 이유가 뭘까요? 개인의 경험이나 지적 수준보다 더 큰 관건은
상상력과 용기입니다. 아인슈타인은 '상상력이 지식보다 중요하다, 지식
은 유한하지만 상상력은 세계를 품을 수 있다.'고 했습니다. 상상력은 우
리의 기존 지식에 의해 구금된 모든 가능성을 풀어 보여줍니다. 뿐만 아
니라 익숙한 것을 버리고 상상을 현실로 만들려는 용기도 필요합니다.
우리는 각종 정의와 분류, 규칙과 질서로 가득한 세상을 삽니다. 하지만
창의적인 사람은 알고 있습니다. 세상의 그 모든 정의와 분류, 규칙과 질
서들은 언제라도 부술 수 있다는 것을요. 용기를 가진 사람만이 기존의
방식을 부수고 새로운 가능성을 발견할 수 있습니다. 그 가능성은 다른
사람이 아닌 바로 당신이 찾았기에 더욱 의미가 있을 것입니다.

여러 번 강조했지만 먼저 부숴야 세울 수 있습니다. 『장자』는 장자가
자신의 파격적 상상력과 용기를 글로 옮긴 것입니다. 장자의 도움으로
당신이 헌 것을 부수고 새것을 세우는 용기를 먼저 얻길 바랍니다.

무용의 쓸모

: '무용성'을 즐기고 추구하라

동서고금을 막론하고 처세술의 최고는 세상에 필요한 사람, 쓸모 있는 사람이 되는 것입니다. 타인과 공동체에 기여하는 것은 누가 뭐래도 옳은 일인데, 유독 장자는 '쓸모없는' 사람이 되라는 반대 주장을 펼칩니다. 상식에 어긋나는 말이지요. 하지만 언제나 우리의 상식과 질서의 허를 찌르는 장자의 주장이니 분명 다른 깊은 뜻이 있을 것입니다. 장자의 '무용론無用論'은 '피동'과 '능동' 두 가지 개념으로 나눠서 보면 이해가 훨씬 쉽습니다. '피동적 무용'은 「인간세人間世」편에 등장하는 인물 지리소支離疏가 그 전형입니다. 지리소는 아주 심한 신체 기형을 가진 중증장애인입니다. 턱은 배꼽에 가 있고 어깨가 머리보다 높고 등덜미가 하늘을 가리키고 오장은 머리 위에 있고 두 넓적다리는 갈비뼈가 된 불완전한 몸으로 그는 삯바느질과 남의 집 빨래 일을 하며 열 식구를 굶기지 않고 살아갑니다. 뿐만 아니라 몸이 기형이어서 오히려 좋은 점도 있습니다.

> 나라에서 병사를 징집할 때
> 병신은 팔을 이리저리 흔들며 그 사이에서 어슬렁거린다.
> 나라에 큰 역사役事가 있을 때도
> 병신은 지병이 있는 까닭에 부역賦役에 동원되지 않는다.
> 나라에서 병자에게 곡식을 줄 때는
> 병신은 쌀 세 가마와 땔나무 열 묶음을 받는다.

上徵武士,
상 징 무 사

則支離攘臂 而遊於其間 。
즉 지 리 양 비 이 유 어 기 간

上有大役,
상 유 대 역

則支離以有常疾 不受功 。
즉 지 리 이 유 상 질 불 수 공

上與病者粟,
상 여 병 자 속

則受三鍾 與十束薪 。
즉 수 삼 종 여 십 속 신

　　　　　　<人間世>

　사람들은 지리소를 신체 기형 때문에 병신 소리를 듣는 불행하고 쓸
모없는 인간이라 생각합니다. 하지만 지리소는 가장으로서의 책임을 능
히 해낼 뿐 아니라 사지육신 멀쩡한 사람들은 가질 수 없는 이득까지
챙기지요. 그 이득이 바로 지리소가 가진 '무용의 쓸모'입니다. 사람들이
'상대적 무용'에 처하거나 제 유용성(역할)을 잃는 것은 개인의 무능력이
나 불성실 때문인 경우는 많지 않습니다. 일할 능력과 의지가 있는데 일
자리가 없다거나 여성이라는 이유로 장애인이라는 이유로 외국 이주민
이라는 이유로 혹은 지방대 출신이라는 이유로, 개인의 힘으로 어찌해
볼 수 없는 '피동적 무용'의 상황에 처하게 되는 경우가 훨씬 많습니다.
장자는 '피동적 무용'에 대해 '인력으로 어찌할 수 없음을 알고 운명처
럼 편안히 처하는 덕'의 필요를 말하면서도 자신의 '무용의 쓸모'를 발
견해야 한다고 주장합니다. 흔히 말하듯 위기를 기회로, 단점을 장점으
로 만들어야 한다는 뜻입니다. 발명왕 토머스 에디슨Thomas Alva Edison은 어

릴 적 사고로 청력이 손실되어 청각적으로 무용한 사람이 되었습니다. 속상하고 슬펐지만 한편으로는 소리가 잘 안 들리는 게 좋을 수도 있겠다는 생각이 들더랍니다. 소음의 방해를 덜 받으니 정신을 온전히 상상과 연구에만 집중할 수 있으니까요. 그 덕에 에디슨은 전신 오퍼레이터로 일하면서 전신기의 착발신 신호음을 누구보다 세심하게 듣는 습관을 갖게 되었고 마침내 기존의 것보다 개량된 듀플렉스 전신기를 발명합니다. 훗날 에디슨은 '청각 손실이 내게 막대한 이익을 가져다준 셈'이라고 유쾌하게 자신의 무용을 고백했지요. 무용성(위기 혹은 단점)에 사로잡혀 아무것도 못하는 것이 아니라 무용성을 인정하면 오히려 그동안 깨닫지 못했던 또 다른 가능성(무용의 쓸모)이 새롭게 열립니다. 인정은 적극적이고 현명한 대처 방법입니다.

하나는 '능동적 무용론'입니다. 스스로 무용자가 되기로 추구하는 것인데, 「인간세」편에 나오는 상수리나무가 좋은 예입니다. 사직신社稷臣으로 받들어지는 거대한 상수리나무는 목수장이한테는 '쓸모없는 나무'입니다. 관곽으로 쓰면 금방 썩어버리고, 그릇을 만들면 쉽게 부서지고, 창문으로 만들면 끈적끈적한 진이 생겨 흐르고, 기둥으로 세우면 좀이 슬기 때문이지요. 그런데 상수리나무가 목수장이의 꿈에 나타나 이렇게 말합니다. "나는 일부러 쓸모가 없는 것이 되기를 추구한 지 아주 오래되었다. 거의 죽을 뻔한 적도 있었지만 이제야 뜻을 이루고 목숨을 보전하여 '무용의 대용大用'이 된 것이다." 그러면 장자가 적극적으로 '무용'을 추구하는 이유는 무엇일까요?

산에 있는 나무는 스스로 도벌盜伐을 부르고

등잔에 있는 기름은 스스로 불태움을 당한다.

계수나무는 먹을 수 있으므로 베이고

옻나무는 쓸 수 있으므로 쪼개진다.

사람들은 유용한 것의 용도는 알지만

무용한 것의 용도는 모른다.

山木自寇也,
산 목 자 구 야

膏火自煎也 。
고 화 자 전 야

桂可食 故伐之 。
계 가 식 고 벌 지

漆可用 故割之 。
칠 가 용 고 할 지

人皆知有用之用,
인 개 지 유 용 지 용

而莫知無用之用也 。
이 막 지 무 용 지 용 야

　　　　〈人間世〉

'유용'한 것에는 그 쓸모 때문에 감당해야 할 손해가 있습니다. 내우외환이 끊이지 않는 난세에 '능동적 무용'은 명철보신明哲保身을 위한 한 선택이 될 수 있습니다. 하지만 구차하게 목숨을 보전하기 위한 '무용'이라면 그것은 소극적 대응이며 비겁과 비굴일 뿐입니다. 우리가 장자의 '무용론'을 잘 읽어야 하는 이유지요. 따라서 먼저 장자가 말하는 '유용의 해로움'이 무엇을 의미하는지 생각해야 합니다. '용用'은 부림을 당하는 착취이며 쓰임을 당하는 이용입니다. 여기에서의 유용함은 당사자의 의지와 능동성이 결여된 것입니다. 안타깝게도 그들이 이용당하는 이유는 대부분 그들이 자초한 것입니다. 그들이 자신의 쓸모를 드러내고 다른 사람들이 자기를 알아주길 바랐기 때문입니다. 그러니까 장자의 '능동적 무용론'이 추구하는 바는 자신의 쓸모를 드러내어 자랑하지 않고 이용당하기를 거부하는 것입니다. 설혹 남들이 '쓸모없다' 말한다 해도 신경 쓸 일이 못됩니다. 그것이 권리와 행위의 주체로서 그 무엇보다 중요한 자기 결정권을 지키는 일이라면 말이지요.

그러니 너무 '유용성'에 집착하지 마세요. 때로는 '무용성'을 즐기고 '무용성'을 추구하는 것이 인생을 사는 진짜 유용한 지혜일 수 있습니다.

사과나무 아래서
뉴턴이 장자에게 물었다

: 큰 쓸모란?

중국인 사회는 실용적 가치를 인생 경영의 중요한 덕목으로 삼습니다. 유가 사상의 영향입니다. 사람 노릇의 으뜸은 '쓸모 있는 사람'이 되는 것이며 학문 추구의 목적은 마땅히 '경세치용經世致用'이어야 한다고 생각합니다. '범사에 유용하라'를 인생의 화두로 삼는 그들은 '쓸데없는 일'을 하지 않으며 '쓸모없는 학문'을 하지 않습니다. 삶과 학문에 대한 이토록 명확한 목적성은 나름의 좋은 점도 있을 것이지만, 경우에 따라서는 천박한 단견이 될 수 있습니다. 이러한 단견의 오류를 바로잡기 위한 '반동적 무용론'은 장자의 '무용론'을 이해하는 제3의 관점입니다.

영국의 물리학자 아이작 뉴턴Isaac Newton이 만유인력의 법칙을 발견한 이야기는 너무도 유명하지요. 사과나무 아래 앉아서 우주의 힘에 대해 골몰하던 뉴턴 앞으로 마침 사과 한 개가 떨어집니다. 뉴턴은 그 흔한 일을 신비한 자연 현상으로 인식하고 '사과가 왜 위로는 떨어지지 않는 걸까?' 생각하지요. 그런데 뉴턴이 영국이 아닌 중국에서 나고 자라 공자를 만나 이 질문을 했다면, 공자는 그에게 뭐라고 답했을까요? 글쎄요, 공자라면 답 대신 이런 말을 뉴턴에게 하지 않았을까요? "자네는 그 질문이 나라와 백성에 도움이 된다고 생각하나? 그런 쓸데없고 황당한 질문을 내게 하는 이유가 대체 뭔가? 정신 차리게!" 하지만 장자라면 뉴턴의 질문에 눈을 빛내며 이렇게 말했을 것입니다. "자네의 질문은 결코 쓸데없는 것이 아니네, 계속 질문을 해 나가다 보면 분명 그 안에 담긴 심오한 의미를 찾을 수 있을 걸세, 무용의 쓸모야말로 참으로 큰 쓸모라네."

장자의 주장은 당대에는 허무맹랑하고 황당무계한 논리로 폄하되었습니다. 26장 「외물外物」편을 보면 혜자가 장자에게 대놓고 '그대의 말은 쓸모가 없다'고 말을 합니다만, 그런 말에 기죽을 장자가 아니지요. 장자가 대답합니다.

그대가 '무용無用'을 알고 있으니
비로소 더불어 '유용有用'을 논할 수 있겠네.

무릇 대지는 넓고 크다고 하지 않을 수 없으나

사람이 쓰는 것은 기껏해야

두 발로 밟고 설 수 있을 만큼의 넓이일 뿐이네.

그렇다고 두 발 크기의 땅만 남겨두고 나머지는 전부 파내서

황천까지 파내려 간다면

사람들에게 유용하겠는가?

知無用,
지 무 용

而始可與言用矣 。
이 시 가 여 언 용 의

夫地非不廣且大也,
부 지 비 불 광 차 대 야

人之所用容足耳 。
인 지 소 용 용 족 이

廁足而墊之,
측 족 이 점 지

致黃泉,
지 황 천

人尙有用乎 。
인 상 유 용 호

<外物>

　　장자의 이 말을 '무용의 쓸모'를 위한 변호로만 이해하는 것은 아까운 일입니다. 현대의 응용과학과 기초과학을 대하는 하나의 논리로도 손색이 없기 때문입니다. 건축공학이나 화학공학 같은 응용과학은 '두 발로 밟고 설 수 있을 만큼의 땅'입니다. 즉각적으로 이용 가능한 쓸모 있는 지식이지요. 지난날의 중국인은 이 쓸모 있는 지식을 잘 활용할 줄

알았습니다. 반면에 수학이나 물리학 같은 기초과학은 '내 두 발로 밟을 수 있는 크기를 넘어선 저 바깥의 넓은 땅'입니다. 범위 너머에 있으니 당장에는 쓸모가 없는 것 같지만 실은 당신이 밟고 있는 땅을 지탱하고 있지요. 당신이 '지금 여기' 너머에 존재하는 그것의 가치를 부정하고 무시한다면 당신의 삶은 '지금 여기'에만 붙박여 한 걸음도 밖으로 나가지 못하게 되고 당신이 바라는 '쓸모'의 크기도 확장할 수 없습니다. 이는 중국의 지식인들이 그동안 걸어온 길이자 건너야 할 어려움이기도 합니다.

꽤 유용해 보이는 것이 실은 작은 쓸모이며 사람살이에는 별무소용이다 싶은 것이 실은 큰 쓸모입니다. '사과가 왜 위로는 떨어지지 않을까?' 어이없고 한심하기 이를 데 없는 것 같은 질문이었지만, 뉴턴이 물음을 붙잡고 놓지 않은 덕에 만유인력의 법칙을 발견할 수 있었고, 이 위대한 발견은 천문학의 발전은 물론이요 인공위성 발사나 우주 탐사에도 막대한 공헌을 했습니다. '무용의 쓸모야말로 큰 쓸모'라는 장자의 주장을 뉴턴이 계승해 발전시켰고 현대 과학이 입증한 것이라고 말한다면 억측일까요?

서양에서는 개인적 호기심과 지적 욕구, 탐색 본능을 만족시키기 위한 것이 학문의 동기인 경우가 많았습니다. '쓸모의 유무'가 그들에게 덜 중요했던 이유입니다. 그러니까 그들은 문자 그대로 '앎 자체를 위한 학문'을 추구했는데, 그 순수한 학문 덕에 오늘날의 휘황한 문명을 건설할 수 있었던 것입니다. 전국시대인 기원전 4~3세기를 살다 간 장자가 보여준 '학문'과 '쓸모'에 대한 견해가 오히려 서양의 근대 과학을 상징하는 뉴턴과 근접해 있다는 것은 오늘의 우리에게도 시사하는 바가 큽니다.

그래서 말입니다. 만약 당신이 지금 어떤 문제와 맞닥뜨렸거나 혹은 어떤 것을 취사선택해야 하는 상황에 놓여 있다면, 십중팔구 고민할 것입니다. "지금 이 문제가 나한테 중요해? 내가 이런 문제로 골머리를 앓아야 하나?" 이런 물음이 당신의 가슴 위로 올라올 때 부디! '무용의 쓸모야말로 큰 쓸모'라는 장자의 가르침을 잊지 말고 기억하세요. 당신의 호기심, 당신의 지적 욕구, 당신의 탐색 본능을 본체만체하고 '쓸모 있는' 당신이 되기 위한 공부! 설마, 정말 하시렵니까?

새로운 나를 맞이하기

: 그날들이여, 이젠 안녕!

'변화' 외에 영원한 것은 없다, 그리스 철학자 헤라클레이토스의 말입니다. 변화로 인해 새로운 것이 낡은 것이 되는가 하면 전통이 새롭게 부흥하기도 합니다. 변하지 않는 것은 없습니다. 국가도 사회도 이 글을 읽는 당신도, 그러니까 세계는 매순간 변화하고 있습니다. 만물은 서로의 변화의 실마리가 되어 서로를 잡아당기고 서로에게 이끌리며 흥망성쇠를 진행합니다.

사회가 진보하고 당신의 인생이 확장되려면 혁신해야 합니다. 변화와 혁신의 가장 큰 걸림돌은 새로운 것을 찾지 못해서가 아니라 기존의 것, 익숙한 것에 대한 집착입니다. 어떤 문제를 만나면 우리는 옛 사유 방식을 따르고 기존의 방법으로 해결하려고 합니다. 그렇게 하는 것이 더 쉽고 편하기 때문입니다. 14장 「천운天運」편에 공자의 이야기가 나옵니다. 공자는 당시 사회의 어지러운 모습을 목도하면서 자신의 정치적 이상을 생각합니다. 공자의 정치적 노스탤지어는 주周 왕조에 있었습니다. 노나라에서 주 왕조의 예법과 제도를 시행해 오래된 미래로의 회귀를 꿈꾼 것이지요. 그런 공자를 보고 노魯나라의 태사太師 사금師金은 이렇게 말했습니다.

무릇 물 위로 다닐 때는 배만한 것이 없고
육지 위로 다닐 때는 수레만한 것이 없다.
배로 물 위를 지날 수는 있지만
그것을 육지 위까지 밀고 가서 다니려 한다면
평생토록 간다 해도 얼마 못가고 말 것이다.
옛날과 지금은 물 위와 육지의 차이와 같지 않은가?
주나라와 노나라는 배와 수레의 다름과 같지 않은가?
지금 일심으로 노나라에서 주나라의 법을 시행하려는 것은
배를 육지 위로 밀고 가서 다니려는 것과 같은 일이다.
수고롭기만 할뿐 공적은 없고
자신한테도 반드시 재앙이 있을 것이다.
공자는 나라에 관계없이 널리 전할 수 있고
막힘이 없이 외물에 감응하는 도道를 알지 못한다.

145

夫水行莫如用舟,
부 수 행 막 여 용 주

而陸行莫如用車 。
이 륙 행 막 여 용 거

以舟之可行於水也,
이 주 지 가 행 어 수 야

而求推之於陸,
이 구 추 지 어 륙

則沒世不行尋常 。
즉 몰 세 불 행 심 상

古今非水陸與 。
고 금 비 수 륙 여

周魯非舟車與 。
주 노 비 주 거 여

今蘄行周於魯,
금 기 행 주 어 노

是猶推舟於陸也 。
시 유 추 주 어 륙 야

勞而無功,
노 이 무 공

身必有殃 。
신 필 유 앙

彼不知夫無方之傳,
피 부 지 부 무 방 지 전

應物而不窮者也 。
응 물 이 불 궁 자 야

〈天運〉

　공자의 정치적 이상에 대한 사금의 평가를 보면 많은 부분 장자의 그것과 닮아 있음을 알 수 있습니다. 실은 장자가 사금의 입을 빌려 자신의 생각을 말한 것입니다. 전통에 묶이지 않고 혁신과 변화를 구하려한 장자와 눈앞에 펼쳐진 새로운 현상과 어려운 문제를 왕년의 방법으로 탈출을 모색하려 한 공자, 두 사람의 사상적 차이를 극명하게 보여주는 대목이지요.

재미난 이야기가 있습니다. 난생 처음 도시에 온 시골 사람은 자신이 묵을 여관에서 역시 난생 처음 전구를 봤는데 너무나 신기했습니다. 그 빛이 어찌나 환하고 밝은지 시골에서 쓰는 기름 램프와는 차원이 달랐지요. 초행길에 무척 피곤했던 시골 사람은 잠을 자려고 평소처럼 전구에 대고 입을 벌리고 바람을 불었습니다. 그런데 어찌된 영문인지 아찔해질 만큼 세게 입바람을 불었건만 전구는 도무지 꺼지지 않았습니다. 전구를 입바람으로 끄려 하다니요? 실소를 금치 못하겠지만 웃을 일은 아닙니다. 우리라고 다르겠습니까? 누구나 다 '난생 처음'의 것을 대하면 잘 모르기 때문에 당황하고 낯설고 신기해합니다. 대부분의 우리는 지금껏 본 적 없는 새로운 현상이나 어려운 문제를 만나면 우선적으로 과거에 유효했던 방법을 먼저 떠올립니다. 그것이 오래 신은 구두처럼 발이 편하기 때문입니다. 편할 뿐 아니라 해결책을 찾느라 머리 아플 일도 없으니 여러 가지로 꽤 '경제적'입니다. 하지만 그 익숙한 편안함과 편리함이 진보와 혁신을 가로막는 가장 큰 방해 요인입니다. 경우에는 병폐로 작용합니다.

왕년에 통했다고 지금도 통하리란 보장은 없습니다. 이곳에서는 분명 효과를 보았던 방법이 저곳에서는 씨도 안 먹히는 상황이 벌어집니다. 세상 만물이 계속 변화하기 때문입니다. 빌 게이츠가 한 유명한 말이 있지요. "과거에 성공했던 방법은 다음에 실패하는 원인이 된다." 그는 인재를 채용할 때 난해한 면접 질문을 잘 던진다고 합니다. 이를테면 이런

것입니다. "후지산을 어떻게 옮기겠습니까?" 만약 그의 질문에 '우공이
산愚公移山' 따위의 답변을 한다면 보나마나 빵점을 맞을 것입니다. 누구나
다 아는 오래되고 낡은 방법이니까요. 빌 게이츠가 필요로 하는 인재는
자신의 머리로 생각할 줄 아는 사람입니다. 그가 내놓는 답이 황당무계
하다고 해도 적어도 자신의 머리로 '개척한 새로운 것'이라면 높게 평가
한다는 뜻이겠지요.

　혁신은 이별과 만남의 과정에서 탄생합니다. 먼저 헤어져야 만날 수
있습니다. 버리고 비우지 않으면 새 것이 들어올 틈이 없습니다. 다르게
살고 싶다면 다른 세상을 꿈꾼다면, 편하고 익숙한 것부터 버리는 훈련
을 하세요. 남이 가르쳐 준대로만 이제껏 배워온 대로만 행한다면, 그것
은 추종자의 삶입니다. 자신의 머리로 생각하고 행동할 때 비로소 자기
삶의 주인공이 되는 것입니다.

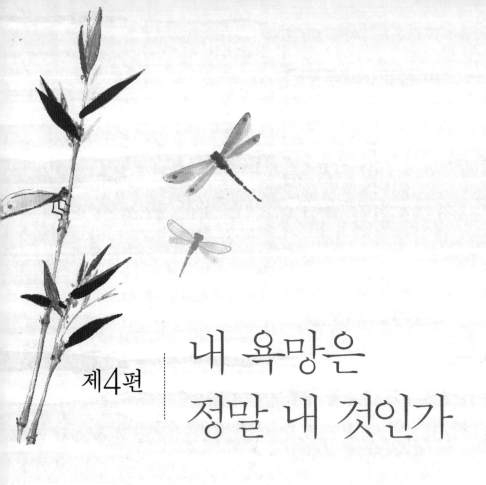

제4편 │ 내 욕망은
정말 내 것인가

과도하게 소비된 욕망은 우리를 공허의 나락으로 밀어 넣는다. 욕망이 없다면 무생물일 터, 욕망을 대하는 우리의 태도가 배척과 소외여서는 곤란하다. 오히려 적극적으로 욕망을 살피고 '그'에게 제자리를 찾아주고 '그'를 받아들이고 그런 후에 '그'를 내려놓아야 한다. 경쟁이 싫다고 도망칠 수는 없는 노릇, 그렇다고 성패와 득실에 전전긍긍하며 아귀다툼할 일은 아니다. 온화하고 대범하게 경쟁에 임하며 서로를 이끌 때 사회는 비로소 진화할 것이다. 첨단의 제품들이 날마다 현란한 속도로 질주하듯 쏟아져 나온다. 학습과 사용을 거부하며 손사래를 치기보다는 바르게 이롭게 활용하되 도구의 지배를 받지 않도록 자신을 지켜야 한다.

청심과욕 清心寡欲

: 정말 필요한 것은 사실 많지 않다

살면 살수록 욕망의 가짓수가 늘어납니다. 갓난아기한테는 엄마의 품과 젖이 욕망의 전부지만 아이가 자라면서는 갖고 싶고 하고 싶은 것들이 점점 많아집니다. 장난감 로봇도 가져야 하고 맛있는 과자도 먹어야 하고 엄마 아빠 손잡고 놀이공원도 가야 합니다. 욕망은 '삶의 의지'의 다른 표현입니다. 그런데 어떤 욕망은 고상하고 가치 있는 것으로 평가받지만, 어떤 욕망은 사악하고 비열하다는 욕을 먹습니다. 어떤 사람은 자신의 끝없는 욕망을 좇느라 늘 분주히 애쓰지만, 어떤 사람은 자신의 욕망을 가능한 줄이고 심지어 없애려고 노력합니다. 장자는 후자 쪽에 가까운 사람이었던 것 같습니다. 글이 욕망에 대한 장자의 견해를 말해 줍니다.

욕심이 깊은 자들은 그 타고난 기틀이 얕다.

其嗜慾深者, 其天機淺。
기 기 욕 심 자   기 천 기 천

<大宗師>

　그러나 장자를 오해하지는 마세요. 장자는 누가 뭐래도 자유를 꿈꾸는 철학자입니다. 바로 그래서 욕망에 사로잡힌 노예의 삶을 경계한 것입니다. 너무 많은 욕망, 너무 깊은 욕망은 우리를 천박하게 만듭니다. 지나친 욕망은 우리의 바탕을 더럽히고 상처 입히고 마침내는 인간으로서의 본성마저 잃게 만듭니다. 누구도 그렇게는 되고 싶지는 않을 것이기에, 우리는 자신한테 정말 필요한 것이 무엇인지 그리고 얼마나 필요한지 알아야 합니다. 「소요유」편을 보면 요ﷺ 임금이 천하를 허유許由에게 사양할 뜻을 밝히는 장면이 나옵니다. 하지만 허유는 권세와 명리에 움직이지 않고 요 임금의 뜻을 거절하며 이렇게 말하지요.

　뱁새는 깊은 숲에 둥지를 튼대도
　나뭇가지 하나에 불과합니다.
　생쥐가 황하의 물을 마신대도
　제 배를 채우는 양에 불과합니다.

鷦鷯巢於深林,
초 료 소 어 심 림

不過一枝 。
불 과 일 지

偃鼠飮河,
언 서 음 하
不過滿腹 。
불 과 만 복
〈逍遙遊〉

우리에게 필요한 것은 사실 많지 않습니다. 자연의 필요를 벗어난 욕망은 우리에게 만족감을 주지 못하고 몸과 마음만 다치게 할 뿐입니다. 1980년 9월 발발한 이라크와 이란의 전쟁은 세계에 석유 위기를 불러왔습니다. 당시 미국 석유 재벌이었던 무어는 유럽과 아시아, 아메리카 대륙을 오가며 숨 가쁘게 뛰어다녔습니다. 그러다 결국 지병인 심장 질환이 재발해 영국에 있는 톰슨 병원에 입원을 하게 되었지요. 입원한 그는 병원 건물 1층을 통째로 전세 내고 전화와 팩스 등을 설치하도록 했습니다. 입원해 있는 동안에도 병원을 자신의 석유 왕국을 위한 임시 지휘 센터로 쓰겠다는 생각이었지요. 그런데 그는 한 달 후 퇴원하자마자 회사를 팔아치우고는 스코틀랜드의 작은 시골 마을로 내려갔습니다. 나중에 무어를 찾은 기자가 물었지요. 왜 그렇게 갑작스러운 결정을 하게 되었느냐고요. 자신이 입원해 있던 병동 건물 내벽에 걸려 있던 현판의 글귀가 마음을 움직였기 때문이라고 무어는 말했습니다. '당신의 몸은 크지만 당신의 생명이 필요로 하는 것은 작은 심장 하나입니다.' 이 말은 몸이 아주 비대했던 할리우드 배우 레오 롤스턴이 심장병으로 무어가 입원한 바로 그 병원에서 신세를 지다가 세상을 떠나기 전에 한 말이었습니다. 병원 측은 롤스턴이 생전에 남긴 이 말이 세인에게 경종을 울릴 만하다고 생각해서 현판으로 새겨 걸어 놓았던 것이지요. 롤스턴의 말은 부귀를 위해 정신없이 달려온 무어를 화들짝 정신이 들게 했습니다. 말 한 마디로 인해 그의 인생이 전과는 완전히 달라졌지요. 훗날 무어는 자신의 전기(傳記)에서 다시 한 번 당시의 대오각성을 강조했습니다. '부유와 비만은 사실 다를 게 없다. 둘 다 자기가 필요한 것 이상을 초과로 얻은 상태일 뿐이다.'

무어의 이야기는 부와 명예, 권력을 좇느라 바쁘게 사는 오늘의 우리에게 시사하는 바가 큽니다. 그러니까 우리가 욕망하는 것의 대부분은 없어도 되는 것들입니다. 자신한테 정말 필요한 것이 무엇인지 깨닫는 순간은 왕왕 너무 늦은 경우가 많습니다. 그러니 뒤늦게 후회하며 안타까워하는 어리석음을 범하지 않으려면 당장 지금부터 자신의 주변을 꼼꼼하게 살펴야 합니다. 내가 소유한 것들, 내가 욕망하는 것들, 그 중에 나의 필요에 닿지 않는 것들은 무엇이고 또 얼마나 되는지 점검할 일입니다. 사실 우리는 잘 알고 있습니다. 삶에 정말 필요한 것이 무엇인지 모르는 사람은 없습니다. 이를테면 건강, 가족의 사랑, 평안, 자유 같은 것들이지요. 우리를 미혹시켜 길을 잃게 만들고 판단력을 흐리게 하는 불필요한 욕망들을 말끔히 치워버릴 때 비로소 정말 필요한, 그래서 참 소중한 것들을 제대로 볼 수 있습니다. 내 것 아닌 욕망들을 좇느라 공연하고 허탈한 번망(繁忙)에 그동안 묶여 있던 시간들이 해방되니 참된 욕망을 보살피고 경영하고 누릴 수 있는 풍요와 자유가 열립니다.

'욕심은 끝이 없다'는 말은 제 마음을 다스리지 못하고 욕망과의 경쟁에서 진 열패자들이 만들어낸 신화이고 변명일 뿐입니다. 욕망의 크기를 줄이세요. 줄이고 비우면 채우기가 한결 쉬워집니다. 마음이 깨끗해지고淸心 욕심이 적어집니다寡慾. 빈 그릇에서 명징한 소리가 나는 법입니다. 거짓된 욕망에 오염되지 않은 본연의 맑은 바탕을 지키는 자라야 자기 삶이 지닌 위대성을 발견하고 체험할 수 있습니다.

길 찾기

: 거짓 욕망을 버려라

욕망은 크게 두 가지로 나눌 수 있겠습니다. 자연적 욕망이 하나입니다. 식욕, 성욕, 수면욕, 안정에 대한 희구, 가족의 보살핌, 이성의 사랑, 우정, 새로운 것에 대한 호기심과 탐색 등은 자연적으로 주어진 생래적 욕망이고 생명 활동에 필요한 본능적 욕구입니다. 또 하나는 문명적 욕망입니다. 부와 명예, 지위, 지식, 권세 따위를 좇고 얻으려는 마음이지요. 인류 문명화의 산물인 이것들은 살아가는 데 꼭 필요한 것이 아닌데도 현대 문명인들의 욕망은 맹렬합니다. 장자는 자연적 욕망은 생명 활동에 필요한 만큼의 크기면 충분하다고 말합니다. 반면 문명적 욕망에 대해서는 단호합니다. 필요치 않다는 것이 장자의 기본적 생각입니다. 왜냐하면 ……

영귀榮貴와 부유, 출세와 위엄, 명성과 이익 여섯 가지는
의지를 어지럽히는 것이다.
용모와 거동, 미색과 언사, 기식氣息과 정의情意 여섯 가지는

마음을 묶는 것이다.

미움과 욕심, 기쁨과 성냄, 슬픔과 즐거움 여섯 가지는

덕성을 죄로 얽는 것이다.

물러남과 나아감, 취함과 베풂, 지식과 재능 여섯 가지는

도를 막히게 하는 것이다.

貴富顯嚴名利六者,
귀 부 현 엄 명 리 육 자

勃志也。
발 지 야

容動色理氣意六者,
용 동 색 리 기 의 육 자

繆心也。
무 심 야

惡欲喜怒哀樂六者,
오 욕 희 노 애 락 육 자

累德也。
루 덕 야

去就取餘知能六者,
거 취 취 여 지 능 육 자

塞道也。
색 도 야

<庚桑楚>

의지를 어지럽히고 영혼을 속박하는 문명적 욕망의 실체도 결국은 인간의 기본적 욕구들을 만족시키는 도구이거나 결핍된 것을 보상하는 대체재일 뿐입니다. 사람들은 돈은 많으면 많을수록 좋다고 합니다. 돈으로 자연적 욕망을 더 편하고 더 다채롭게 만족시킬 수 있으니까요. 사람들이 식욕, 성욕을 비롯한 다양한 육적 쾌락의 극대화를 위해 기꺼

이 많은 돈을 지불하는 이유입니다. 또 가족의 따스한 보살핌이나 이성의 사랑을 경험하지 못한 사람은 학문적으로나 사회적으로 성공함으로써 채우지 못한 자연적 욕망을 대체하려 합니다. 인류의 문명화가 진행되면서 이 '자연스럽지 않은 욕망들'은 많은 이들이 추구하는 삶의 목표가 되어버렸습니다. 곤란한 것은 이들 욕망은 자연적 욕망처럼 쉽게 만족될 수 없다는 사실입니다. 그것은 무저갱처럼 영원히 채울 수 없습니다. 왜냐하면 진정으로 필요한 것이 아니기에 설사 얻었다고 해도 진정으로 만족할 수 없기 때문입니다. 그는 아마도 얼마 못가 더 큰 공허감에 몸서리치겠지요. 그리고 그는 몸 떨리는 그 불쾌한 쓸쓸함이 싫어서 더 많은 부와 명예, 더 높은 지위를 얻기 위해 분투할 것입니다. 말로는 참담합니다. 그의 영혼은 더 큰 혼란과 더 무거운 속박으로 외롭고 힘들 테니까요.

'쇼핑중독증'이라는 말 들어보셨을 것입니다. 현대 사회의 질병이지요. 추위 등 외부 환경으로 몸을 보호하기 위해 우리는 옷을 입어야 합니다. 계절과 기능에 맞는 옷들을 갖춰야 한다고 해도 십여 벌이면 충분할 것입니다. 하지만 옷장을 열어보면 색상만 다를 뿐 엇비슷한 옷들이 빼곡하게 걸려 있습니다. 심지어 사다만 놓고 한 번도 걸치지 않은 옷들도 더러 있습니다. 그러니까 '필요'를 위해서가 아니라 '소유'를 위해서 소비하는 것입니다. 돈 쓸 때가 제일 행복하다고 말하는 이들이 적지 않습니다. 소비 행위 자체를 즐기는 것이지요. 그들은 소비하지 않으면 허전해하고 우울해합니다. 소비에 중독된 것입니다. 정상의 필요를 벗어나 과도하게 집착하는 중독은 치료해야 할 질환입니다. 중독의 작동 기

제 안에는 과중한 스트레스, 소외, 박탈, 좌절, 결핍 들이 촉발한 잘못된 보상 욕구가 있습니다. 그래서 더 많이 사고 더 비싼 것을 사고, 사고 또 사도 채워지지 않습니다. 돈을 내고 신용카드를 긁고 원하는, 아니 원한다고 착각하는 물건을 손에 넣는 순간 잠시 반짝 즐거울 뿐입니다. 그야말로 순간의 쾌락을 위해 소비를 반복하는 악순환에 빠진 것이지요.

'돈과 소비'가 모든 것을 압도하는 오늘, 자본주의가 조작한 가짜 욕망이 당신을 넘어뜨리고 당신을 수렁에 빠트리도록 두어서는 안 됩니다. 거짓된 욕망이 당신의 영혼을 잠식하게 두지 마세요. 부디 안분지족安分知足하세요. 안분지족은 현실에 안주하고 꿈을 꾸지 말라는 말이 아닙니다. 탐욕으로 자신을 잃지 말고 마음을 지키고 다하여 현재에 최선을 다하는 적극적 능동적 태도입니다. 이것이 '부러워하면 진다'는 말의 숨은 이치입니다.

욕망을 경영하라

: 욕망의 제자리 찾아주기

욕망의 문제를 이야기할 때, 마음을 깨끗이 하는 청심淸心과 욕심을 줄이는 과욕寡慾은 이상적 목표가 됩니다. 이상적 목표는 도달하기 어렵기 때문에 성취하기 위해서는 각고의 노력이 뒤따라야 합니다. 많은 사람들이 한결같이 말합니다. 모르지 않는다고, 그런데 욕심을 버리는 일이 진짜 어렵다고. 누구도 쉽지 않습니다. 내면에서 꿈틀대는 욕망과 힘겨운 싸움을 해야 하고, 자신을 향해 호기롭게 손을 흔드는 외부의 유혹에 제 영혼을 지키는 일이 어찌 쉽겠습니까? 거세게 몰아치는 안팎의 협공에 우리는 어찌해야 할까요? 아래 「양왕讓王」편에 나오는 이야기가 도움이 될까요?

중산의 공자公子 모牟가 첨자瞻子에게 물었다.
"이 몸은 강호에 있는데
마음은 위나라 궁궐에 있으니 어쩌면 좋습니까?"
첨자가 답했다.
"생명을 무겁게 보시오.
생명을 무겁게 보면 명리名利를 가볍게 볼 수 있소."
공자 모가 말했다.
"그 이치를 알고는 있지만 제 스스로를 이길 수 없습니다."
첨자가 말했다.
"스스로를 이길 수 없다면 자연에 따르시오,
그리하면 마음에 악함이 없을 것이오.
스스로를 이길 수 없는데 자신의 마음을 거스르고 억지로 하는 것을
일컬어 거듭 상하게 된다고 하오.
거듭 상하게 된 사람은 장수할 수 없소."

中山公子牟謂瞻子曰 :
중 산 공 자 모 위 첨 자 왈
「身在江海之上,
신 재 강 해 지 상

心居乎魏闕之下 奈何 。」
심 거 호 위 궐 지 하　내 하

瞻子曰 ：
첨 자 왈

「重生 。
　　중 생

重生則利輕 。」
중 생 즉 이 경

中山公子牟曰 ：
중 산 공 자 모 왈

「雖知之 未能自勝也 。」
　수 지 지　미 능 자 승 야

瞻子曰 ：
첨 자 왈

「不能自勝則從,
　불 능 자 승 즉 종

神無惡乎 。
신 무 악 호

不能自勝 而强不從者,
불 능 자 승　이 강 부 종 자

此之謂重傷 。
차 지 위 중 상

重傷之人 無壽類矣 。」
중 상 지 인　무 수 류 의

〈讓王〉

　　두 사람의 대화를 통해 장자가 말하려는 것은 욕망이 내민 유혹의
손을 뿌리칠 수 없을 때 취할 수 있는 태도입니다. 먼저 욕망의 제자리
를 찾아 주는 일입니다. 최대한 거리를 두고 나를 찾아온 욕망들의 중요
성과 필요성을 점검하는 것입니다. 말하자면, 명리名利에 대한 욕망이 강
렬해질 때 먼저 건강을 생각해보는 식이지요. 건강을 잃으면 모든 것이

다 무용지물이니까요. 영국 철학자 버트란트 러셀은 청년기의 왕성한 성욕을 달래기 위해 한 번 해본 수음手淫이 습관이 되었답니다. 잠깐의 희열만 있을 뿐 공연히 죄의식도 생기고 불쾌한 느낌마저 들었지만 그만두지 못해서 꽤 오래 마음고생을 했나 봅니다. 나중에 사랑하는 여자가 생기고 그녀와의 순수한 사랑에 대한 동경이 마음을 꽉 채우게 되자 그토록 버리고 싶었던 수음의 습관도 저절로 없어졌다고 합니다. 러셀은 사랑하는 여자가 있는데도 숨어서 수음을 즐기는 행위가 추악하게 느껴졌고 순수한 사랑을 꿈꿀 자격이 없다고 생각했답니다. 러셀의 이야기는 욕망의 제자리를 찾아 새롭게 배치한 예라고 할 수 있습니다. 나쁜 습관을 고치는 가장 좋은 방법은 좋은 습관으로 몸을 새롭게 길들이는 것이라고 하지요. 욕망도 습관을 고치고 바꾸는 일과 같습니다. 사邪를 정正으로, 악惡을 선善으로, 추醜를 미美로 물리치는 것입니다.

몸과 마음을 다해 애썼는데도 욕망을 제자리로 돌리지 못했다면 이제는 자연에 맡기고 순리를 따라야 합니다. 스스로 이길 수 없는 일을 계속 강요하면 좌절감만 더해지고 결국 자신을 혐오하고 멸시하게 될 뿐이니 오히려 아니함만 못합니다. 자연에 맡기라는 것은 패배와 포기를 선언하고 욕망에 영혼을 내맡기라는 말이 아닙니다. 말리면 더 하고 싶다고, 욕망도 그렇습니다. 욕망은 저항할수록 더 막강한 힘으로 당신을 유혹합니다. 누군가 다가와 당신한테 말합니다. "앞으로 한 시간 동안 뭐든 자유롭게 상상해도 좋다, 하지만 케이크는 절대 떠올리지 마라." 몇 달 동안 케이크 구경도 못했는데, 갑자기 케이크는 떠올리는 것도 안 된다는 금지령을 듣는다면 어떨까요? 금지령을 듣기 전에는 별 생각이 없었는데 떠올리지도 말라는 그 말 때문에 오히려 더 케이크 생각이 날 수도 있을 것입니다. 당신이 케이크를 싫어하지만 않는다면 말입니다. 금지된 무엇을 지향하는 것이 욕망의 속성입니다. 당신이 저리 가라고 물리친 욕망은 더욱 죽자고 덤벼들 것입니다. 그러느니 차라리 욕망을 받아들이고 돌보는 편이 낫습니다. 받아들이고 나면 그토록 간절했던 욕망이 별 것 아니구나 싶습니다. 더 이상 유혹적이지도 않습니다. 평상심을 갖게 되면 자연스레 욕망과도 편안한 거리가 생깁니다. 여유를 되찾은 당신은 비로소 지난날 열망했던 욕망들을 다시 생각하고 그것들과 어떤 관계를 유지해야 할지 깨닫게 됩니다. 소동파의 시 「여산의 안개비廬山煙雨」를 보면 욕망의 허망함을 잘 알 수 있습니다.

여산의 안개비와 전당호의 물결, 가서 보지 못할 땐 그리 한스럽더니

廬山煙雨浙江潮, 未到千般恨不消
여 산 연 우 절 강 조 미 도 천 반 한 불 소

막상 가서 보니 별 볼 일 없네,
여산 안개비도 안개비 전당호 물결도 물결.

及至歸來無一事, 廬山煙雨浙江潮
급 지 귀 래 무 일 사 여 산 연 우 절 강 조

이야기로만 전하여 들은 기산이수奇山異水는 동경의 장소입니다. 가고 싶지만 갈 수 없을 때 더욱 궁금하고 못 가는 처지가 못내 유감스럽지요.

164

인연이 닿아 마침내 그리던 곳에 가 보면 '나도 와 봤다'는 만족감으로 잠시 유쾌하지만 막상 보니 별천지도 아니고 경우에는 속았다는 배신감마저 들어 당혹스러울 때가 더러 있습니다.

욕망을 다스리는 지혜는 무턱대고 억누르고 회피하는 데 있지 않습니다. 먼저 욕망을 바로 보고 살뜰히 알아야 합니다. 그런 후에라야 욕망의 제자리를 찾아 주고 받아들일 수 있는 것입니다. 아마 그때는 내려놓는 일이 조금은 쉬워지지 않을까요?

욕망과 필요 사이

: 더도 말고 덜도 말고

'문명이란 불필요한 것들을 끝도 없이 만들어내는 필수품이다.' 재치 있고 의미심장한 이 말은 미국의 작가 마크 트웨인Mark Twain이 남긴 명언입니다. 백화점이나 대형 마트를 가서 보면 정말이지 그렇습니다. 필수품이라며 각양각색의 제품들이 가지런히 진열돼 있는데 잘 보면 필요 없는 것들, 없어도 되는 것들이 대부분입니다. '필요 없는 필수품'에 대한 장자의 비유도 기발합니다.

> 발가락 두 개가 붙은 '네 발가락'과 손가락 한 개가 더 있는 '육손이'는 본성에서 나왔으나 덕의 도를 넘은 것이다.
> 생겨 붙은 혹과 사마귀는

형체에서 나왔으나 본성이 지나친 것이다.

駢拇 枝指,
변 무 지 지

出乎性哉, 而侈於德 。
출 호 성 재   이 치 어 덕

附贅 縣疣,
부 췌 현 우

出乎形哉, 而侈於性 。
출 호 형 재   이 치 어 성

<駢拇>

　문명은 '편리'를 명분으로 우리 삶의 자리를 필요치를 초과한 잉여의 각종 물건들로 넘치게 만들었습니다. 몸에는 붙어 있지만 쓸모는 없는 혹이나 사마귀와 다를 바 없는 형형색색의 다종다양한 물건들로 우리의 마음자리도 고요할 틈이 없습니다. 신발장 안을 한 번 들여다보세요. 서너 켤레면 사계절을 충분히 지낼 수 있지만 적게는 예닐곱 많게는 수십 켤레의 신발이 있지요. 신발이야 뭐 좀 많으면 자리를 차지하고 걸리적거릴 수는 있어도 크게 문제가 되겠습니까? 하지만 어떤 불필요한 것들은 뱀에 다리를 그려 넣은 것처럼 본연의 아름다움을 해치고 본래의 의미를 잃게 만들고 심지어 화근이 되는 경우가 있습니다. 도시인들한테는 못 먹어서 생기는 병보다 너무 많이 먹어서 생기는 병이 많다고 합니다. 생명 활동을 위해 먹는 것은 중요하지만 몸이 필요한 양보다 지나치게 많이 먹어서 문제가 생긴 것이라지요. 고열량의 식사로 비만증과 각종 성인병에 노출되고 건강의 위험을 알리는 적신호가 몸에 나타나면 뒤늦게 잘못된 식습관을 바로 잡으려고 하지만, 한 번 잃은 건강을 되찾는 것은 참 어려운 일입니다.

오늘날 많은 기업들이 고급화 전략으로 무장하고 시장을 공략합니다. 중국에서는 해마다 중추절이 되면 월병의 과대 포장이 문제가 됩니다. 작은 월병 하나를 먹기 위해 포장을 풀고 또 풀어야 합니다. 양파도 아닌데 말이지요. 먹기도 수고롭고 비싼데도 화려한 포장으로 겹겹이 쌓인 고가의 월병은 잘 팔린답니다. 그러니 기업들이 포장에 공을 들이는 것이겠지요. 예쁘게 포장된 월병이 어이없게도 맛은 참 없는 경우가 많습니다. 장자의 말이 생각나는 대목입니다.

대체로 본성을 잃게 하는 다섯 가지 경우가 있는데,

첫째는 오색五色이 눈을 어지럽혀 명확히 보지 못하게 하는 것이다.

둘째는 오성五聲이 귀를 어지럽혀 제대로 듣지 못하게 하는 것이다.

셋째는 오취五臭가 코를 찌르고 막아 이마에까지 미치는 것이다.

넷째는 오미五味가 입을 더럽혀 혀를 상하게 하는 것이다.

다섯째는 취하고 버리는 욕심이 마음을 어지럽혀

심성을 경박히 움직이는 것이다.

이 다섯 가지는 모두 생명을 해치는 화근禍根이다.

且夫失性有五 :
차 부 실 성 유 오

一曰 五色亂目, 使目不明 。
일 왈 오 색 란 목   사 목 불 명

二曰 五聲亂耳, 使耳不聰 。
이 왈 오 성 란 이   사 이 불 총

三曰　五臭薰鼻, 困惾中顙。
삼 왈　오 취 훈 비　곤 수 중 상

四曰　五味濁口, 使口厲爽。
사 왈　오 미 탁 구　사 구 려 상

五曰　趣舍滑心, 使性飛揚。
오 왈　취 사 활 심　사 성 비 양

此五者, 皆生之害也。
차 오 자　개 생 지 해 야

〈天地〉

　　사물이든 사람이든 '과대 포장'은 질을 높이는 행위와는 전혀 무관합니다. 불필요에 그치는 것이 아니라 때로는 재앙이 됩니다. '과대 포장'은 제 본성을 상실시키고 우리의 감각과 판단을 혼란시킵니다. 무디어진 감각과 판단으로는 실상을 온전히 알 수 없습니다. 음식도 그렇습니다. 각종 조미료와 첨가물로 뒤범벅이 되면 원 재료의 참맛이 죽어버리는 것과 같은 이치입니다.

　　과대 포장만 있는 것은 아닙니다. 간소주의도 있습니다. 특히 요즘은 예술가들이 간소주의를 많이 표방합니다. 사물의 원시적 형태와 본질의 아름다움을 찾으려는 그들은 형태, 색채, 수사修辭, 음률 등 가능한 모든 방면에서 단순함과 간소함을 추구합니다. 예술 소비자들의 의식 활동에 불필요한 간섭을 최대한 줄이겠다는 것이 그들의 설명인데, 이런 유행도 너무 지나침에 문제가 있습니다. 지극히 단순한 기하학적 조형물이나 흑백색만 칠해 놓은 그림을 작품으로 전시해 놓은 것을 보고 있으면 '이것도 아닌데' 하는 생각이 듭니다. '더'하는 것과 '덜'하는 것, 양자 모두 사물의 본성을 거스르고 자연을 왜곡하는 지나침이기 때문입니다. 이것이 장자의 기본 생각입니다.

오리의 다리는 비록 짧지만 그렇다고 이어주면 우환이 생기고

학의 다리는 비록 길지만 그렇다고 잘라주면 괴로워한다.

본디 긴 것을 함부로 잘라선 안 되며

본디 짧은 것을 함부로 이어선 안 된다.

鳧脛雖短, 續之則憂 。
부 경 수 단　　속 지 즉 우

鶴脛雖長, 斷之則悲 。
학 경 수 장　　단 지 즉 비

故性長非所斷, 性短非所續 。
고 성 장 비 소 단　성 단 비 소 속

〈騈拇〉

　'생긴 그대로의 존재 자체'를 존중하는 것, 인위적 조작으로 존재를 극단의 고통에 빠트리지 않는 것이 장자의 주장입니다. 장자는 자연과 생명, 인간 본성에 반하는 억압적 질서, 일체의 강요와 억지를 거부합니다. 생긴 대로 살도록 둬야 하는데, 억지로 붙이고 자르니 사는 게 힘든 것입니다. 지금이라도 필요보다 지나친 것은 없는지 모자란 것은 없는지 삶의 자리를 살폈으면 합니다.

마음의 뜻 기르기

: 허망함에 대하여

'부귀는 떠도는 구름 같은 것'이라고 합니다. 누구나 다 아는 말이지만 참뜻을 깨닫고 실행하는 이들은 극히 드뭅니다. 욕심을 내려놓기가 참으로 힘들기 때문입니다. 그래서 '나무는 고요히 있고자 하나 바람이 그치지 않는다'며 어찌할 수 없노라 탄식을 내뱉기도 합니다. 하지만 문제는 불어오는 바람에 있지 않습니다. 아무도 당신에게 명리를 좇으라고 강요하지 않았습니다. 당신이 원한 것입니다. 진심으로 부귀명리를 떠도는 구름으로 보고자 한다면 먼저 당신부터 달라져야 합니다. 생각을 고쳐먹고 행동이 바뀌어야 합니다. 장자의 제안은 단순합니다. 좋은 점만 보지 말고 나쁜 점도 보라는 것입니다.

> 무릇 부자들은 몸을 괴롭혀 열심히 일하고 많은 재물을 쌓지만
> 그것을 다 쓰지 못하니
> 몸을 위한다는 게 외려 등한시한 꼴이다.
> 높은 자들은 밤마다 날을 새우며
> 작록爵祿을 어찌 보전할까 궁리하고 염려하니
> 몸을 위한다는 게 외려 소홀히 한 꼴이다.
> 사람이 사는 동안 근심도 평생 함께 사는 것이니
> 장수한 사람은 눈이 어둡고 정신이 혼미한데도
> 오래도록 근심하며 죽지 않으니

그 얼마나 괴로울 것인가?

장수는 몸을 위하는 것과 역시 거리가 멀다.

夫富者 苦身疾作 多積財
부 부 자 고 신 질 작 다 적 재

而不得盡用,
이 부 득 진 용

其爲形也 亦外矣。
기 위 형 야 역 외 의

夫貴者 夜以繼日 思慮善否,
부 귀 자 야 이 계 일 사 려 선 부

其爲形也 亦疏矣。
기 위 형 야 역 소 의

人之生也 與憂俱生,
인 지 생 야 여 우 구 생

壽者惛惛 久憂不死,
수 자 혼 혼 구 우 불 사

何苦也。
하 고 야

其爲形也 亦遠矣。
기 위 형 야 역 원 의

<至樂>

장자는 29장 「도척盜跖」편에서 부귀를 좇는 세태를 향해 더 쓴 소리를 합니다. '물질'은 사람을 미혹에 빠지게 해 힘든 줄도 모르고 뒤쫓게 하다가 결국 몸과 마음에 병이 들게 합니다. 물질은 가지지 못한 사람에게 모멸감을 주고 근심으로 울상 짓게 하고 두려움에 떨게 합니다. 하늘 아래 어찌 완전무결한 게 있겠습니까? 이로움이 있으면 그만큼 해로움도 있지요. 돈도 무조건 많으면 좋겠지만 그렇지가 않습니다. 가진 게 많으니 잃

을까 뺏길까 노심초사하다가 가족도 친구도 잃는 경우를 우리는 자주 봅니다. 욕심이 날 때마다 잠시 멈추고 생각할 일입니다. 좋은 점은 무엇이고 나쁜 점은 무엇인지를요. 그러면 갖지 못해 안달복달할 일도 적어질 것입니다. 세상에 공짜 밥은 없습니다. 어떤 식으로든 대가를 치러야 합니다. 당신이 치러야 할 대가가 얻은 것보다 크다면 어떡하겠습니까?

지금 어떤 한 사람이

수나라의 구슬로 천 길 되는 높은 곳의 참새를 쏜다면

세인들은 반드시 그를 비웃을 것이다.

왜 그런가?

그는 귀중한 것을 써서

대수롭지 않은 것을 얻으려 했기 때문이다.

무릇 하물며 생명이 어찌 수나라 구슬 따위의 무게에 그치겠는가?

今且有人於此,
금 차 유 인 어 차

以隨侯之珠 彈千仞之雀,
이 수 후 지 주 탄 천 인 지 작

世必笑之。
세 필 소 지

是何也 則其所用者重,
시 하 야 즉 기 소 용 자 중

其所要者輕。
기 소 요 자 경

夫生者 豈特隨侯之重哉。
부 생 자 기 특 수 후 지 중 재

〈讓王〉

당신 삶의 우선순위는 무엇입니까? 당신 삶에서 가장 소중한 것들은 무엇입니까? 이런 질문에 대부분의 사람들은 건강, 가족, 사랑, 자유, 평안 따위를 꼽습니다. 부귀와 명리는 있으면 편하겠지만 소중한 것들을 희생하면서 애써 얻어야 할 것은 결코 아니라고 말합니다. 그렇게 어리석지는 않다고 힘주어 말합니다. 그러면 방법은 하나입니다. 선택의 순간마다 있으면 좋은 것 말고 내 삶에 없어서는 안 되는 것들을 먼저 생각하는 것입니다.

만족을 모르면 삶이 힘들어 집니다. 「양왕」편을 보면 안회의 빈궁한 살림을 보고 공자가 왜 벼슬을 하지 않는가 묻습니다. 안회가 대답합니다. "벼슬을 바라지 않습니다. 저한테는 성 밖에 밭 오십 무畝가 있으니 족히 죽을 먹을 수 있고 성 안에는 밭 십 무가 있어 족히 삼베옷을 입을 수 있습니다. 거문고를 뜯으니 스스로 즐겁고 스승의 가르침을 배우니 스스로 즐겁습니다." 공자가 제자 안회의 말을 듣고 낯빛을 밝히며 이렇게 말합니다.

만족을 아는 사람은 이익을 위해 자신을 수고롭게 하지 않는다.
스스로 깨달음을 얻은 사람은 무엇을 잃어도 두려워하지 않는다.
마음을 수양한 사람은 벼슬이 없어도 부끄러워하지 않는다.

知足者 不以利自累也。
지 족 자 불 이 이 자 루 야
審自得者 失之而不懼。
심 자 득 자 실 지 이 불 구

行修於內者 無位而不怍。
행 수 어 내 자 무 위 이 불 작

<讓王>

'가장 적은 것에 만족하는 사람은 가장 부유한 자'라는 소크라테스의 말처럼 만족할 줄 알면 편합니다. 자유로워집니다. 몸 밖의 사물에 더는 마음을 빼앗기지 않습니다. 자연히 삶의 지향점이 달라집니다. 물질의 풍요가 줄 수 있는 것은 많지 않습니다. 고작해야 편리와 쾌락입니다. 「양왕」편에는 부귀영화를 개똥 보듯 했던 증자(曾子)의 이야기도 나옵니다. 증자는 사시사철 천이 해어져서 팔꿈치가 다 드러난 두루마기를 입고 얼굴은 늘 푸석푸석 부어 있고 손발에는 굳은살이 박혀 있습니다. 그는 굶기를 밥 먹듯 하면서도 어디서 나오는 기운인지 생기 넘치는 목소리로 자주 『상송(商頌)』을 읊었습니다. 그 읊는 소리가 하도 우렁차서 금석으로 된 악기의 연주음 같았다고 합니다. 우리로서는 도무지 그림조차 그려지지 않는 삶의 모습인데, 증자는 어떻게 이토록 태연자약할 수 있을까요? 그것은 ……

마음의 뜻을 기른 사람은 몸을 잊고
몸을 기른 사람은 이익을 잊으며
도를 이룬 사람은 마음의 움직임을 잊는다.

養志者忘形,
양 지 자 망 형

養形者忘利,
양 형 자 망 이

致道者忘心矣。
치 도 자 망 심 의
<讓王>

삶의 이유가 바르고 곧으면 짧은 인생에서 아끼고 보살펴야 할 것들이 명확해집니다. 그러면 부귀와 명리를 하늘처럼 떠받들고 좇아야 할 명분이 없어집니다. 원래부터 부귀와 명리는 사라지고 말 허망한 구름 같은 것이었기 때문입니다. 그러니 헛되고 잡된 것들이 당신 삶을 간섭하고 농락하지 않도록 마음의 뜻을 기를 일입니다.

자신과 고요히 싸워라

: 이상적 경쟁이란

치열하다는 말로는 부족한, 살벌한 경쟁 시대에 우리는 살고 있습니다. 경쟁 아닌 것이 없는 듯합니다. 성적으로 아이들을 줄 세우는 학교, 실적으로 싸우게 하는 회사, 우정이나 동료애 따위를 챙길 여유를 도무지 허락하지 않습니다. 1등을 향해 돌진하라, 몰아붙이고 닦아세우기만 합니다. 경쟁 자체는 문제가 아닙니다. 배척해야 할 것도 아닙니다. 경쟁은 진보의 촉진제가 될 수 있습니다. 경쟁은 더 많은 잠재력을 발휘하도록 더 훌륭한 성과를 내도록 우리를 도울 수 있습니다. 하지만 경쟁은 우리를 숨 가쁘게 합니다. 남이 가질까 내가 잃을까, 불안과 초조에 시달리게 합니다. 공연한 열패감에 젖게 합니다. 경쟁은 때로 마음의 눈을 멀게 하고 양심마저 버리도록 만듭니다. 경쟁이 무서운 얼굴이 되는 것은 승패의 결과에 매몰되어 자신을 지키지 못하기 때문입니다. 자신을 지키며 고요히 머무는 경쟁은 불가능한 것일까요? 아니오, 그렇지 않습니다.

닭싸움은 아주 오래된 경기입니다.『장자』에도 닭싸움에 관한 이야기가 나오거든요. 기성자紀渻子는 주나라 선왕宣王을 위해 싸움닭을 기르는 일을 맡은 사람이었습니다. 열흘이 지나고 주선왕이 물었습니다. "닭이 이제 싸움에 나갈 만한가?" 기성자가 대답합니다. "아직 아닙니다. 여전히 교만하여 제 기운을 믿고 있습니다." 다시 열흘이 지나고 주선왕이 물었습니다. 기성자가 답합니다. "아직 아닙니다. 울음소리를 듣고 그림자만 보면 바로 달려듭니다." 다시 또 열흘을 기다린 후에 주선왕이 묻습니다. 기성자가 답합니다. "아직도 아닙니다. 성이 나서 노려보며 기운이 왕성합니다." 열흘이 또 지났습니다. 주선왕이 기성자에게 물었습니다. "이제 되었는가?" 기성자가 대답합니다.

거의 다 된 것 같습니다.
다른 닭들이 울어도 아무 움직임이 없고
나무로 만든 닭처럼 보이고 그 정신이 고요해졌습니다.
다른 닭들이 감히 덤벼들지 못하고 보고는 머리를 돌려 도망칩니다.

幾矣。
기 의

鷄雖有鳴者 已無變矣,
계 수 유 명 자 이 무 변 의

望之似木鷄矣 其德全矣。
망 지 사 목 계 의 기 덕 전 의
異鷄無敢應者 反走矣。
이 계 무 감 응 자 반 주 의
〈達生〉

'나무로 깎아 만든 닭처럼 멍하다'라는 뜻의 '태약목계呆若木鷄'는 이 고
사에서 유래한 성어입니다. 태呆의 원뜻은 '둔하다, 멍청하다, 미련하다'
라는 의미지만, 이 고사에서는 상대와 승부를 잊고 경쟁마저도 의식하
지 않게 된 후 비로소 얻게 되는 '고요와 평안'의 상태를 가리키는 말로
쓰였습니다. 옆에서 다른 닭들이 무엇을 하든, 기성자의 닭은 마치 정
신이 나간 듯 멍하고 고요히 머물 뿐입니다. 누구나 꿈꾸는 경지입니다.
아무도 전전긍긍, 노심초사 경쟁하면서 살고 싶지는 않을 테니까요. 경
쟁에서 지길 바라는 사람은 아무도 없습니다. 누구나 승패의 결과에 신
경 씁니다. 문제는 제 모든 마음을 자신이 아닌 상대한테 쏟는다는 것
입니다. 상대의 일거일동을 주시하며 일희일비합니다. 경쟁에 임하는 이
런 식의 태도는 진보의 촉진제가 될 수 없습니다. 오히려 개인의 성장과
사회의 발전을 저해하는 방해요소로 작용합니다.

2004년 올림픽 3미터 스프링보드 다이빙 금메달리스트 궈징징郭晶
晶 선수는 2008년 베이징 올림픽에서도 막강한 실력자들과 승리의 면
류관을 두고 경쟁해야 했습니다. 본국에서 치러지는 경기라서 부담감이
더 크지 않느냐는 기자의 질문에 궈징징 선수는 이렇게 말했습니다. "특
별히 더 큰 부담은 없다, 어디서 경기를 하든 달라지는 것은 없다, 난 다
만 나 자신과 경기할 뿐이다." 상대의 존재도 잊고 승패의 결과도 잊고

다만 '자신과 싸우는' 것이 자유롭고 편안한 경쟁입니다. 그것은 자신을 온전히 지켜내는 경쟁입니다. '자신을 지킴'이 교만하여 다른 사람을 업신여기는 안하무인이어서는 곤란합니다. 사람은 혼자서 살 수 없습니다. 나를 살리고 지키려면 타인의 존재와 도움은 필수적입니다. 자신을 지키려면 먼저 타인을 인정하고 배려해야 합니다. 그러면 경쟁도 얼마든지 유쾌하고 따뜻할 수 있습니다. 서로에 대한 인정과 신뢰가 바탕이 되는 사회라야 '다만 고요히 자신과 싸우는' 경쟁이 가능할 것입니다.

흔들리지 않는 법
: 소리에 놀라지 않는 사자처럼

경쟁의 방식은 다양합니다. 경기도 경쟁이고 선발도 경쟁입니다. 면접을 보기 위해 대기실에 긴장된 얼굴로 앉아 있는 구직자, 오디션 현장에서 제 차례를 기다리며 마지막 연습을 하는 연예인 지망생, 흔하게 볼 수 있는 풍경입니다. 그 모습도 천태만상입니다. 면접관이나 심사위원단의 환심을 사기 위해 대놓고 애교를 부리는 이가 있는가 하면, 선고를 기다리는 죄인처럼 두려움과 설렘이 섞인 얼굴도 있습니다. 이 흔한 풍경을 대할 때마다 사는 일이 쉽지 않다는 탄식과 더불어 때로는 '꼭 저렇게 해야만 하는 걸까' 하는 생각에 한없이 답답한 심정이 되곤 합니다. 21장 「전자방田子方」에는 화공을 뽑는 이야기가 나옵니다.

송나라의 원군元君이 그림을 그릴 것이라고 하자

많은 화공들이 모여들었다.

읍으로 답례하고 공손히 서 있는 이도 있고

붓을 빨고 먹을 가는 이도 있으며

문 밖에 서 있는 이들도 반이나 되었다.

한 화공은 제일 늦게 도착했으면서도

태연자약하며 조금도 서둘지 않았으며

읍으로 답례한 후에는 서 있지도 않고 바로 숙사로 들어갔다.

원군이 사람을 시켜 살펴보라고 했더니

그 화공은 벌써 옷을 벗고 맨발로 무릎을 꿇고 앉아 있었다.

원군이 말했다.

"됐구나! 이 자야말로 진짜 화가로다!"

宋元君將畫圖,
송 원 군 장 화 도

衆史皆至 。
중 사 개 지

受揖而立,
수 읍 이 립

砥筆和墨,
지 필 화 묵

在外者半 。
재 외 자 반

有一史後至者,
유 일 사 후 지 자

儃儃然不趨,
천 천 연 불 추

受揖不立 因之舍 。
수읍불립 인지사

公使人視之,
공사인시지

則解衣 般礴臝 。
즉해의 반박라

君曰 :「可矣, 是眞畫者也 。」
군왈   가의 시진화자야

<田子方>

송원군은 어찌 보면 제멋대로인 것 같은, 좀 튀어 보이는 마지막 화공을 왜 선택했을까요? 화공 이야기 앞에는 이런 말이 나옵니다.

백리해는 작록을 마음에 두지 않고

소를 키우면 소를 살지게 하였으므로

진나라 목공穆公은 그의 비천함을 잊고

정사政事를 그에게 맡겼다.

유우씨有虞氏 순舜은 생사를 마음에 두지 않았으므로

사람을 족히 감동시킬 수 있었다.

百里奚爵祿不入於心,
백 리 해 작 록 불 입 어 심

故飯牛而牛肥,
고 반 우 이 우 비

使秦穆公忘其賤,
사 진 목 공 망 기 천

與之政也 。
여 지 정 야

有虞氏 死生不入於心,
유우씨 사생불입어심

故足以動人 。
고 족 이 동 인
　　　　　　〈田子方〉

　가장 늦게 온 화공의 인상은 강렬합니다. 그의 태연자약이, 그의 활달한 대범함이 부럽다 못해 얄밉게 느껴집니다. 화공은 제일 늦게 도착했는데도 그 기상 덕분에 낙점을 받았으니, 일찍부터 와서 기다리던 다른 화공들은 꽤 속이 상했을 것입니다. 매력이란 그런 것인가 봅니다. 나는 이 화공 이야기를 읽으면서 1888년의 미국 대선이 떠올랐습니다. 당시 공화당의 대표였던 벤저민 해리슨과 22대 대통령으로 연임을 노리고 출마한 민주당 출신의 그로버 클리블랜드가 각축을 벌였습니다. 당시는 지금처럼 매체 기술이 발달하지 않았기에 대선 결과도 늦게 나왔지요. 거의 자정이 다 되어서야 해리슨의 당선 확정을 알 수 있었습니다. 해리슨의 당선 사실을 먼저 안 친구가 그의 집에 축하 전화를 걸었습니다. 당연히 선거 결과를 기다리고 있을 줄 알았는데 해리슨과 그 가족들은 모두 평소처럼 잠을 자고 있더랍니다. 다음날 친구는 해리슨에게 어떻게 그렇게 일찍 잠을 잘 수 있었느냐고 물었습니다. 해리슨이 말했습니다. "잠 안 자고 기다린다고 결과가 바뀌는 것은 아니지 않은가? 만약 당선된다면 앞으로 더 힘든 길을 가게 될 것이고, 안 돼도 어쩔 수 없는 일 아닌가? 그러니 결과야 어찌되든 잠을 잘 자는 게 현명한 것 아닌가?"

　그렇습니다. 승패의 결과를 기다리면서 가슴을 졸이며 불면의 밤을 보낸다고 다가올 현실이 달라지지 않습니다. 걱정한다고 문제가 해결되지 않습니다. 화공이나 해리슨의 태도는 '쿨'합니다. 그들은 결과를 마음에 두지 않았습니다. 그들은 쉽게 들뜨지 않고 고요합니다. 그 고요함이 보기 드문 자유로움, 의연함, 대범함의 매력을 발산한 것입니다.

경쟁에서 승리하든 혹은 패배하든, 그것은 과정의 하나일 뿐입니다. 종착역이 아닙니다. 이긴 사람은 이긴 대로 진 사람은 진 대로 다만 주어진 각자의 길을 충실히 걸어가면 되는 것입니다. 그러므로 핵심은 자신을 지켜내는 일입니다. 자신을 잃지 않겠다는 의지입니다. 그래야 다시 도전할 수 있기 때문입니다.

끝이 있으면 시작도 있다
: 얻은 것도 잃은 것도 당신 것은 아니다

인생은 들쭉날쭉합니다. 승할 때도 있고 패할 때도 있습니다. 얻기도 하고 잃기도 합니다. 들고남에 따라 일희일비하자면 평온할 날이 별로 없습니다. 평상심으로 삶을 경영해야 할 이유입니다. 그러려면 득실에 얽매이지 않는 넓은 마음의 눈으로 세계와 인생을 바라봐야 합니다.

만물은 모두 삶과 죽음이 있으니
그 성취에 자부하며 의지하지 말라.
한 번 차면 한 번 기우니
그 형체를 세우지 말라.

세월은 잡을 수 없으며

시간은 멈추지 않는다.

소멸되면 생장하고 가득 차면 비워지고

모든 것에는 끝이 있고 또 새로운 시작이 있는 것이다.

物有死生,
물 유 사 생

不恃其成。
불 시 기 성

一虛一滿,
일 허 일 만

不位乎其形。
불 위 호 기 형

年不可擧,
년 불 가 거

時不可止。
시 불 가 지

消息盈虛,
소 식 영 허

終則有始。
종 즉 유 시

　　　　〈秋水〉

　세상에 고정불변한 것은 없습니다. 성패와 득실도 소멸과 생장의 변
화 과정일 뿐입니다. 화교 셰잉푸謝英福는 사업의 성공으로 말레이시아 최
고의 갑부가 된 신화적 인물입니다. 어느 날 말레이시아 총리 마하티르
가 그를 찾아갔습니다. 용건은 거액의 적자로 경영난을 겪고 있는 국영
제철 기업의 총재를 맡아달라는 것이었습니다. 셰잉푸는 그 자리에서

흔쾌히 총리의 제안을 받아들였습니다. 그런 그를 보고 많은 사람들은 생각도 안 하고 덥석 수락했다며 위험하고 잘못된 결정이라고 말했지만, 셰잉푸는 태연히 고개를 저었습니다. "처음 말레이시아에 왔을 때 내 주머니에는 단돈 5위안이 있었습니다. 이 나라가 나를 성공하게 했으니 이제는 내가 갚을 차례가 된 것입니다. 만약 내가 실패한다고 해도 잃는 것은 당초의 5위안입니다." 결과는 성공적이었습니다. 셰잉푸는 죽어가는 기업을 되살렸고 자신은 말레이시아의 '제철 왕'이 되었습니다.

오늘의 성공이 내일의 실패의 원인이 될 수도 있고, 오늘의 실패가 내일의 성공의 씨앗이 될 수도 있습니다. '변방의 늙은이가 말을 잃고서 이 일이 복이 될지 누가 알겠소?'라고 했다는 새옹지마塞翁之馬의 고사도 있지 않습니까? 일시적 득실에 연연할 필요가 없다는 말입니다. 설사 모든 것을 잃는다 해도, 그것을 갖기 전의 당신으로 돌아갔을 뿐이지요. 그것이 없을 때에도 당신은 '잘' 살았습니다.

성패와 득실은 우리 힘으로 어찌할 수 있는 영역이 아닙니다. 「전자방」에는 손숙오孫叔敖라는 인물이 나옵니다. 그는 집정관인 영윤令尹을 세 번 지냈지만 영예를 얻었다 생각하지 않았고, 세 번이나 파직됐지만 근심하지 않았습니다. 그는 들 때도 날 때도 태연함을 잃지 않고 자신을 지켰습니다. 어떻게 그렇게 태연자약할 수 있는가 묻는 견오肩吾에게 손숙오가 답합니다.

내 어찌 남보다 뛰어나겠소!
나는 오는 것을 물리치지 않고 가는 것을 붙잡지 않았을 뿐이오.

나는 얻음도 잃음도 다 내게는 있지 않다고 생각했으므로

근심하는 기색이 없었을 뿐이오.

내 어찌 남보다 뛰어나겠소!

하물며 고귀함이 영윤(令尹)에 있는지 내게 있는지도 알지 못하오.

영윤의 것이었다면 나와는 무관한 것이고

나의 것이었다면 영윤과 무관할 것이오.

내 바야흐로 마음 편히 유유자적하며 사방팔방을 두루 볼 것인데

사람의 귀천에 마음을 쓸 겨를이 어찌 있겠소?

吾何以過人哉。
오 하 이 과 인 재

吾以其來不可卻也, 其去不可止也。
오 이 기 래 불 가 각 야   기 거 불 가 지 야

吾以爲得失之非我也, 而無憂色而已矣。
오 이 위 득 실 지 비 아 야   이 무 우 색 이 이 의

我何以過人哉。
아 하 이 과 인 재

且不知其在彼乎, 其在我乎。
차 부 지 기 재 피 호   기 재 아 호

其在彼也, 亡乎我。
기 재 피 야   망 호 아

在我也, 亡乎彼。
재 아 야   망 호 피

方將躊躇 方將四顧,
방 장 주 저 방 장 사 고

何暇至乎人貴人賤哉。
하 가 지 호 인 귀 인 천 재

　　　　　　〈田子方〉

손숙오의 말은 한 개인의 영욕과 성패, 득실에 당사자는 '직접적이고 밀접한 관계'가 없다는 뜻입니다. 그러니까 태어나고 죽는 일을 우리의 의지대로 할 수 없는 것처럼, 삶에 미치는 개인의 영향력이 세지 않다는 것입니다. 인생은 결과가 아니라 과정이라고들 말하는 까닭입니다. 그렇다면 우리가 할 수 있는 최선도 자신을 지키며 과정에 충실하는 것일 테지요. 중요한 것은 주어진 현실에 정성을 다하며 즐기는 일입니다. 그것이 진정으로 치열한 삶입니다. 몸과 마음을 해치며 황폐한 전쟁을 치르는 일이 아닙니다.

당신에게 기계의 마음은 없는가

: 선택할 권리를 잊지 말라

과학기술문명은 인류의 생활을 크게 변화시켰습니다. 첨단기기의 사용은 의식주 문화는 물론이요 업무와 여가 오락에 이르기까지 우리를 더욱 편리하고 풍요롭게 만들어 주었습니다. 하지만 첨단기기의 편리와 풍요의 뒤에서 우리는 때로 갈 곳도 쉴 곳도 찾지 못하고 어찌해야 할 바를 몰라 합니다. 알 수 없는 초조와 흥분에 시달리고 인간관계는 더욱 소원해집니다. 오늘처럼 보편화되고 발달하지 않았을 뿐 기술문명은 옛날에도 있었잖아요. 그래서 문득 '장자는 기술문명을 어찌 봤을까' 궁금해졌습니다. 다음에 나올 이야기에서 기술문명에 대한 그의 생각을 가늠할 수 있을 것 같습니다.

자공子貢이 초나라에서 유세하고 진나라로 되돌아가는 길에 한음漢陰을 지나는데, 마침 한 사내가 밭두렁에서 일하는 모습을 보게 되었습니다. 가만 보니 사내는 물길을 내고 직접 우물에 들어가 옹기그릇으로 퍼 와서 밭에 물을 대고 있었습니다. 몹시 힘들어 보였지요. 저렇게 해서야 어느 세월에 일을 다 끝내나 답답하고 안타까운 마음에 자공이 말했습니다. "지렛대 원리를 이용해 깊은 우물물을 위로 퍼 올리는 용두레라는 기계가 있는데, 만약 그것을 쓴다면 힘은 적게 들고 일의 효율성은 클 것입니다." 자공의 말을 들은 사내는 정색을 하며 이렇게 말했습니다.

내 스승께 들은 말인데

기계가 있으면 반드시 기교를 부리는 일이 생기고

기교를 부리는 자가 있으면 반드시 기계의 마음이 생긴다 하였소.

기계의 마음이 흉중에 생기면 순백한 마음 바탕을 잃게 되고

순백한 마음 바탕이 없어지면 정신도 따라서 안정되지 못하고

정신이 불안정한 자에게는

도를 담을 곳이 없다고 했소.

내 몰라서가 아니라

부끄러움을 느끼므로 그리하지 않을 뿐이오.

吾聞之吾師,
오 문 지 오 사

有機械者 必有機事,
유 기 계 자 필 유 기 사

有機事者 必有機心 。
유 기 사 자 필 유 기 심

機心存於胸中 則純白不備。
기 심 존 어 흉 중 즉 순 백 불 비

純白不備 則神生不定。
순 백 불 비 즉 신 생 부 정

神生不定者,
신 생 부 정 자

道之所不載也。
도 지 소 부 재 야

吾非不知,
오 비 부 지

羞而不爲也。
수 이 불 위 야

<天地>

사내의 말을 듣고 자공은 심히 부끄러워 아무런 말도 하지 못했습니다. 나중에 자공한테 사내를 만난 이야기를 전해들은 공자도 칭찬을 했습니다. 직접 우물에 들어가 옹기그릇으로 물을 퍼 나르는 사내의 이야기는 우리에게 두 가지를 알려줍니다. 하나는 기술문명에 대한 두 가지 입장의 차이입니다. 공리주의와 실용주의 색채가 강한 유가의 선택은 분명합니다. 그들로서는 힘이 덜 들고 일의 성과는 큰 용두레를 사용하는 것이 마땅하고 현명합니다. 하지만 도가의 입장은 다릅니다. 도가는 기계가 사람들에게 서로의 성과를 겨루고 다투는 기계의 마음을 일으켜 '충분히 빠른데도 더 빨리, 충분히 좋은데도 더 좋게' 하려고 스스로 몹시 애쓰게 만든다고 생각합니다. 그래서 생활환경은 전보다 훨씬 편리하고 윤택해졌는데 사람들은 오히려 불안과 박탈을 경험하는 소외 현상이 나타났나 봅니다. 이런 이유로 도가는 영혼의 안녕과 자유와 포만감을 위해 몸을 힘들게 할지언정 기계는 쓰지 않겠다고 거부하는 것입니

다. 다른 하나는 도가의 자연주의가 유가의 실용주의를 이긴다는 것입니다. 적어도 이 이야기에서는 그렇습니다.

'기계가 있으면 반드시 기교를 부리는 일이 생기고, 기교를 부리는 자가 있으면 반드시 기계의 마음이 생기는 것'은 당연한 일입니다. 예는 많습니다. 우리가 오늘날 사용하는 인터넷은 그야말로 신천지입니다. 그 세상은 무궁무진합니다. 요즘은 대부분 필요한 정보와 자료를 인터넷을 통해 찾습니다. 아주 편리하고 빠르게 필요한 것을 얻습니다. 전통적 자료 수집 방법과는 비교도 할 수 없지요. 너무 많은 자료를 열람해야 하니 속도가 조금만 느려도 짜증이 납니다. 신경질적으로 마우스 버튼을 눌러 댑니다. 그뿐이 아닙니다. 컴퓨터의 '조종' 방식을 그대로 인간관계에 적용하려고 합니다. 의도적 행위가 아니라 기계가 사람을 그렇게 만든 것입니다. 실수에 관대하지 못하게 됩니다. 일이 컴퓨터처럼 계획대로 진행되지 않으면 화부터 나고 불안해집니다.

사내가 용두레 대신 쓴 옹기그릇도 인류의 편리를 위해 발명된 물건이지요. 그러니까 모든 기술 문명을 거부하고 사는 것은 불가능합니다. 우리가 문제 삼아야 할 것은 기술문명에 대한 수용과 의존의 정도입니다. 장자의 사상에 심취했던 독일의 물리학자 베르너 하이젠베르크Werner Heisenberg는 자신의 책 『물리학과 철학』에서 사내가 용두레 쓰기를 거부하며 말한 '정신의 불안정'은 '오늘날 인류가 겪고 있는 위기를 가장 적절하게 묘사한 문장'이라고 적고 있습니다. 앞서도 지적했듯 기술 문명 자체는 문제가 아닙니다. 인류가 문명의 빠른 발전 속도를 따르지 못한다는 게 문제이지요. 그것은 너무 빨라서 날로 새롭게 바뀌는 삶의 환경에 적응할 시간을 주지 않습니다. 우리에게 영혼을 챙기고 돌볼 여유를 주지 않습니다. 더 큰 문제는 우리가 선택할 수 없고 다만 적응해야 한다는 사고가 보편화된 사회 환경입니다. 그러니까 새로운 기술 문명에 잘 적응하도록 우리의 생각과 행동을 조정하라는 것이지요. 기계한테 우리를 맞추라는 것입니다. 맞추지 못하면 시대감각이 없다는 말을 들으며 사회로부터 도태되는 현실입니다.

시대는 다르지만 기술 문명에 대한 두 가지 입장과 논쟁은 여전히 존재합니다. 몸소 우물 안으로 기어들어가는 수고를 기꺼이 선택한 저 먼 옛날의 사내가 오늘의 우리에게 말합니다. 지혜로운 사람은 영혼의 안녕과 자유와 포만감을 위해 자신의 권리 '선택할 자유'를 굳센 신념으로 지킬 줄 알아야 한다고요. 그러니 시류와 유행에 휩쓸려 소중한 권리를 잊지 말라고 당부합니다. 무엇을 어떻게 어디까지 사용할 것인지, 무엇은 쓰지 않을 것인지, 무엇은 쓰지 않아도 되는지 스스로 생각하고 결정해 단호히 '아니오!'라고 말하라고요.

스티브 잡스가 장자에게
아이폰을 판다면

: 외물에 사로잡히지 마라

21세기 과학기술의 광인狂人 스티브 잡스Steve Jobs는 애플 컴퓨터뿐 아니라 전 세계를 변화시켰습니다. 최근 몇 년 동안 애플사에서 i시리즈 신

제품 출시를 예고할 때마다 세계 소비자들은 열광하며 기대했고, 잡스가 직접 설명회에 나와서 시연과 함께 신제품을 발표하면 구매 열기는 더욱 달아올랐지요. 잡스의 영향으로 '더 좋게, 더 빠르게'는 애플 마니아들의 신앙적 구호가 되었고, 그들에게 i시리즈 제품 서너 종은 기본으로 갖춰야 할 필수 휴대품이 되었습니다.

세계에 큰 영향력을 행사하던 잡스는 불행히도 이른 나이에 세상을 떠나고 말았습니다. 만약 이승이 아닌 또 다른 세계가 있어 그곳에서 잡스가 장자를 만나 아이폰을 판다면 어떨까요? 장자가 기꺼이 살 거라고 보세요? 이 물음에 답하려면 먼저 다음 질문에 대답하는 게 순서일 것입니다. '만약 장자가 지금 이 시대에 살고 있다면, 장자도 컴퓨터나 휴대폰을 사용할까?' 단언컨대 많은 사람들은 '아니오'라고 답할 것입니다. 앞서 「천지天地」편에서 나온 물길을 내고 우물에 들어가 옹기그릇으로 밭두렁에 물을 대는 농부의 이야기 때문에 더욱 '아니오' 쪽으로 기울었겠지요. 이 농부는 공적이나 이익, 기계나 기술 따위가 자신의 순박한 영혼을 상하게 할까 두려워 힘을 덜 들이고 쉽게 할 수 있는 두레박 쓰기를 거부했습니다. 컴퓨터와 휴대폰은 '공적이나 이익, 기계나 기술'이 집약된 과학기술의 총아이므로 장자도 당연히 그가 이야기한 농부처럼 사용을 거부하는 게 논리적으로는 맞을 것 같습니다.

하지만 당신이 기계적인 모든 것 혹은 과학기술제품을 전부 마다하고 쓰지 않는다면 또 모를까 우물과 옹기, 자동차와 전등 따위는 이용하면서 두레박이나 컴퓨터, 핸드폰은 거부한다면 사람들은 당신을 두고 자기가 만든 울타리에 안주하며 새로운 사물, 새로운 기술을 받아들이

지 않는다고 비웃을 게 분명합니다. 자신에게 익숙한 사물과 기술만 '자
연스럽고 순박한 것'으로 보고, 쓸 줄도 모르고 배울 의지도 없는 새로
운 것은 모두 '기계를 부리는 기계의 마음'이라고 한다면, 이는 더욱 장
자 제물론의 핵심 사상에 위배되는 태도입니다. 컴퓨터나 아이폰에 대
한 장자의 생각이 궁금하다면 우선 사람과 사물의 관계에 대한 장자의
관점을 살펴봐야 합니다.

많은 물건을 소유한 사람은 그 물건에 휘둘리면 안 된다.

외물을 사용할 때 그 외물에 휘둘리지 않아야

모든 것을 다스릴 수 있는 것이다.

외물을 다스리는 이치를 깨달은 자에게는 그 자체가 물건이 아니니,

어찌 천하 백성을 다스리는 것으로 그치겠는가!

이런 자는 천지사방을 드나들고 온 세계에 노닐며

홀로 갔다가 홀로 오니 가히 홀로 천지를 소유했다 할 수 있겠다.

만물을 소유했으나 그로부터 초탈해 홀로 다니니,

지극히 귀한 자라고 할 것이다.

有大物者, 不可以物。
유 대 물 자　불 가 이 물

物而不物, 故能物物。
물 이 불 물　고 능 물 물

明乎物物者之非物也,
명 호 물 물 자 지 비 물 야

豈獨治天下百姓而己哉。
기 독 치 천 하 백 성 이 이 재

出入六合, 遊乎九州,
출 입 육 합   유 호 구 주

獨往獨來, 是謂獨有 。
독 왕 독 래   시 위 독 유

獨有之人, 是謂至貴 。
독 유 지 인   시 위 지 귀

<在宥>

장자가 생각하는 사람과 사물의 이상적 관계는 이런 것입니다. 기꺼이 즐기고 사용하되 그것에 지배되지 않는 관계. 만물을 소유하되 또 기꺼이 그 모든 것을 버릴 수 있는 태도. 과학기술제품을 완전히 거부하고 살 수 있는 현대인은 아마 없겠지요. 중요한 것은 당신의 선택과 태도입니다. 문제는 소유할 것인가 말 것인가, 사용할 것인가 말 것인가가 아니라 소유나 사용을 거부하지 않고 선용善用하되 구속되지 않는 것입니다. 자신의 의지에 반하는 행동을 하지 않는 것이 진정한 '초월'적 태도입니다. 노트북과 휴대폰을 들고 천하를 주유하는 신인류 디지털 노마드digital nomad가 그리는 이상적 인물이란 바로 '천지사방을 드나들며 온 세계를 노닐고, 홀로 가고 홀로 오는 그 무엇에도 사로잡히지 않는' 참 자유의 영혼을 가진 유목민 아니겠습니까?

그러니 장자가 지금 살았다면 컴퓨터와 핸드폰은 물론이고 i시리즈 제품도 한 두 종 가지고 있을지 모를 일입니다. 하지만 제품을 자주 교체하거나 하진 않을 것 같습니다. 컴퓨터와 핸드폰은 편리하게 쓸 수 있으면 그것으로 충분하기 때문이지요. 잡스의 유혹에 현혹되어 구입한 지 몇 달 만에 신제품으로 갈아타는 어리석음은 범하지 않을 것이란 말입니다. 장자라면 분명 하이젠베르크의 행보에 동의했을 것입니다. '불확정성의 원리'를 확립한 하이젠베르크는 과학기술문명의 평화적 이용을 주장하고 실천한, 과학자의 사회적 책임과 양심이 무엇인지 잘 알았던 사람입니다. 결국 '순백의 바탕이 없어져 정신과 성품이 안정되지 못하게' 하는 것은 기술문명 자체가 아니라, 그것을 맹신하고 추종하는 이들의 무지와 탐욕 때문입니다.

'지금 여기'를 살고 있는 당신과 내가 경청해야 할 장자의 자유정신은 이렇게 '과학기술에 빠진' 현대 사회와의 접속을 시도하고 있습니다.

제5편 | 감정에
얽힌 삶

장자는 자연스러움과 솔직함을 일관되게 주장한다. 감정에 대해서도 마찬가지다. 억지로 보태거나 덜어냄은 심신을 상하게 할 뿐이라며 인위적 조절을 경계한다. 외부에서 어떤 즐거움을 찾는 것보다 홀로 있어도 즐거운 마음, 유쾌한 내면을 길러내는 것이 핵심이다. 뜻대로 되지 않는 인생, 내 마음 같지 않은 관계에 매몰되어 의기소침하거나 슬퍼하지 말라. 인생은 원래 팍팍한 것이다. 관계는 원래 어려운 것이라는 얘기다.

수많은 바람이 저마다 불어오니

: 감정은 당신의 마음이 내는 소리

'사람이 초목이 아닐진대, 누군들 감정이 없겠는가?'라는 말이 있습니다. 감정을 느낄 줄 알아야 비로소 사람이라는 뜻이겠지요. 사람은 다양한 감정을 느낍니다. 『예기禮記』에서는 사람이 흔히 느끼는 감정을 기쁨喜, 성냄怒, 슬픔哀, 두려움懼, 사랑愛, 미움惡, 욕심欲 일곱 가지로 나누고 있습니다. 이른바 칠정七情이라 하는 이들 감정은 태생적인 것으로 배우지 않아도 절로 느끼는 자연스러운 정서입니다. 우리는 주변의 사람, 사물, 사건들과 마주하며 그것들과의 교류(움직임)속에서 반응합니다. 때로는 그런 움직임들이 우리 마음속에서 일으키는 감정의 파고로 인해 현기증과 혼란을 경험하기도 합니다. 이렇게 우리를 울리기도 웃기기도 하는 감정이라는 것을 장자는 어떻게 봤을까요? 다음은 「제물론」에 나오는 말입니다.

때로는 기쁘고 때로는 성내며 때로는 슬프고 때로는 즐겁다.

때로는 근심하고 때로는 탄식하며

때로는 변덕스럽고 때로는 두려워한다.

때로는 경박하고 때로는 방종하며

때로는 거들먹거리고 때로는 젠체한다.

이는 음악이 속 빈 관악기에서 나오고,

버섯이 땅의 습기로 자라는 것과 같다.

이런 것들은 주야로 마음속에서 교대하며 나타나지만

어떻게 생겨나는지는 알지 못한다.

그만둬라, 그만둬라!

아침저녁으로 그것을 얻는데(이 모든 것이 생기는 이치를 얻는다면),

그것은 무엇으로부터 생겨나겠는가(그것이 어디로부터 나는지 알 수 있지

않겠는가)!

喜怒哀樂,
희 로 애 락

慮嘆變執,
려 탄 변 집

姚佚啓態 。
요 일 계 태

樂出虛, 蒸成菌 。
악 출 허   증 성 균

日夜相代乎前,
일 야 상 대 호 전

而莫知其所萌 。
이 막 지 기 소 맹

己乎己乎
이 호 이 호
旦暮得此 其所由以生乎。
단 모 득 차 기 소 유 이 생 호
〈齊物論〉

목에 핏대를 세우며 서로를 헐뜯고 으르렁대는 논쟁자들의 반응이
아닙니다. 거의 모든 사람들이 적어도 한 번은 겪는 정서적 경험입니다.
감정은 다양할 뿐만 아니라 다변多變합니다. 아까만 해도 기분이 꽤 좋았
는데, 갑자기 영문 모를 슬픔을 느끼게 만드는 것이 감정의 작용입니다.
감정이 생기고 사라지는 일은 우리가 통제하고 조절할 수 있는 영역이
아닌 것 같습니다. 그래서 우리는 갑작스러운 감정에 당황하고 본의 아
니게 감정에 끌려가게 됩니다. 장자는 우리가 감정을 제대로 인식하고
나아가 감정의 지배를 받지 않으려면 먼저 감정이 어떻게 발생하는지
알아야 한다고 말합니다.

현대 심리학과 생리학에서는 사람이 느끼는 모든 정서적 반응은 자극
원과 주관적 느낌, 생리적 반응의 세 요소를 포함한다고 말합니다. 반응
을 낳는 자극원은 밖에도 있고 안에도 있습니다. 누구로부터 욕을 먹는
다거나 자동차 사고 현장을 목격하는 따위의 외부 자극원이 대중을 이
루지만 꿈을 꾼다거나 근심을 하는 등의 내재적 자극도 다양한 감정의
발원지로 역할을 합니다. 기뻐하고 성내고 슬퍼하고 두려워하고 미워하
는 등의 감정은 어떤 자극을 받은 후 생기는 주관적인 느낌입니다. 심장
박동이 빨라지고 손발이 떨리고 이를 가는 등 몸으로 나타나는 것은 생
리적 반응입니다. 많은 전문가들은 보통 생리적 반응이 주관적 느낌보다

먼저 나타나지만 양자 모두 상호 영향을 준다고 말합니다. 또 같은 생리적 반응이지만 사람마다 전혀 다른 주관적 느낌을 낳는다고 합니다. 2천여 년 전에 살았던 장자는 감정이란 '마치 음악이 속 빈 관악기에서 나오는 것 같다'고 했는데, 장자의 이 표현은 자극이 일으킨 신체 생리적 반응과 주관적 느낌에 대한 다소 거친 문학적 묘사라 할 수 있을 것입니다. '속 빈 관악기'는 우리의 몸과 마음을 비유한 것입니다. 사람이 입으로 불거나 바람이 불어 들어오면 관악기가 소리를 내는 것처럼, 우리의 몸과 마음은 자극을 받으면 생리적 반응이 나타납니다. 이렇게 생겨난 반응들이 기쁨, 성냄, 슬픔, 두려움, 미움 따위의 다양한 감정들로 느껴지게 되는 것입니다. 장자는 이 다양한 감정들을 '인뢰人籟의 하나'라고 말했습니다. '뢰籟'는 퉁소, 소리, 울림이란 뜻입니다. 사람이 입으로 불어서 내는 모든 소리들이 '인뢰'입니다. 지뢰地籟는 땅이 울리는 갖가지의 소리이며, 천뢰天籟는 하늘의 자연 현상에서 나는 모든 소리입니다.

수많은 바람이 저마다 불어오니

그 소리들도 제각각 다르다

이는 각각의 바람구멍이 빚어낸 것인데(모두가 자기 소리를 낸다면)

그 소리들을 일으키는 자는 또 누구인가(성내는 자는 누구일까)?

吹萬不同,
취 만 부 동

而使其自己也。
이 사 기 자 기 야

咸其自取,
함 기 자 취
怒者其誰邪 。
노 자 기 수 사
　　　〈齊物論〉

　　자극원, 그러니까 불어오는 바람 그 자체는 어떤 감정적 색채도 갖고 있지 않습니다. 감정이란 자극을 받은 당사자의 내면에서 생산되는 것입니다. 유의해야 할 것은 심신 상태에 따라 저마다 다른 정서 반응을 일으킨다는 사실입니다. 쉽게 말해서 심신이 몹시 피곤한 상태라면 실제로는 작은 자극도 더 크고 강하게 받을 수 있다는 것입니다. 현대 심리학은 기본적으로 감정을 다음과 같이 이해합니다. 어떤 자극을 받은 사람은 통상적으로 그가 가진 사상이나 기억, 이해력 등에 근거하여 주어진 자극을 평가하고 판단합니다. 평가와 판단 작업이 끝나면 자신한테 가능한 생리적 반응과 주관적 느낌으로 스스로를 포장합니다. 그리고 자신이 가장 적절하다고 생각하는 대응 전략을 선택합니다. 예를 들면, 상사가 당신을 욕하는 것과 부하 직원이 당신을 욕하는 것은 당신한테 서로 다른 감정을 유발합니다. 왜냐하면 상사의 욕과 부하 직원의 욕은 당신한테는 전혀 다른 차원의 문제이기 때문입니다. 그래서 당신은 어떤 정서 반응을 내놓기 전에 먼저 자극원에 대한 평가와 선택의 인지 과정을 진행하는 것입니다. 다른 예를 들면, 당신이 사랑하는 사람이 당신에게 좋지 않은 내색을 하더라도 당신은 되도록 좋은 쪽으로 생각하려고 합니다. 부정적 감정이 최대한 덜 일어나도록 상황을 평가하고 판단하는 것입니다. 이렇게 하는 이유는 간단합니다. 당신을 자극한 대상이 바로 당신이 사랑하는 사람이기 때문이지요.

　장자가 우리에게 요청하는 것은 다름 아닌 이런 이치들에 대한 깨달음입니다. 감정이 발생하는 뿌리와 맥락을 알아야 감정이 우리를 지배하고 학대하지 않도록 감정을 관리하고 조절할 수 있기 때문입니다.

감정 관리

: 무정無情한 듯 유정有情한

　영국의 수학자이자 철학자인 화이트헤드 Alfred North Whitehead 는 '우리 일상의 90퍼센트는 감정의 지배를 받는다.'고 말했습니다. 사람마다 정도의 차이야 있겠지만 감정이 우리 일상에 미치는 영향력은 실로 막강합니다. 근자에 '감정 관리'란 말이 유행하는 이유도 많은 사람들이 스스로의 감정 표현에 대한 불만과 불편함, 개선의 필요성을 인정하고 느끼고 있음을 반영하는 것이겠지요. 감정의 힘이 세긴 하지만 그렇다고 어찌해볼 도리가 없는 것은 아닙니다. 감정을 제대로 인식하고 학습하면 충분히 조절하고 관리할 수 있습니다. 까다롭고 어렵긴 하지만 감정은 결국 우리 자신한테 비롯된 것이니까요.

　그러면 감정은 어떻게 '관리'해야 할까요? 관리의 '목표'는 어디에 둬야 할까요? 사람들은 보통 '태산이 앞에서 무너져도 얼굴색이 변하지 않고, 사슴이 곁으로 와도 눈길 한 번 주지 않는' 정도를 감정 관리의 최고 경지, 그러니까 외부에서 어떤 자극이 오든 간에 감정 반응이 적으

면 적을수록 좋은 것이고, 가장 좋은 것은 '전혀 동요함이 없는 상태'가
되는 것이라고 생각합니다. 장자도 이와 비슷한 생각인 것 같습니다.

미움과 욕심, 기쁨과 성냄, 슬픔과 즐거움 여섯 가지는

덕성을 죄로 얽는 것이다.

惡欲喜怒哀樂六者,
오 욕 희 로 애 락 육 자
累德也。
루 덕 야
　　　　〈庚桑楚〉

　감정은 긍정적인 것이든 부정적인 것이든 사람의 몸과 마음을 흥분시
켜 고요함에서 멀어지도록 합니다. 그래서 정서 반응을 최대한 가장 낮
게 적게 또는 할 수만 있다면 아예 없게 하는 것이 좋다고 말하는 것도
일리가 없지는 않습니다. '감정이란 덕성을 죄로 얽는 것'이란 말 때문에
많은 사람들은 장자를 감정이 다소 메마른 심지어 '무정'한 사람이라고
생각합니다. 아내의 죽음 앞에서 그릇을 두드리며 노래하는 모습도 그렇
고, 다음에 나오는 혜자와의 대화는 더욱 장자의 '무정'한 일면을 보여
주는 것 같습니다. 어느 날 혜자가 장자를 찾아와 물었습니다. "사람은
본래 감정이 없는 것이오?" 장자가 말합니다. "그렇소." 혜자가 다시 묻
습니다. "사람이 정이 없다면 어찌 사람이라 부르겠소?" 장자가 답합니
다. "도(道)가 그에게 용모를 주었고 하늘이 그에게 형체를 주었는데, 어찌
그를 사람이라 부를 수 없겠소?" 혜자가 말합니다. "이미 사람이라고 부

른다면 어찌 정이 없다고 하겠소?" 장자가 이어서 대답합니다.

이는 결코 내가 말한 정情이 아니오!

내가 말한 '정이 없음'이란

호오好惡를 분별하는 마음으로

자신의 본성을 상하게 하지 않는 것이며

항상 자연을 따르고 삶을 인위人爲로 더 보태지 않는 것이라오.

是非吾所謂情也。
시 비 오 소 위 정 야

吾所謂無情者,
오 소 위 무 정 자

言人之不以好惡內傷其身,
언 인 지 불 이 호 오 내 상 기 신

常因自然 而不益生也。
상 인 자 연 이 불 익 생 야

〈德充符〉

혜자의 거듭되는 물음에 대한 장자의 답을 계속 좇아서 읽다보면, 장
자가 말하는 '무정'이 냉혹하고 무감한 상태를 뜻하는 것이 아님을 알
수 있습니다. 장자의 '무정함'은 감정이 몸과 마음을 해치지 못하도록 하
는 것이며, 감정이 스스로 드러나도록 내버려두는 것입니다. 장자한테
도 감정은 본능적이고 자연적인 몸과 마음의 반응입니다. 그러므로 '태
산이 앞에서 무너져도 얼굴색이 변하지 않고, 사슴이 곁으로 와도 눈길
한 번 주지 않는' 것 같은 어떤 동요도 없는 상태는 자연의 섭리를 거스
르는 것으로 취할 바가 못 됩니다.

사람이 지나치게 기뻐하면 양기를 손상시키고

지나치게 성을 내면 음기를 손상시킨다.

음과 양이 서로 침해하면 사시四時가 순조롭지 않게 되고

추위와 더위의 조화도 이루어지지 않으니

이는 도리어 자신의 몸을 상하게 하는 것이다!

人大喜邪 毗於陽,
인 대 희 사 비 어 양

大怒邪 毗於陰。
대 노 사 비 어 음

陰陽竝毗 四時不至,
음 양 병 비 사 시 부 지

寒暑之和不成,
한 서 지 화 불 성

其反傷人之形乎。
기 반 상 인 지 형 호

〈在宥〉

장자는 몸과 마음을 해치는 것은 감정의 자연스러운 상태가 아니라 과잉 정서 반응, 즉 '병적인' 상태라고 보았습니다. 감정을 '무정'하게 관리하는 것은 이성적으로 감정을 대하는 태도입니다. 긍정적 혹은 부정적 감정이 도를 넘지 않도록 하는 것입니다. 도를 넘는 것은 인위적으로 첨가된, 자연의 감정이 아닙니다.

우리는 모두 자기감정의 제조상입니다. 자연은 그저 우리에게 다양한 감정을 만들 수 있는 장비를 주었을 뿐입니다. 감정을 생산하고 가공하고 포장하고 출하하기까지의 모든 과정은 우리가 결정하고 진행하는 것입니다. 장자의 '무정 관리'는 '무위적 감정 관리'란 말로 바꿔도 될 것입

니다. 무위적 감정 관리는 마땅히 해야 할 일을 하지 않는 부작위不作爲가
아닙니다. 무위는 당신이 자연스러운 감정을 인위적으로 병적인 상태로
몰고 가지 않도록 성심을 다하여 스스로의 몸과 마음을 지킬 것을 요청
하는 '감정 경영'입니다. 무위는 우호적인 태도로 자신과 자신의 감정을
있는 그대로 존중하는 것입니다. 그러므로 실은 무정한 듯 보이지만 유
정합니다.

지시하고 명령하는 것은 경영이 아니라고 합니다. 직원이 흥에 겨워
자발적으로 일하도록 일깨우고 돕는 것이 참 경영이라고 합니다. 장자의
'무정'과 '무위'도 같은 이치입니다. 감정은 다그치고 억누르지 않는 것입
니다. 그런다고 감정이 다스려지지 않습니다. 그것은 다만 마음에 길 하
나 터주는 일입니다. 감정이 스스로 제 길을 가도록 다독이는 일입니다.
감정이 제 주인인 당신을 찾아 귀순하도록 격려하는 일입니다.

마음을 닦고 섬기는 사람
: 내 감정의 주인 되기

마음을 수양하며 섬기는 사람은
슬픔과 기쁨이 자신한테 영향을 미치게 하지 않는다.
세상사가 어쩔 수 없이 고달픈 것임을 알면서도
편안히 운명으로 받아들이고 따르니
이것이 바로 도덕의 지극한 경지다.

自事其心者,
자 사 기 심 자

哀樂不易施乎前,
애 락 불 이 시 호 전

知其不可奈何,
지 기 불 가 내 하

而安之若命,
이 안 지 약 명

德之至也。
덕 지 지 야

<人間世>

우리는 흔히 마음을 수양修養한다고 말합니다. '수양'은 마음에 묻은 더러움을 '닦고' 마음의 힘을 '기르는' 일입니다. 그러므로 온화하고 고요하게 마음을 닦고 가꾸는 일도 필요하지만 그보다 더 긴요한 것은 자극에 쉽사리 흔들리지 않도록 내면의 힘을 길러내는 일입니다. 자극이 들어왔을 때 즉자적으로 반응하는 것만큼 위험천만한 일은 없습니다. '일단 멈춤' 해야 합니다. 멈춰 서서 자극의 내용과 성질을 파악하고 평가해야 합니다. 그런 후에 어떻게 반응(대응)해야 할지 결정하는 것입니다. 이 일련의 과정이 바로 감정의 주인이 되는 일입니다. 여기서 잠깐 부처의 이야기를 하겠습니다. 어느 날 부처가 한 마을을 지나는데, 마을 사람이 부처에게 무례히 대하고 심지어 욕설과 폭언도 했지요. 부처는 영문 모를 욕설과 폭언을 찬찬히 다 받아 듣더니 고개를 숙이고 사과를 했습니다. 마을 사람에게 지금은 갈 길이 바빠 길게 얘기할 수 없음을 양해해 달라며 돌아오는 길에 들를 터이니 그때 다시 얘기하자고 했지요. 마을 사람은 어이없어하며 부처에게 물었습니다. "아니 대체 당신은 우리가 한 말을 듣기나 한 거요? 그렇게 당신을 닦아세우며 욕을 퍼부었는데 어찌 그리도 태연한 거요?" 부처가 답했습니다. "당신이 원하는 것이 나의 반응입니까? 십년 전에 만났다면 볼 수 있었을 겁니다. 그때는 나도 당신의 태도에 반응했겠지요. 하지만 최근 십년 동안 나는 타인에 의해 좌우되지 않는 법을 배웠습니다. 나는 이제 노예가 아닙니다. 나는 나의 주인이 되었습니다. 그래서 나는 나 자신에 의지하여 행하고 말합니다. 다른 사람의 언행에 따라 움직이지 않습니다."

우리의 정서 반응 대부분은 타자에서 비롯됩니다. 당신이 어떤 이의 무례함에 화가 났다면 그것은 당신이 그에게 내둘림을 당하고 그의 노예가 되었음을 스스로 인정하는 꼴입니다. 다른 사람이 당신을 어떻게 대하든 그것은 순전히 그의 일일 뿐입니다. 당신과는 무관합니다. 그의 언행과 태도에 당신이 뇌동雷同할 이유가 전혀 없습니다. 당신은 다만 당신의 원칙에 바탕을 두고 행동하면 됩니다. 자기감정의 주인으로 서야 비로소 성숙한 사람이라 할 수 있겠지요.

하나는 사람의 힘으로 어찌할 수 없는 일들에 대한 '긍정과 수용'입니다. 이를 테면 죽음에 대해 우리가 취할 수 있는 태도는 '받아들임'뿐입니다. 6장 「대종사大宗師」에 나오는 자여子輿처럼 죽음을 평온하고 태연하게 기다리는 일이지요.

무릇 얻음은 때를 만남이요
잃음은 자연에 순응하는 것이니

편안히 때를 맞추고 변화의 순리를 따르면

슬픔과 기쁨의 정이 마음을 침입할 수 없다.

이것이 바로 옛사람이 말한 속박을 풀고 벗어남이다.

스스로 해방을 얻지 못하는 것은 외물에 묶여 있는 탓이다.

且夫得者 時也,
차 부 득 자 시 야

失者 順也,
실 자 순 야

安時而處順,
안 시 이 처 순

哀樂不能入也。
애 락 불 능 입 야

此古之所謂縣解也,
차 고 지 소 위 현 해 야

而不能自解者 物有結之。
이 불 능 자 해 자 물 유 결 지

〈大宗師〉

어찌 죽음만 있겠습니까? 살다 보면 원치 않는 불행과 마주해야 할 순간들이 많이 찾아옵니다. 심리학자 칼 융Carl Gustav Jung은 말했습니다. 받아들이지 않으면 어떤 것도 변화시킬 수 없다고, 책망한다고 벗어날 수 있는 것은 아니라고, 오히려 억압만 더해질 뿐이라고요. 만약 당신이 장애가 있는 아들을 낳았다고 합시다. 누구를 원망할 수 있겠어요? 애초에 그것은 원망할 일이 아닙니다. 원망이 악한 이유는 원망하면 할수록 그 구멍이 더 커지고 깊어지기 때문입니다. 아무런 도움도 되지 않는 것은 물론입니다. 받아들일 때 고요해지고 평안해집니다. 그러면 이성적으로 생각할 수 있는 마음의 힘과 여유가 생깁니다. 그 가운데 새로운 가능성이 보입니다. 당신이 생각을 바꾸면 당신과 당신 아들의 관계가 변화되고 나아가서는 당신 아들의 미래도 달라질 수도 있습니다.

당신의 힘을 과소평가하지 마세요. 당신이 생각하는 것보다 당신이 할 수 있고 바꿀 수 있는 것은 많습니다. 당신을 둘러싼 많은 사람들, 여러 가지 일들이 당신에게 어떤 자극을 주든지 그것에 대한 반응은 당신이 선택하는 것입니다. 스웨덴에 이런 속담이 있답니다. '슬픔의 새가 머리 위로 날아오는 것을 당신이 막을 수는 없지만, 머리 위에 둥지를 틀지 못하도록 당신이 막을 수는 있다.' 누군가가 당신을 화나게 만들려고 할 때마다 스스로에게 이렇게 말하세요. '분노는 다른 사람의 잘못으로 나를 벌하는 것이다.' '증오는 내가 독약을 마시고 다른 사람이 죽기를 기다리는 짓이다.' 어찌할 수 없는 고난을 만나면 깊게 호흡하며 받아들이세요. 받아들이고 나면 오히려 견딜 만합니다. 그리고 잊지 말 것은 영원히 계속될 고난은 없다는 사실입니다.

진짜로 살기
: 감정의 포장을 벗겨내라

우리는 '솔직성'을 좋은 품성이라 칭찬하면서도 정작 자기감정에 충실한 사람을 보면 교양 없고 세련되지 못하다며 비난합니다. 그래서 본래의 제 감정을 보기 좋게 가공하고 포장하면 그것은 또 '위선(僞善)'과 '교정

矯情'으로 전락합니다. 사람 노릇이 참 어렵습니다. 배려 없는 솔직함도 악을 숨긴 위선도 둘 다 위험하기 때문입니다. 장자도 '거짓과 억지'를 반대합니다. 장자가 말하는 '무정 관리'의 두 번째 방침이 바로 감정을 자연 그대로 흘러가도록 두는 것입니다. 장자는 그 어떤 인위적 감정 조작도 허용하지 않습니다.

'참됨'이란 정성의 지극함이다.
정精하지 않고 성誠하지 않으면 사람을 감동시킬 수 없다.
그러므로 억지로 곡하는 사람은 겉으로만 슬플 뿐 실은 슬프지 않고
억지로 성내는 사람은 겉으로만 엄할 뿐 실은 위엄이 없으며
억지로 친절한 사람은 겉으로만 웃을 뿐 실은 화목하지 않다.
참된 슬픔은 곡소리가 없어도 슬프고
참된 분노는 성내지 않아도 위엄이 있으며
참된 친애親愛는 웃지 않아도 화목하다.
자연의 본성이 안에 있으면 그 정신이 밖으로 드러나니
이것이 바로 참된 본성의 고귀함이다.

眞者 精誠之至也。
진 자 정 성 지 지 야
不靜不誠 不能動人。
부 정 불 성 불 능 동 인
故强哭者 雖悲不哀,
고 강 곡 자 수 비 불 애
强怒者 雖嚴不威,
강 노 자 수 엄 불 위

強親者 雖笑不和。
강 친 자 수 소 불 화

眞悲無聲而哀,
진 비 무 성 이 애

眞怒未發而威,
진 노 미 발 이 위

眞親未笑而和。
진 친 미 소 이 화

眞在內者 神動於外,
진 재 내 자 신 동 어 외

是所以貴眞也。
시 소 이 귀 진 야

<漁父>

윗글은 "참됨이란 무엇입니까?"라는 공자의 물음에 대한 어부의 답변입니다. 『대학大學』의 「성의誠意」편에 나오는 '마음에 정성이 있으면 반드시 겉으로 드러난다誠於中,形於外'는 말과 일맥상통합니다. 하지만 인정과 의리를 중시하는 사회 분위기가 때로는 우리를 강요하기도 합니다. 「양생주」편을 보면 노담老聃이 죽자 친구 진일秦失이 조문을 간 이야기가 나옵니다. 진일은 절친한 친구의 죽음 앞에서 딱 세 번 곡을 하고는 자리에서 나왔습니다. 옆에서 이를 지켜보던 제자가 자못 힐난조로 물었습니다. "노담은 선생의 벗이 아닙니까? 그런데 그리 간단하게 조문을 마쳐도 되는 것입니까?" 다음의 글이 제자의 물음에 대한 진일의 답입니다.

방금 내가 들어가서 조문할 때
늙은이가 곡을 하는데 자기 자식의 죽음처럼 곡을 했고
젊은이가 곡을 하는데 제 어미의 죽음처럼 곡을 했다.

저들이 그렇게 모인 까닭이 분명히 있을 것이다.

말하고 싶지 않은데 말을 하고

흘릴 필요가 없는 눈물을 흘리는 것으로

이는 자연을 벗어나고 진정眞情을 거스르는 것이다.

그들은 사람이 자연을 받들고 하늘의 명을 받은 이치를 잊은 것으로

옛사람은 이를 일컬어 자연을 등지고 떠난 죄라고 하였다.

向吾入而弔焉,
향 오 입 이 조 언

而有老者哭之 如哭其子,
이 유 노 자 곡 지 여 곡 기 자

少者哭之 如哭其母 。
소 자 곡 지 여 곡 기 모

彼其所以會之必有 。
피 기 소 이 회 지 필 유

不蘄言而言,
불 기 언 이 언

不蘄哭而哭,
불 기 곡 이 곡

是遯天倍情,
시 둔 천 배 정

忘其所受,
망 기 소 수

古者謂之 遁天之刑 。
고 자 위 지 둔 천 지 형

〈養生主〉

친구의 죽음 앞에서 슬피 울며 애도하는 것은 인지상정입니다. 하지
만 간혹 어떤 이들은 마음에서 우러나오는 애도가 아니라 자신의 예의

바름을 보여주기 위해 경쟁하듯 큰 소리로 오래 울면서 슬픔을 가장합니다. 심지어 어떤 이들은 자신의 몸을 학대하는 방식으로 자기가 다른 누구보다 더 많이 슬퍼하고 있음을 보여주려고 애씁니다. 감정의 '과잉 경쟁'은 슬픔만이 아닙니다. 기쁨도 마찬가지입니다. 남녀가 만나 서로에게 호감을 느끼고 그 마음을 전달하는 데는 사실 눈빛 하나면 족합니다. 하지만 사람들은 그것으로 '부족하다'고 생각해서 늘 다른 것들을 동원합니다. 제일 흔한 게 장미입니다. 말 그대로 '장미의 전쟁'입니다. 한 송이가 백 송이로 늘고 백 송이로도 모자라서 만 송이를 보내어 제 사랑의 마음을 전하고자 무진 애를 쓰지요. 26장 「외물」편의 마지막에 이런 이야기가 나옵니다. 송나라 연문이라는 곳에 양친을 잃은 사람이 있었지요. 그가 상례喪禮를 잘 치러서 몸이 상했다는 이유로 인해 그의 집안에 정문旌門이 세워지고 그는 관사官師로 봉해졌습니다. 그 후로 그 고을 사람들은 상을 치르다 몸이 상해 죽는 이들이 태반이 되었답니다. 감정의 과잉 노출로 죽는 지경까지 이르게 된 것이니 실로 자연스럽지 않습니다.

이렇게 자신의 감정을 실제보다 부풀리는 경우가 있는가하면 반대로 충분히 있어야 하고 표출해야 할 감정을 과도하게 억누르는 경우도 적지 않습니다. 남성성의 신화와 관련된 것들이 많습니다. 예를 들면 '영웅은 눈물을 흘리지 않는다.' '남자는 일생에 딱 세 번만 운다.' '이가 빠지면 그냥 삼켜라!' 이런 속담들은 모두 강한 남자나 영웅의 '인내와 용기, 의지'를 강요합니다. 남성으로서의 마땅한 품성처럼 포장하지만 실은 인간성을 상실한 강자의 모습입니다. 슬픔 같은 부정적 감정을 제때에 적절히 해소하지 않고 오랜 시간 억압된 상태로 두면, 다른 신체 기관을 통해 눈물을 흘린다고 합니다. 그러니까 쉽게 말해서 스트레스가 병인이 되어 각종 신체 질병을 일으키는 것입니다. 소화기관에서 눈물이 나서 출혈성 궤양을 일으킨다거나 가슴에서 눈물이 흘러 천식이나 협심증을 유발하고 피부에서는 두드러기 류의 신경성 피부염을 앓는 경우지요. 마음이 몸으로 말을 하는 것입니다. 슬프다고 아프다고, 그러니 위로해 달라고 마음이 몸에게 알리는 것입니다.

감정을 있는 그대로 흘러가게 둠으로써 우리는 우리 내면의 참된 본성을 자연스럽게 드러낼 수 있고 더불어 우리 영혼을 맑게 정화淨化할 수 있습니다. 고인 물은 썩습니다. 물은 계속 흘러야 탁하지 않고 맑습니다. 감정도 마찬가지입니다. 감정이 고이지 않고 흘러서 제 길을 가도록 해주어야 합니다. 감정처럼 복잡하고 미묘하고 어려운 것이 또 없습니다. 어떤 한 가지 일에 대해서도 우리는 매우 여러 가지 감정을 느낍니다. 아내의 죽음 앞에서 한참을 울다가 문득 정신을 차리고 그릇을 두드리며 노래를 부르는 장자의 모습은 그래서 '무정'한 것이 아닙니다. 장자는 풍부하고 다채로운 자신의 감정을 제 방식대로 자연스럽게 드러낸 것입니다. 장자는 애도나 축하에 대한 전통적 예의범절이나 주위의 시선에 아랑곳하지 않습니다. 방약무인傍若無人한 듯 보이지만 실은 자유로운 것입니다. 인위적 가공과 포장, 세속적 염려를 걷어버리면 부담이 없습니다. 오히려 그런 당신의 참 모습이 다른 사람한테 감동이 될 것입니다.

지락무락至樂無樂

: '즐거움을 좇지 않는' 즐거움

가장 환영을 받는 감정은 아마도 '즐거움(쾌락 또는 행복)'일 것입니다. 예전에 라디오 방송의 한 프로그램에서 '즐거움은 무엇일까?'라는 주제로 매주 다양한 분야의 게스트를 초대해 각자가 정의하는 '즐거움'에 대한 이야기를 들어보는 시간이 있었습니다. 그들이 내놓는 즐거움의 내용은 백인백색이었습니다. 자신의 음반이 100만 장 팔리면 행복할 것이라는 답부터 사랑하는 사람과 매일 함께 있는 것, 세계 일주, 엄마를 도와 함께 집안일을 할 때, 세계 대회에서 금메달을 따는 것, 로또 1등 당첨, 가족의 건강과 평안, 베이징 오리구이를 먹어보는 것 등등 내용도 이유도 가지가지였습니다. 그들이 이 모양 저 모양으로 내놓는 즐거움의 답안들은 모두 '말할 수 있는 것'이지만, 새삼 나를 흔들어 깨운 점은 사람을 즐겁게 할 수 있는 일은 사람 수만큼이나 참으로 많고 다양하다는 사실이었습니다. 당신한테는 당신의 즐거움이 따로 있고 나는 나대로의 즐거움이 따로 있는 것이지요.

사람들이 좇는 즐거움의 내용이 천차만별이지만 또 가만히 그 속을 들여다보면 '별 것 없음'을 어렵지 않게 발견하게 됩니다. 사실이 그렇습니다. 거의 모든 사람들이 즐거움의 충족 조건으로 명예, 물질, 사랑, 지위, 능력, 건강을 꼽았습니다. 이 범주를 벗어나는 예외는 없었습니다. 장자에게 즐거움이 무엇입니까? 묻는다면 그는 우리의 행복 범주에서 저만치 벗어난 예외의 답안을 내놓았겠지요.

내가 보기에

세속의 쾌락이란 모두가 우르르 몰려들어 좇는 모양이

죽기 살기로 애를 쓰며 얻기 전까지는 절대 그칠 수 없을 것 같은데

그러면서도 사람들은 모두 그게 바로 즐거움이라 말하지만

나는 그게 즐거움인지 아니면 즐거움이 아닌지 모르겠다.

그러면 즐거움이란 게 과연 있는 걸까 없는 걸까?

나는 무위無爲야말로 참된 즐거움이라 생각하는데

이는 또한 세속의 사람들이 가장 괴로워하는 것이기도 하다.

그러므로 '가장 큰 쾌락은 바로 즐거움이 없는 것'이라고 말한다.

吾觀
오 관
夫俗之所樂 擧群趣者,
부 속 지 소 락 거 군 취 자
誙誙然如將不得已,
경 경 연 여 장 부 득 이
而皆曰樂者,
이 개 왈 락 자
吾未知樂也 亦未之不樂也。
오 미 지 락 야 역 미 지 불 락 야
果有樂無有哉。
과 유 락 무 유 재
吾以無爲誠樂矣,
오 이 무 위 성 락 의
又俗之所大苦也。
우 속 지 소 대 고 야
故曰:「至樂無樂。」
고 왈   지 락 무 락
〈至樂〉

장자는 우리와는 사뭇 다른, 아니 대척점에 서 있는 듯합니다. 그가 말하는 '고요한 무위'는 '즐거움을 좇지 않는' 것입니다. 그는 가장 큰 즐거움이란 '쾌락이 없는 것'이라고 말했습니다. 이는 쾌락에 대한 장자의 생각을 반영한 것입니다. 장자는 쾌락이 결코 '몸 밖의 것'이 아님을, 다시 말해 내 몸 바깥에 존재하는 타자, 사건, 사물 혹은 특정한 장소에 있지 않다고 강조합니다. 즐거운 마음이라면 어디에서 무슨 일로 누구를 만나 무엇을 대하든 당신과 조우하는 모든 것이 반갑고 기껍습니다. 하지만 침울하고 슬픈 마음이라면 많은 사람들이 쾌활한 웃음을 터뜨리며 즐거워하는 일도 당신은 전혀 즐겁지 않습니다. 당신은 그저 한없이 마음이 불쾌하고 불편할 뿐입니다. '몸 밖의 어떤 것'을 즐거움으로 알고 좇는 우리에게 장자는 단호히 그것은 '틀렸다'라고 말하고 있습니다. 우리가 세속적 범주에 갇혀 방향을 잘못 잡고 있다는 것입니다.

옛사람들이 말하는 뜻을 얻었다 함은

권세와 영화를 일컫는 게 아니라

어떤 보탬이 없이도 그 있는 그대로를 즐거워하는 마음이었다.

오늘날 말하는 뜻을 얻었다 함은

곧 권세와 영화를 가리키는 것이다.

권세와 영화가 몸에 있는 것은 생명의 본성이 아니며

외물이 우연히 와서 임시로 맡긴 것일 뿐이다.

맡긴 것은 올 때 막지 않으며

갈 때도 붙잡지 않아야 한다.

그러므로 권세와 영화를 얻어도 뜻이 방자하지 않고

얻지 못해 궁색하여도 속되지 않는다.

얻든 못 얻든 한가지로 즐거워하므로

근심이 없을 뿐이다.

그러나 맡겨진 것이 없어진다면 즐겁지 않게 되니

이로 볼 때

결국 즐거움이란 본성을 어지럽히지 않는 것이 없다.

古之所謂得志者,
고 지 소 위 득 지 자

非軒冕之謂也,
비 헌 면 지 위 야

謂其無以益其樂而已矣。
위 기 무 이 익 기 락 이 이 의

今之所謂得志者,
금 지 소 위 득 지 자

軒冕之謂也。
헌 면 지 위 야

軒冕在身 非性命也,
헌 면 재 신 비 성 명 야

物之儻來寄者也。
물 지 당 래 기 자 야

寄之其來不可圉,
기 지 기 래 불 가 어

其去不可止。
기 거 불 가 지

故不爲軒冕肆志,
고 불 위 헌 면 사 지

不爲窮約趨俗。
불 위 궁 약 추 속

其樂彼與此同,
기 락 피 여 차 동

故無憂而已矣
고 무 우 이 이 의

今寄去則不樂。
금 기 거 즉 불 락

由是觀之,
유 시 관 지

雖樂未嘗不荒也。
수 락 미 상 불 황 야

<繕性>

　　즐거움은 우리 앞에 있어 일부러 좇아가 잡아야 할 대상, 성취해야
할 목표가 아닙니다. 즐거움은 어떤 특정한 장소, 특정한 사물, 특정한
일, 특정한 사람에게서 취할 수 있는 것이 아닙니다. 사람들이 말하는
금메달이나 복권 당첨, 세계 일주 따위는 일종의 효모 같은 것입니다.
아무리 좋은 효모를 넣어도 질 나쁜 밀가루로는 건강하고 맛있는 빵을
만들 수 없는 이치입니다. 마음 바탕이 밝고 즐거워야 하는 까닭을 『채
근담柔根譚』의 글귀로 대신합니다.

　　마음 바탕이 밝으면 어두운 중에도 푸른 하늘이 있지만
　　생각이 어두우면 환한 대낮에도 귀신이 나타난다.

心體光明 暗室中 有靑天,
심 체 광 명 암 실 중 유 청 천

念頭暗昧 白日下 生厲鬼。
염 두 암 매 백 일 하 생 려 귀

감정 이입

: 즐거운 마음으로

왜 어떤 사람들은 늘 싱글벙글한데, 왜 어떤 사람들은 늘 우거지상일까요? 그들의 인생 경험이 서로 다르기 때문이겠지만, 문제의 진짜 핵심은 그들의 마음 바탕이 서로 다르기 때문입니다. 할리우드 여배우 샤론 스톤도 언젠가 인터뷰에서 참된 즐거움은 다른 사람이 가져다줄 수 없다고 말했지요. 부와 명예를 남부럽지 않게 누린 그녀의 말이라 기억에 남았습니다. 마음 바탕이 밝고 즐거운 사람은 자신뿐 아니라 그의 주변에 있는 이들까지 유쾌하게 만드는 힘이 있습니다. 밝음이 어두움을 물리치는 것이지요. 아래는 장자와 혜자 사이에 있었던 유명한 '개울 다리 위 논쟁'의 한 토막입니다.

장자와 혜자가 개울 다리 위를 거닐었다.

장자가 말했다.

"피라미가 물에서 한가롭게 노니는 것,

그것이 바로 물고기의 즐거움이오."

혜자가 말했다.

"그대는 물고기가 아닌데, 물고기의 즐거움을 어찌 안다고 하오?"

장자가 말했다.

"그대는 내가 아닌데, 내가 물고기의 즐거움을 모르는지

어찌 안다고 하오?"

혜자가 말했다.

"그렇소, 나는 그대가 아니니 그대를 모르오.

고로 그대는 물고기가 아니니,

그대가 물고기의 즐거움을 모른다고 해야 않겠소?"

장자가 말했다.

"대화의 처음으로 돌아갑시다.

그대가 내게 물고기의 즐거움을 어찌 아느냐고 물어 말한 것은

이미 그대는 내가 그것을 알고 있음을 인정하면서 내게 물은 것이오.

내가 개울물 위에서 안 것은 물고기의 즐거움이었소."

莊子與惠子 遊於濠梁之上 。
장 자 여 혜 자   유 어 호 량 지 상

莊子 曰 :
장 자 왈

「儵魚出游從容, 是魚之樂也 。」
　숙 어 출 유 종 용 　 시 어 지 락 야

惠子 曰 :
혜 자 왈

「子非魚, 安知魚之樂 。」
　자 비 어 　 안 지 어 지 락

莊子 曰 :
장 자 왈

「子非我, 安知我不知魚之樂 。」
　자 비 아 　 안 지 아 부 지 어 지 락

惠子 曰 :
혜 자 왈

「我非子, 固不知子矣 。
　아 비 자 　 고 부 지 자 의

子固非魚, 子之不知魚之樂 全矣。」
자 고 비 어   자 지 부 지 어 지 락 전 의

莊子曰：
장 자 왈

「請循其本。
청 순 기 본

子曰汝安知魚樂云者,
자 왈 여 안 지 어 락 운 자

既已知 吾知之 而問我。
기 이 지 오 지 지 이 문 아

我知之濠上也, 是魚之樂。」
아 지 지 호 상 야   시 어 지 락

<秋水>

이 고사를 아는 사람들은 장자와 혜자 사이의 논쟁 이면에 있는 사상에 초점을 두고, 감성과 우뇌와 선험을 한 축에 세우고 그 대립축에는 이성과 좌뇌와 경험을 세워 양자의 우열을 논하느라 바쁩니다. 사람들은 본디 쉽고 간단한 것을 어렵고 복잡하게 푸느라 애를 먹습니다. 논쟁 속 혜자의 모습도 그러합니다. 장자는 그저 '쾌락'에 관한 이야기를 했을 뿐입니다. 즐거운 마음을 가진 장자의 눈에는 개울 속 물고기가 한가롭게 노니는 풍경이 즐거움으로 보였던 게지요. 하지만 사유와 논리의 틀에 빠진, 일심으로 장자를 논리로 넘어뜨리려 했던 혜자는 인성의 본성을 잃은 까닭에 지극히 단순한 즐거움조차 즐길 수 없게 된 것입니다.

어떤 이는 물고기가 헤엄치는 모습을 즐겁게 노니는 것으로 느낀 장자의 감정 작용을 '감정 이입'이라 말하기도 합니다. '이입'이 가장 잘 작용되는 감정이 바로 '즐거움'입니다. 사랑에 빠진 연인의 모습을 떠올리면 됩니다. 목하 열애 중인 연인한테는 세상이 곧 천국입니다. 그때는 제

발을 건 돌멩이도 반짝이는 것처럼 보이지요. 마음이 즐거운 사람한테는 자신을 둘러싼 모든 것이 제 즐거움의 원천이 되기 때문입니다.

1981년 미국 프로야구 연맹MLB 정기 시즌에서 토미 라소다Tommy Lasorda가 이끄는 LA 다저스 팀이 창단 이후 줄곧 하위권을 맴돌던 휴스턴 애스트로스Houston Astros 팀에 역사적으로 무참히 패했습니다. 그 이튿날 라소다는 유명한 토크쇼 진행자인 래리 킹Larry King의 TV 프로그램에 출연했습니다. 라소다의 태도는 참 의외였습니다. 경기에 진 사람 같지 않았으니까요. 그는 시종일관 호탕하고 쾌활했지요. 래리 킹이 참지 못하고 그에 물었습니다. "아니 당신은 어떻게 그렇게 즐거울 수가 있는 겁니까?" 라소다가 답했습니다. "인생에서 가장 최고의 순간을 꼽으라면 물론 제가 이끄는 팀이 경기에 이기는 날입니다. 두 번째로 기쁠 때는 우리 팀이 경기에 지는 날입니다. 제 인생에는 두 종류의 날만 있습니다. 기쁜 날과 아주 기쁜 날이지요." 라소다는 날마다 즐거운 인생을 사는 사람입니다. 부러워할 것 없습니다. 이제부터 즐겁게 살기로 작정하면 됩니다. 즐거운 마음은 외부 환경이나 상황에 영향을 받지 않습니다. 이심전경以心轉境, 마음을 바꿈으로써 상황의 전환을 모색합니다. 낙담되고 어려운 일들을 '또 하나의 즐거움'으로 바꾸는 것입니다.

옛날, 득도한 사람은
곤궁할 때도 즐겁고 형통해도 즐거웠다.
즐거움이란 것은 곤궁도 형통도 아니며
다만 심중心中에 큰 도를 품었으니

곤궁과 형통을 추위와 더위나 바람과 비 같은 자연의 변화로 생각한다. 그리하여 왕위를 사양한 허유許由는 영양穎陽의 물가에서 즐거워했고 왕위에서 물러난 공백共伯은 공수산共首山에서 만족해했던 것이다.

古之得道者,
고 지 득 도 자

窮亦樂, 通亦樂 。
궁 역 락   통 역 락

所樂非窮通也,
소 락 비 궁 통 야

道德於此,
도 덕 어 차

則窮通爲寒暑風雨之序矣 。
즉 궁 통 위 한 서 풍 우 지 서 의

故許由娛於穎陽,
고 허 유 오 어 영 양

而共伯 得乎共首 。
이 공 백 득 호 공 수

〈讓王〉

추위나 더위, 바람이나 비는 자연의 일면입니다. 마음 바탕이 밝고 즐거운 사람은 춥다고 덥다고 바람이 분다고 세찬 비가 내린다고 성내지 않습니다. 날씨는 하늘의 기운을 받아 그저 제 소임을 다할 뿐이니 탓할 바가 못 됩니다.

사람살이의 귀함과 천함, 빈궁과 영달, 인생의 많은 굴곡과 변전도 다만 세속의 일면입니다. 마음 바탕이 밝고 즐거운 사람은 귀하면 귀한대로 천하면 천한대로 그저 제게 주어진 삶을 기꺼이 살아갑니다. 세상에 이보다 더 값진 것이 있을까요? 그러니 마음부터 챙길 일입니다.

없다고 기죽지 말라

: 덕은 오래가고 형체는 잊힌다

세상에 완벽한 사람은 없습니다. 누구나 다 크고 작은 결함들을 갖고 있습니다. 어떤 결함 때문에 자신이 남보다 못하다는 열등의식은 우울과 분노, 혐오 같은 부정적 감정을 생산합니다. 여기서 먼저 알아야 할 것은 결缺과 함陷이 각각 서로 다른 의미를 갖는다는 사실입니다. '缺'은 형체의 이지러짐을 가리킵니다. 그것은 객관적이고 물리적인 '모자람'을 의미합니다. '陷'은 구덩이 따위에 빠짐을 가리킵니다. 그것은 발을 헛디뎌 빠지는 일입니다. 조심하면 빠지지 않습니다. 그러므로 '陷'은 주관적이고 심리적인 것입니다. 어떤 이들은 자신의 부족을 알고 삼가 조심하여 의기소침의 함정에 빠지지 않습니다. 「덕충부德充符」편을 보면 그런 사람들이 여럿 등장합니다. 노나라에 발꿈치가 잘린 노나라 사람 왕태王駘도 그 중 하나입니다. 발꿈치가 잘린 반병신이지만 그의 영향력은 대단했습니다. 왕태를 따르는 제자들이 공자와 맞먹을 정도였으니까요. 그에게 배우러 오는 자들은 텅 빈 채로 와서 가득 채워가지고 돌아갑니다. 대체 그에게 무슨 비밀이 있는 걸까요? 묻는 제자에게 공자가 답합니다.

죽고 사는 것은 물론 큰일이다
하지만 그것의 영향으로 변하지 않으며
비록 천지가 뒤집혀도
그것으로 인해 허물어지지 않는다.

아무것도 바라지 않으니 외물의 변화에 좌우되지 않으며
자연에 따라 외물의 변화를 이끌되 그 근본을 지킨다.

死生亦大矣,
사 생 역 대 의

而不得與之變,
이 부 득 여 지 변

雖天地覆墜,
수 천 지 복 추

亦將不與之遺 。
역 장 불 여 지 유

審于無假 而不與物遷,
심 우 무 가 이 불 여 물 천

命物而化 而守其宗也 。
명 물 이 화 이 수 기 종 야

〈德充符〉

　　왕태는 제 마음의 주인으로 살았기에 형상이나 외물의 변천으로 인
한 영향을 받지 않았습니다. 그에게 잘린 발꿈치란 거대한 땅덩이에서
떨어진 진흙 한 줌 같은 것이었습니다. '없지만 기죽지 않는' 그 정신은
그를 누구보다 온화하고 자유롭게 해주었고 범속의 무리와는 다른 특
별한 존재로 만들었습니다. 이로써 아무도 왕태가 가진 신체의 장애를
보지 않게 된 것입니다. 「대종사」에 나오는 자여子輿라는 인물은 왕태보
다 한 수 위인 자입니다. 자여가 큰 병을 얻어 몸이 심하게 비틀어져 기
형이 되었습니다. 친구 자사子祀가 문병을 와서는 심한 기형이 된 자신의
모습이 혐오스럽지 않느냐고 물었습니다. 자여가 답했습니다.

아니, 내가 왜 싫어하겠는가!

점차 변하여 내 왼쪽 어깨가 닭이 된다면

나는 때를 맞춰 새벽을 알릴 것이네.

점차 변하여 내 오른쪽 팔이 화살이 된다면

나는 부엉이를 잡아 구워 먹을 것이네.

亡, 予何惡 。
망　여하오

浸假而予之左肩以爲鷄,
침 가 이 여 지 좌 견 이 위 계

予因以求時夜,
여 인 이 구 시 야

浸假而予之右臂以爲彈,
침 가 이 여 지 우 비 이 위 탄

予因以求鴞炙 。
여 인 이 구 효 자

<大宗師>

　　다소 과장된 수사법입니다만, 차마 눈뜨고 볼 수 없는 신체 기형을 가진 인물인 자여의 입을 빌려 장자가 우리에게 말하려는 것은 딱 하나 입니다. '어쩔 수 없는 것'은 그냥 받아들이라는 것이지요. 받아들이는 순간부터 단점을 새로운 장점으로 탈바꿈할 수 있는 가능성이 열립니다. 『오체불만족』이라는 책 한 권으로 세계적으로 유명해진 기적적 삶의 주인공 오토다케 히로타다는 손과 발이 없는 채로 태어났지만 그의 어머니는 갓난아기인 그를 처음 안고 '정말 귀엽다!'라고 말했답니다. 그의 어머니는 그를 있는 그대로 받아들였습니다. 어머니의 완전한 인정과 사

랑 속에서 오토다케는 제 모습을 받아들였고, 자신이 장애인이라는 의식을 하지 않고 성장했습니다. 그는 비장애인들과 함께 일반학교에 다니면서 정상적인 교육을 받았습니다. 운동을 아주 좋아했던 그는 중·고등부 시절에는 학교 농구팀에서 활약하기도 했습니다. 그는 사지가 없는 자신의 몸에 맞춰 최대한 공을 낮게 드리블해 패스하는 기술을 만들었습니다. 그가 공을 워낙 낮게 패스하다보니 비장애인들은 방어하기 어려웠지요. 그 덕에 그는 팀의 승리에 한몫을 톡톡히 해냈습니다. 그는 어린 시절부터 여러 사람들 앞에서 자신을 소개할 때 손발이 없는 것을 결함이 아닌 특별한 능력으로 말했다고 합니다.

스티븐 호킹은 아인슈타인 이후의 가장 위대한 물리학자로 인정받는 세계적 인물입니다. 전문가든 일반인이든 그의 저서나 강의를 대하는 이들은 모두 우주의 기원, 블랙홀, 시간, 11차원 우주론이나 초현超弦 이론을 논하는 호킹의 그 심오하고 광대한 앎의 세계에 감탄하고 매료됩니다. 아무도 그가 중증장애인이라는 사실을 문제 삼지 않습니다. 그가 앓고 있는 루게릭병은 몸속의 운동신경이 차례로 파괴되어 전신이 뒤틀리고 마비되는 난치병입니다. 루게릭병은 근육의 마비와 위축이 점점 악화되는 진행성 질환이라 휠체어 신세는 기본입니다. 호킹이 움직일 수 있는 것은 눈꺼풀입니다. 그는 눈꺼풀 운동으로 센서를 작동시켜 컴퓨터를 조작하고 언어합성기를 통해 외부 세계와 소통합니다. 호킹은 자신의 책 『호두껍질 속의 우주』에서 스스로를 이렇게 설명하고 있습니다. '나를 호두껍질 속에 가둔다고 할지라도 나는 여전히 무한한 공간의 주인이다!'

높은 덕행을 가진 자라면

그 몸의 흠결은 사람들에게 잊힌다.

만약 사람들이 잊어야 할 것은 잊지 않고

잊지 말아야 할 것은 잊는다면

이야말로 진짜 '건망健忘'인 것이다.

故德有所長,
고 덕 유 소 장

而形有所亡忘 。
이 형 유 소 망 망

人不忘其所忘,
인 불 망 기 소 망

而忘其所不忘,
이 망 기 소 불 망

此謂誠忘 。
차 위 성 망

　　　〈德充符〉

덕은 오래가지만 형체는 잊힙니다. 꽃처럼 예쁜 얼굴도 세월의 무게를 견디지 못합니다. 근육이 힘을 잃어 피부가 처지고 안색은 탁해지고 주름살이 깊게 팬 늙은이의 얼굴이 됩니다. 하지만 마음 바탕이나 덕성, 지식은 다릅니다. 쉽게 변하고 퇴색되지 않을 뿐더러 세월과 함께 성장합니다. 시간이 지날수록 무르익어 그윽한 향기를 냅니다. 그러니 남들이 가진 무엇이 없다고 기죽을 일이 아닙니다. 당신은 대신 남들은 없는 다른 무엇을 가지면 됩니다. 없으면 만들면 됩니다. 앞에서도 말했지만 세상에 완벽한 사람은 없으니까요. 그러므로 최고의 감정 경영은, 없다고 '기죽지 않는 것'입니다. 부족의 함정에 '빠지지 않는 것'입니다. 문제에 '가로막히지 않는 것'입니다.

도망치지 말라

: 생의 공포와 마주하기

누구에게든 무섭고 두려운 것들이 있기 마련입니다. 뱀이나 물 따위를 무서워하는 이가 있는가 하면 병원 가기를 끔찍이도 싫어하는 사람도 있습니다. 대중 앞에 나서서 말하는 것을 두려워하는 이도 있지요. 무섭고 두려운 것들을 떠올리기만 해도 초조와 불안증에 시달리는 이들이 가장 흔하게 취하는 방법은 '도피'입니다. 하지만 평생을 '도망자'로 살 수는 없습니다, 그렇게 사는 것은 삶이 아니기 때문입니다. 장자는 심리학자는 아니었지만 우리가 마주치는 불안과 염려, 공포 따위의 부정적 감정들의 처리에 대해 꽤 식견 높은 방법론을 제시했습니다. 나는 장자가 들려주는 이 우화를 읽고 생의 공포에 대해 한참을 생각했습니다.

> 자기 그림자가 무섭고 자기 발자국이 싫어서 떨쳐버리려고 도망치는
> 자가 있었는데
> 멀리 달아날수록 발자국은 더욱 많아지고
> 빨리 달릴수록 그림자는 더욱 몸에서 떨어질 줄 몰랐다.

그는 자기가 느려서 그런 줄 알고 쉬지 않고 더욱 빨리 달렸지만
결국은 힘이 쇠진하여 죽고 말았다.

그는 어두운 곳에 가면 그림자는 자연 사라지고

고요히 멈추면 발자국도 자연 그친다는 것을 알지 못한 것이다.

이 얼마나 어리석은 일인가!

人有畏影惡迹 而去之走者,
인 유 외 영 오 적　이 거 지 주 자

舉足愈數 而迹愈多,
거 족 유 수　이 적 유 다

走愈疾 而影不離身,
주 유 질　이 영 불 리 신

自以爲尙遲
자 이 위 상 지

疾走不休,
질 주 불 휴

絶力而死。
절 력 이 사

不知處陰以休影,
부 지 처 음 이 휴 영

處靜以息迹,
처 정 이 식 적

愚亦甚矣。
우 역 심 의

<漁父>

두려움을 피하는 것이 어리석은 일인 이유는 피하면 피할수록 공포
감이 더욱 커지기 때문입니다. 지혜로운 사람은 침착합니다. 무섭지 않
아서가 아닙니다. 공포의 실체를 알기 위해서 자신의 두려움을 이겨내

는 것입니다. 자신이 대체 무엇 때문에 두려워하는지 무서워하는지 알기 위해 차분하게 생각해보는 것입니다. 그것은 어떤 위험성을 갖고 있지요? 다른 사람은 괜찮은데 당신은 왜 그토록 무서워하죠? 당신의 그 지나친 두려움이 마음의 장난은 아닐까요?

무릇 술에 취한 자는 수레에서 떨어져도
다치기는 하겠지만 죽지는 않는다.
그의 뼈마디는 다른 사람과 같지만
상처를 입는 것은 다른 사람과 다른데
이는 그의 정신이 온전한 까닭이다.
그는 수레를 탄 것도 바닥으로 떨어진 것도 지각하지 못하며,
죽고 사는 일이 놀랍고 두려운 것이지만
그의 마음속으로 들어가지 못한다.
그래서 외물과 만나 상처를 받아도 두려워함이 전혀 없는 것이다.

夫醉者之墜車,
부 취 자 지 추 거

雖疾不死。
수 질 불 사

骨節與人同 而犯害與人異,
골 절 여 인 동 이 범 해 여 인 이

其神全也。
기 신 전 야

乘亦不知也 墜亦不知也,
승 역 부 지 야 추 역 부 지 야

死生驚懼不立乎其胸中,
사 생 경 구 불 입 호 기 흉 중

是故遷物而不慴。
시 고 오 물 이 불 습
〈達生〉

　똑같이 수레에서 떨어지는데 술에 취한 사람이 깨어있는 사람보다 덜 다치는 것은 왜일까요? 술에 취한 사람은 자신이 수레에서 떨어진다는 사실을 자각하지 못하기 때문입니다. 위험한 줄을 모르니 무서워하는 마음도 없습니다. 떨어지는 힘에 자연스럽게 제 몸을 맡겨 떨어지니 오히려 부상이 가볍습니다. 우화는 염려와 두려움은 아무런 도움도 안 될 뿐더러 오히려 일을 더 망치는 결과를 낳는다 말하고 있습니다. 마음의 두려움을 없애는 최선의 전략은 바로보고 이겨내는 것입니다. 두려움이 허상이라면 그것을 깨닫는 일로부터 극복의 작업을 시작할 수 있지만, 위험이 실재하는 두려움이라면 그 공포와 직접 마주하는 일부터 훈련해야 합니다. 물을 심하게 무서워하는 사람은 배도 못 탄다고 합니다. 사고로 물에 빠지거나 파도가 자신을 삼키지는 않을까하는 두려움 때문이지요. 물론 물은 위험합니다. 하지만 그렇다고 가까이 가는 것도 안 될 만큼 위험천만하지는 않습니다. 위험이 실재하지만 그가 느끼는 공포는 과대 포장된 것이지요. 실재와 달리 부풀려진 공포의 크기와 무게를 줄여야 합니다. 모르기 때문에 더 무서운 것이지요. 알고 나면 무섭기는 해도 어찌해 볼 도리를 구할 수 있으니 희망이 있습니다. 지피지기의 필요성이 강조되는 이유입니다. 실체를 파악한 후에 해야 할 일은 위험과 맞설 수 있는 실전 기술을 익히는 것입니다. 아무런 노력이나 대가 없이 거저 주어지는 것은 없습니다. 공짜로 혹은 쉽게 얻은 것은 그만큼

쉬이 사라지고 맙니다.

수영을 잘하는 자는 몇 번 연습하면 가능한데,

이는 물을 잘 알아 잊을 수 있기 때문이다.

잠수를 잘하는 자가 배를 본 적이 없는데도 쉽게 노를 저을 수 있는 것은

깊은 물이 그의 눈에는 언덕처럼 보이고

배가 뒤집히는 것도 수레가 뒤로 가는 것쯤으로 보이기 때문이다.

만물이 뒤집히고 뒤로 가는 상황이 그의 눈앞에 펼쳐져도

그의 마음속으로 들어가 어지럽히지 못하니

그는 어디를 가도 빈틈없이 태연자약한 것이다!

善游者數能,
선 유 자 수 능

忘水也 。
망 수 야

若乃夫沒人 則未嘗見舟 而便操之也,
약 내 부 몰 인　즉 미 상 견 주　이 변 조 지 야

彼視淵若陵,
피 시 연 약 릉

視舟之覆 猶其車卻也 。
시 주 지 복　유 기 거 각 야

覆卻萬方陳乎前,
복 각 만 방 진 호 전

而不得入其舍,
이 부 득 입 기 사

惡往而不暇 。
악 왕 이 불 가

〈達生〉

수영을 하고 잠수를 할 줄 알게 된다면 더는 물이 무섭지만은 않겠지요. 배도 탈 수 있겠지요. 수영 기술을 익혀서 물에 대한 두려움을 극복하는 것처럼, 우리에게 필요한 것은 두려움에 맞서려는 의지와 용기, 맞설 수 있도록 자신을 단련하는 실천입니다. 생의 길목마다 크고 작은 두려움들이 있을 것입니다. 숨이 차올라 이러다 죽겠다 싶을 때도 있을 것입니다. 그것을 넘어서야 다음 길로 향할 수 있고 인생을 완주할 수 있습니다. 힘들지요. 하지만 삶은 본시 고행苦行인 것입니다. 그래서 '끝까지 버티는 게 이기는 것'이라고 말하는 것이겠지요. 오늘도 저만치서 생이 어서 오라 손짓합니다.

지극한 사랑

: 사랑하다가 잊어버려라

인간이 느끼는 감정들 중에서 가장 원시적이고 깊은 것은 혈육의 정일 것입니다. 혈육의 정, 가족 간의 사랑이 중요한 이유는 그것이 인간관계의 기초를 만들기 때문입니다. 친구와의 우정도 이성과의 사랑도 더 나아가 동포애나 인류애까지, 자신 아닌 타자에 대한 '건강한 사랑'을 생산하는 원천이 바로 가족 간의 사랑입니다. 모든 관계가 그렇듯 가족 간의 사랑도 쌍방향으로 이루어집니다. 부모가 어린 자녀를 사랑으로 키우고 장성한 자녀가 늙으신 부모를 사랑으로 보살피는 것이지요. 여기서는 먼저 부모에 대한 자녀의 사랑을 이야기하렵니다. 「인간세」에서 장자는 공자의 입을 빌려 말하고 있습니다.

자식이 어버이를 사랑함은 천명이니

그 마음에서 없앨 수가 없다.

신하가 군주를 섬김은 의리이니

어디를 가도 군주가 없는 곳은 없다

천지간에 도망갈 곳이 없으므로

이를 일컬어 크게 경계할 일이라 한다.

무릇 어버이를 섬기는 일은

처지를 가리지 않고 편안히 모시는 것이

효행의 극치이다.

子之愛親命也,
자 지 애 친 명 야

不可解於心。
불 가 해 어 심

臣之事君義也,
신 지 사 군 의 야

無適而非君也。
무 적 이 비 군 야

無所逃於天地之間,
무 소 도 어 천 지 지 간

是之謂大戒。
시 지 위 대 계

是以夫事其親者,
시 이 부 사 기 친 자

不擇地而安之,
불 택 지 이 안 지

孝之至也。
효 지 지 야

〈人間世〉

　어버이가 자식을 사랑하고 자식이 어버이를 사랑하는 것은 하늘이 내린 본성입니다. 어버이에 대한 자식의 사랑을 특별히 강조하는 유교는 이를 섬김의 도道 '효도'로 구체화했습니다. 지극한 효행의 으뜸은 어버이를 기쁘게 해드리는 일입니다. 하지만 그렇다고 부모의 비위를 무조건 맞추라는 뜻은 결코 아닙니다.

　효자가 어버이에게 아첨하지 않고

　충신이 군주에게 아첨하지 않으면

　그러한 신하와 자식은 훌륭하다 할 것이다.

　어버이가 한 말에 다 그렇다 하고 어버이가 한 일에 다 좋다고 하면

　그는 세상에서 말하는 불초한 자식이다.

孝子不諛其親,
효 자 불 유 기 친

忠臣不諛其君,
충 신 불 유 기 군

臣子之盛也。
신 자 지 성 야

親之所言而然 所行而善,
친 지 소 언 이 연　소 행 이 선

則世俗謂之不肖子。
즉 세 속 위 지 불 초 자

〈天地〉

앞서 제 부모를 사랑하는 일을 하늘이 내린 본성, 천명이라고 했습니다. 하늘은 바른 이치에 어긋나는 일을 시키지 않습니다. 그러니 천명인 효를 다한다는 명분으로 바르지 않은 어버이의 언행에도 꺼리지 않고 아첨하는 것은 올바른 섬김, 참된 효가 아닙니다. 부모가 어버이로서 자식에게 바라는 것은 진정 어린 배려와 이해입니다. 결코 자신을 속이는 아첨일 리 없습니다. 간혹 '세상에 옳지 않는 부모는 없다'고 말하는 이들을 만납니다. 그들은 제 부모를 신성하고 고귀하고 완벽한 사람으로 봅니다. 그리고 지상 최고의 사랑과 존경을 제 부모에게 표현합니다. 그것은 너무도 가혹한 사랑입니다. 사랑이 아니라 학대입니다. 신도 완벽하지 않습니다. 신도 실수를 합니다. 하물며 하늘 아래 같은 인간인데 부모라고 어찌 다르길 바라겠습니까? 지나치게 높은 기준으로 부모에게 요구하지 마세요. 있는 그대로 어버이를 받아들이고 사랑하세요. 부모 노릇 참 쉽지 않습니다. 하면 할수록 어렵습니다. 그러니 부모님을 사랑한다면 지금도 충분하다고 너무 힘들게 애쓰지 않아도 된다고, 말씀해 주세요.

공경으로 효도하기는 쉬우나 사랑으로 효도하기는 어렵다.
사랑으로 효도하기는 쉬우나 어버이를 잊기는 어렵다.
내가 어버이를 잊기는 쉬우나 어버이가 나를 잊게 하기는 어렵다.
어버이가 나를 잊게 하기는 쉬우나 내가 천하를 잊기는 어렵다.
내가 천하를 잊기는 쉬우나 천하가 나를 잊게 하기는 어렵다.

以敬孝易, 以愛孝難。
이 경 효 이 이 애 효 난

以愛孝易, 以忘親難。
이 애 효 이 이 망 친 난

忘親易, 使親忘我難。
망 친 이 사 친 망 아 난

使親忘我易, 兼忘天下難。
사 친 망 아 이 겸 망 천 하 난

兼忘天下易, 使天下兼忘我難。
겸 망 천 하 이 사 천 하 겸 망 아 난

<天運>

사람들은 대부분 부모를 사랑하는 일을 공손히 섬기고 받드는 공경恭
敬으로 생각합니다. 우리네 유교적 전통 예속이 요구하는 바가 그렇지요.
그러한 전통을 내면화한 우리네 양심이 요구하는 바가 또 그렇습니다.
'요구'가 되다 보니 때로는 그것이 자신을 힘겹게 하는 의무와 책임이 되
기도 합니다. 물론 대개는 자발적 의무와 책임감으로 부모 곁을 지키고
보살핍니다. 그럴 때 사랑은, 비록 몸은 고되고 힘들어도, 효를 행하는
자식의 마음도 섬김을 받는 부모의 마음도 기쁘게 만듭니다. 하지만 장
자가 말하는 부모와 자식 간의 사랑은 서로가 상대의 정체성을 잊는 경
지입니다. 부모로서 자식을 돌보고 키워야 한다는 책임감과 부담, 자식
으로서 부모를 섬겨야 한다는 의무감과 부담을 인식하지 않는 경지입니
다. 다만 사람이 사람에게 인륜의 도리를 성심으로 다하는 것입니다. 이
보다 더 높은 차원은 스스로 도리를 다하고 있다는 사실도, 무엇이 도
리인지조차 모조리 '잊어버리는' 경지입니다. 잊어버리면 죄 지을 일이
없습니다. 잊어버리면 사랑한다며 서로를 가두고 얽어맬 일이 없습니다.

문득 미국 소설 『갈매기의 꿈』의 작가 리처드 바크Richard Bach가 한 말이 떠오릅니다. 그는 '가정을 묶는 진정한 힘은 핏줄이 아니라 서로의 삶에 대한 존중과 축복, 감사'라고 말했지요. 오늘을 사는 우리에게 꼭 필요한 '사랑 지침'입니다.

사랑의 길道

: 제멋대로 아닌 '성질'대로

우리는 사랑하는 사람이 많습니다. 어릴 적에는 엄마 아빠가 최고의 연인이었다가 청소년기에는 친구만한 사람이 없습니다. 성인이 되고 반려자를 만나 가정을 이루면 새 생명이 태어납니다. 아이는 그야말로 보배입니다. 부모라면 자식에게 뭐든 가장 좋은 것을 주고 싶어 합니다. 모든 일의 우선순위가 아이가 됩니다. 부모는 아이가 즐겁고 행복하길 바랍니다. 하지만 안타깝게도 예상과 기대를 벗어나는 경우가 적지 않습니다. 장자가 「지락」편에서 이런 이야기를 했습니다. 어느 날 바닷새 한 쌍이 노나라 도성 부근에 날아들었습니다. 노나라 왕이 그 새를 귀히 여기고 왕실의 사당인 태묘太廟로 데려와 길렀지요. 새에게 좋은 술은 물론이며 소와 양을 잡아 먹이로 주었습니다. 행여 따분해 할세라 새에게 순 임금 때의 음악인 구소九韶를 들려주었지요. 지극정성으로 모시듯 돌보았는데 새는 마시지도 먹지도 않고 침울해 하더니 결국 데려온 지 사흘 만에 죽고 말았습니다. 새가 그렇게 된 이유가 무엇이겠습니까?

이는 자신의 생활방식에 따라 새를 기르고

새의 습성에 따라 새를 기르지 않았기 때문이다.

새의 습성에 따라 새를 기르는 자는

마땅히 새를 깊은 숲에 서식시키고 모래섬에서 놀게 하며

강과 호수 위를 떠다니게 하고 미꾸라지와 피라미를 먹이며

무리의 행렬을 따라 머물게 하고 구불구불 엉켜서 함께 살도록 한다.

새들은 사람의 소리를 가장 듣기 싫어하거늘

어찌하여 그렇게 시끄럽게 했을까!

此以己養養鳥也,
차 이 기 양 양 조 야

非以鳥養養鳥也。
비 이 조 양 양 조 야

夫以鳥養養鳥者,
부 이 조 양 양 조 자

宜棲之深林, 遊之澶陸,
의 서 지 심 림   유 지 단 륙

浮之江湖, 食之鰍鰷,
부 지 강 호   식 지 추 조

隨行列而止, 委蛇而處。
수 행 렬 이 지   위 사 이 처

彼唯人言之惡聞,
피 유 인 언 지 오 문

奚以夫譊譊爲乎。
해 이 부 뇨 뇨 위 호

<至樂>

우리는 누군가를 사랑하면 온통 그이만 생각하게 됩니다. 매사를 그

이를 위해 생각하고 그이에게 가장 좋은 것을 주고자 애를 씁니다. 하지만 실은 이런 사랑법의 거반은 상대가 아닌 자신의 뜻대로 생각하고 행하는 것입니다. 그이에게 주는 것도 자신한테나 가장 좋은 것이지 상대가 원하는 것이 아닐 수 있지만, 정작 자신은 깨닫지 못합니다. 노나라 왕이 바닷새를 애지중지 보배를 다루듯 아꼈지만 그의 사랑은 새를 죽게 만들었습니다. 잘못된 사랑이 낳은 불행한 결과입니다. 그것은 '사랑'이 아닙니다. 그이에게 자신의 이상과 욕망을 투영하는 것입니다. 자신의 소망대로 그이를 빚는 대상화입니다. 정말 그이를 사랑하고 존중한다면 그이가 자신의 본성과 의지와 취향에 따라 발전하도록 도와야 합니다. 다만 그대로를 존중하고 믿어주고 함께하며 지지해야 합니다. 당신이 부모라면 자녀에게 그렇게 해야 합니다. 자녀 스스로 제 삶의 길을 결정하고 스스로 책임지도록 해야 합니다.

들보는 성문을 뚫을 수는 있지만
작은 구멍을 막을 수는 없으니
이는 그릇이 다름을 말한다.
천리마 같은 명마는 하루에 천 리를 달리지만
쥐를 잡는 데는 고양이나 족제비만 못하니
이는 재주가 다름을 말한다.
부엉이가 밤에는 벼룩을 잡고 털끝도 볼 수 있지만
낮에는 눈을 부릅떠도 언덕과 산을 볼 수 없으니
이는 본성이 다름을 말한다.

梁麗可以衝城,
량 려 가 이 충 성

而不可以窒穴,
이 불 가 이 질 혈

言殊器也 。
언 수 기 야

騏驥驊騮一日而馳千里,
기 기 화 류 일 일 이 치 천 리

捕鼠不如狸狌,
포 서 불 여 리 성

言殊技也 。
언 수 기 야

鴟鵂夜撮蚤察毫末,
치 휴 야 촬 조 찰 호 말

晝出瞋目 而不見丘山,
주 출 진 목 이 불 견 구 산

言殊性也 。
언 수 성 야

〈秋水〉

이 세상에 당신과 같은 사람은 한 명도 없습니다. '다름' 덕분에 서로
만나 어울리고 섞이면 완전히 새로운 것이 탄생되기도 합니다. 하지만
소머리에 말꼬리라면 그것은 잘못된 만남이요 비극이겠지요. 요즘 부모
들은 자녀들한테 참 잘합니다. 아이가 좋은 환경에서 행복하게 성장할
수 있도록 많은 배려를 합니다. 그리고 자녀를 하나의 인격체로 인정하
고 존중할 줄 압니다. 그런데 어디까지 인정하고 존중하고 배려해야 현
명한 것일까요?

무릇 말을 사랑하는 사람은 광주리로 똥을 받고 귀한 잔으로 오줌을
받는다.

때마침 모기와 등에가 말 등에 앉자

그가 불시에 모기와 등에를 치니 말이 놀라서

재갈을 풀고 머리와 가슴을 걷어찼다.

뜻을 이루려다 그만 사랑을 잃었으니

신중하지 않을 수 있겠는가?

夫愛馬者 以筐盛矢 以蜃盛溺。
부 애 마 자   이 광 성 시   이 신 성 닉

適有蚊虻僕緣,
적 유 문 맹 복 연

而拊之不時,
이 부 지 불 시

缺銜毀首碎胸。
결 함 훼 수 쇄 흉

意有所至 而愛有所亡,
의 유 소 지   이 애 유 소 망

可不愼哉。
가 불 신 재

<人間世>

  말이 모기 따위의 벌레에 물리는 것은 하등 이상할 것이 없는 일입니
다. 사람이 태어나 성장 과정에서 어려움을 겪고 좌절을 만나는 것도 지
극히 자연스러운 일입니다. 밥벌이를 위해 기술을 배우거나 공부를 하
고 세상에 나가 사람을 대하고 처세하는 법을 터득하는 것은 마땅한 일
입니다. 하지만 요즘 부모들은 자식이 '세상의 험한 꼴'을 당하는 것을

못 견뎌합니다. 지나친 사랑과 보살핌, 방임에 가까운 관용 속에서 아이를 키웁니다. 이것은 '인정'도 아니고 '존중'은 더욱 아닙니다. 그냥 제멋대로 하도록 내버려두는 것입니다. 이러한 환경에서 아이의 인격이 올바르게 성장할 리 없겠지요. 몸만 자랐을 뿐 정신의 나이는 아이라는 말이 딱 들어맞는 경우입니다. 뭐든 제 마음대로 해도 용인되는 환경에서 자란 아이는 자기중심적일 수밖에 없습니다. 배려도 공감도 할 줄 모릅니다. 배운 적이 없으니까요. 좌절극복지수도 매우 낮습니다. 조금만 제 마음에 들지 않으면 화부터 냅니다. 충동조절능력도 떨어지고 공격적 성향마저 보입니다. 부모한테 감사할 줄 모릅니다. 제 뜻대로 일이 풀리지 않으면 먼저 부모를 원망합니다.

장자의 사랑법은 '자연의 도'를 순응하는 일부터 배울 것을 요청합니다. 사람이 가진 자연스러운 본성을 그대로 사랑하라는 말입니다. 생긴 그대로 사랑하는 일이 제멋대로 두는 것이 아님은 분명합니다. '제멋대로'는 자연스러운 본성에서 벗어난 과잉 상태입니다. 현대인이 앓는 질병의 대부분은 너무 많이 먹어서 생긴다고 합니다. 과잉 섭취로 인체에 독소가 쌓이면서 건강한 균형과 조절 능력, 면역력을 깨트리는 것입니다. 한 쪽은 과잉으로 병들고 다른 한 쪽은 결핍으로 병드는, '상실의 시대'를 사는 당신의 사랑은 과잉입니까 결핍입니까?

제6편 | 사람 사귐이
여의치 않을 때

고상할 수 있지만 오만해서는 안 된다. 세상일에 처하고 사람을 대하는 일은 포정이 소를 잡는 것처럼 신기神技에 가까운 기술을 요하기에 힘들다. 억지로 한다고 풀리지 않는다. 힘으로 밀어붙인다고 되는 일이 아니다. 마찰과 저항을 '자연의 도'가 허락하는 범위 안으로 최소한으로 줄여야 한다. 술술 풀린다는 것은 그런 의미다. 집에서 기르는 짐승들도 제 주인이 자신을 어떤 마음으로 대하는지 안다. 거짓은 언젠가는 들통이 난다. 위선과 기만은 쓰지도 말고 당하지도 말자. 관계를 이끄는 힘은 결국 진정성이다. 나와 다른 그의 세계를 존중해야 그도 나를 인정한다. 자연의 순리에 따라 만물을 대하고 만사를 행하며 마음을 노니는 승물유심乘物遊心이 곧 처세의 기본이요 경지이다.

군자의 사귐

: 화이부동和而不同의 소통

아리스토텔레스는 더불어 어울려 살아가는 사회적 삶이 필요 없는 존재는 신과 야수뿐이라고 말했습니다. 그러니까 인간이 가진 중요한 정체성 중의 하나가 사회성이라는 말입니다. 세상 속으로 들어가 사람들과 어울려 사는 사회성은 독특합니다. 인간의 본성인데도 어미 품에 파고들어 젖을 찾아 빠는 일처럼 배우지 않아도 절로 되는 것이 아닙니다. 타자와의 관계를 통해서만 발현되는 사회성은 나 아닌 다른 누군가에 의해 깨어나 길러지고, 스스로 의지를 가지고 학습해야 합니다. 세인들은 장자를 세속을 초탈한 인물로 여기지만 그것은 오해입니다. 장자는 누구보다 관계와 소통을 중시한 철학자였습니다. 세상을 배척하지 않았습니다. 그는 칠원리漆園吏라는 말단 공무원으로 일을 했고, 마음을 터놓고 지내는 친구도 몇 두었으며, 자신을 따르는 제자들을 데리고 유람을 다니기도 했습니다. 도중에 날이 어두워지면 벗의 집을 찾아 하룻밤 신세를 질 줄도 알았습니다. 장자는 두루 활발한 교제를 하지는 않았으나 흉금을 열고 타자와 세상과 소통하려고 노력한 철학자였습니다.

옛 성인은

궁할 때는 집안사람들에게 가난을 잊도록 했고

영달할 때는 왕공들에게 작록을 잊도록 했으며

스스로 낮아지도록 교화하였다.

외물에 대해서는 그것과 함께 편안하고 즐겁게 지냈고

타인에 대해서는 그와 더불어 기꺼이 소통하면서도

참된 자기의 본성을 지켰다.

故聖人
고 성 인

其窮也 使家人忘其貧,
기 궁 야 　사 가 인 망 기 빈

其達也 使王公忘其爵祿,
기 달 야 　사 왕 공 망 기 작 록

而化卑 。
이 화 비

其於物也 與之爲娛矣,
기 어 물 야 　여 지 위 오 의

其於人也 樂物之通,
기 어 인 야 　요 물 지 통

而保己焉 。
이 보 기 언

〈則陽〉

254

참된 자기의 본성을 지킬 수 있어야 타인과 소통할 수 있습니다. 성인이라고 다르지 않습니다. 너무도 마땅한 이치입니다. '자기 것'이 없는 자가 타인과 무엇을 나누고 소통하겠습니까? '화이부동의 소통' 제1원칙은 목적을 갖지 않는 것입니다. 인간 대 인간으로 편안하고 즐겁게 통하는 것입니다. 순수하고 자연스러운 만남과 사귐이 장자의 소통 원칙입니다. 어떤 의도를 갖는 순간부터 계산하게 됩니다. 계산은 위선과 억지를 동반합니다. 위선과 억지로 계산된 사귐이 통할 리 없습니다.

타인과 교류할 때 태도는 자연을 따르고 마음은 솔직해야 한다.

태도가 자연을 따르면 관계가 굳건하며

마음이 솔직하면 수월하고 피곤치 않다.

관계가 흔들리지 않고 마음이 피곤치 않으면

번다한 언사로 허세를 부릴 필요가 없고

번다한 언사로 허세를 부리지 않으면

외물을 구할 필요가 없다.

形莫若緣 情莫若率 。
형 막 약 연 정 막 약 솔

緣則不離, 率則不勞 。
연 즉 불 리 솔 즉 불 로

不離不勞則,
불 리 불 로 즉

不求文以待形,
불 구 문 이 대 형

不求文以待形,
불 구 문 이 대 형

固不待物。
고 부 대 물
<山木>

　잡편 24장 「서무귀徐無鬼」편을 보면 여상女商의 소개로 서무귀가 위나라 무후武侯를 알현하는 이야기가 나옵니다. 서무귀와 대화를 나눈 위 무후는 크게 기뻐했습니다. 여상이 궁금하여 묻지요. "선생은 어떻게 우리 주군을 기쁘게 하셨습니까? 나는 이제껏 무후께 시서예악詩書禮樂을 논하고 육도삼략六韜三略의 병법을 유세하였으나 아직까지 한 번도 웃으신 적이 없습니다." 서무귀가 화답합니다. "나는 그저 개와 말의 관상을 보는 법을 말씀드렸을 뿐입니다." 무후가 그동안 웃지 않은 까닭은 단순합니다. 재미가 없어서입니다. 사람들은 보통 대화는 진지하고 엄숙한 무엇이 있어야 한다고 생각합니다. '이야기를 나누다, 수다를 떨다'라는 뜻을 가진 '료천聊天'의 주제는 하늘, 곧 자연입니다. 다시 말해서 여럿이 모여서 가볍고 자연스러운 화제로 이야기를 나누며 가슴을 펴고 유쾌하게 웃는 것입니다. 웃음은 윤활유입니다. 유대 관계를 증진하는 가장 자연스럽고 효과적인 처방은 자연스럽고 즐거운 대화입니다.

　군자의 사귐은 담백한 물과 같고 소인의 사귐은 달콤한 술과 같다. 『장자』에 나오는 말입니다. 물은 맛이 없지만 아무리 마셔도 싫증나는 법이 없고 목마름을 해소해줍니다. 달콤한 술은 입에 착 감기는 맛은 있지만 오래두고 마실 수 없고 마시면 마실수록 갈증을 유발합니다. 거리가 아름다움을 만든다고 하지요. 너무 친밀한 관계는 통상 오래가지 못합니다. 가족도 아닌데 당신과 지나치게 친밀한 관계를 만들려고 애쓴다면 그는 십중팔구 어떤 목적을 갖고 의도적으로 당신한테 접근하는 것입니다. 목적을 위해 기획된 관계는 목적이 사라지면 대개가 관계도 사라집니다.

무릇 이익을 위해 결합된 것은

궁핍, 재앙, 환난, 손해가 닥치면 서로를 버린다.

천륜으로 서로 묶인 것은

궁핍, 재앙, 환난, 손해가 닥치면 서로를 거둔다.

夫以利合者,
부 이 이 합 자
迫窮禍患害相棄也。
박 궁 화 환 해 상 기 야
以天屬者,
이 천 속 자
迫窮禍患害相收也。
박 궁 화 환 해 상 수 야
〈山木〉

화이부동의 소통 제2원칙은 다른 사람 앞에서 자신을 드러내지 않는 것입니다. 잘난 척하는 사람은 밉살맞습니다. 누구도 좋아하지 않습니다. 환영받지 못하니 함께 더불어 어울림和을 만들 수 없겠지요. 「산목」편에 이런 이야기가 나옵니다. 양자楊子가 송나라에 가서 한 객점에 묵었습니다. 객점 주인한테 첩이 둘 있었는데 하나는 미녀였고 다른 하나는 못난이였지요. 그런데 주인은 못생긴 첩을 아끼고 예쁜 첩은 냉대했습니다. 양자가 몹시 궁금하여 그 까닭을 물었더니 주인이 말했습니다. "예쁜 첩은 스스로 예쁜 줄을 알지만 난 그녀가 예쁜 줄을 모르겠소. 못생긴 첩은 스스로 못생긴 줄을 알지만 난 그녀가 못생긴 줄을 모르겠소." 객점 주인의 말을 들은 양자가 제자들에게 명심하라며 이렇게 말했습니다.

> 행실이 어질면서도
> 자신의 어진 행실을 드러내려는 마음을 능히 버릴 수 있다면
> 어디를 가더라도 사랑받지 않겠는가!

行賢
행 현
而去自賢之行,
이 거 자 현 지 행
安往而不愛哉。
안 왕 이 불 애 재
〈山木〉

화이부동의 소통 제3원칙은 선입견을 갖지 않는 것입니다. 나와 다른 '너다움'을 인정하고 존중하는 것입니다. 우리는 모두 서로 '다른' '불완전한' 존재들입니다. '다름'이 있어서 소통이 필요하고 '불완전'하므로 만남이 필요한 것입니다. 서로의 '다름'을 받아들이면 나는 너로 인해 '또 다른 나'로 진화하고, 너는 나로 인해 '또 다른 너'로 진화합니다. 이러한 진화 방식이야말로 '만남의 공동체'의 상생 원리입니다.

조금 더 부드럽게

: 고상한 사람은 거만하지 않다

세상살이가 힘들지만 그래도 재미있다는 말은 간혹 듣지만 세상살이가 쉽다고 말하는 사람은 아직 만나지 못했습니다. 만나기 어렵지 싶습니다. 문제가 없는 인생이 없습니다. 힘들지 않은 사람이 없습니다. 그래서 많은 이들이 처세를 고민하고 처세술을 연구합니다. 처세를 잘한다는 것은 세상살이의 갖가지 문제를 순조롭게 해결하고 주변의 사람들과 원만한 관계를 유지할 줄 안다는 뜻입니다. '처세의 도'에도 경지의 세계가 있습니다. 소를 잡는 백정의 칼 쓰는 이야기로 처세의 도를 말한 장자의 비유가 참 정묘합니다. 「양생주」편에 등장하는 포정庖丁이란 백정이 소를 잡는 칼질은 차라리 신기神技입니다.

우수한 백정은 해마다 칼을 바꾸는데, 힘줄을 자르기 때문입니다.
보통의 백정은 달마다 칼을 바꾸는데, 뼈를 자르기 때문입니다.
저는 이 칼을 십구 년 동안 써왔으니
잡은 소만도 수천 마리가 됩니다만
칼날은 아직도 방금 숫돌로 새롭게 간 것 같습니다.
소의 뼈마디 사이에는 틈이 있지만
제 칼날은 두께가 없습니다.
두께 없는 칼날을 뼈마디 틈새로 넣으면 텅 빈 듯 넓으니
칼질이 춤을 추듯 당연히 여유로워집니다.

그래서 십구 년을 썼는데도

칼은 여전히 방금 숫돌로 간 것 같습니다.

良庖歲更刀, 割也。
랑 포 세 경 도   할 야

族庖月更刀, 折也。
족 포 월 경 도   절 야

今臣之刀十九年矣,
금 신 지 도 십 구 년 의

所解數千牛矣,
소 해 수 천 우 의

而刀刃若新發於硎。
이 도 인 약 신 발 어 형

彼節者有間,
피 절 자 유 간

而刀刃者無厚。
이 도 인 자 무 후

以無厚入有間 恢恢乎,
이 무 후 입 유 간   회 회 호

其於遊刀 必有餘地矣,
기 어 유 도   필 유 여 지 의

是以十九年,
시 이 십 구 년

而刀刃若新發於硎。
이 도 인 약 신 발 어 형

〈養生主〉

　　우리는 저마다 각자의 칼이 있습니다. 험난한 세상살이 길목마다 고
비마다 있는 가시덤불을 헤치고 나가려면 그 칼을 잘 써야 합니다. 만
약 인생을 소 한 마리에 비유한다면 당신은 칼을 들고 인생이라는 소를
잡으려는 백정이 되겠지요. 혹은 당신이 인생길에서 만나게 되는 문제들

을 잡아야 할 소로 봐도 될 것 같습니다. 백정이 소를 잡듯 당신의 발목을 붙잡는 문제들을 해결해야 인생길을 완주할 수 있겠지요. 세 부류의 백정이 있습니다. 칼질이 보통인 백정은 칼을 거칠게 다룹니다. 칼질을 잘하는 백정은 소의 부드러운 부위부터 시작합니다. 칼질의 달인 포정은 뼈마디의 틈새로 칼을 넣어 소를 잡는데, 그 솜씨가 거칠 것 없이 자유롭고 자연스럽습니다. 처세의 경지도 이처럼 세 부류로 나눌 수 있습니다. 하나는 '독야청청'형 처세입니다. 융통성 없는 이들은 자신한테 별 무소득이란 것을 뻔히 알면서도 강경 일변도로 만사를 처리합니다. 독일 철학자 쇼펜하우어Arthur Schopenhauer가 꼭 그런 사람이었습니다. 쇼펜하우어는 서른에 그의 대표작 『의지와 표상으로서의 세계』를 발표했으나 세간의 관심은 적었지요. 하지만 그는 기죽지 않고 말했습니다. "내가 이 시대와 맞지 않는 게 아니라면, 이 시대가 나와 맞지 않은 것이다." 어쨌든 쇼펜하우어는 『의지와 표상으로서의 세계』를 발표한 것이 계기가 되어 베를린 대학의 객원 교수로 초빙됩니다. 그런데 쇼펜하우어 자신은 경멸했지만 당시 최고의 명성을 구가하고 있던 철학자 헤겔과 일부러 같은 시간에 강의를 개설한 것이 문제였습니다. 그의 강의를 신청한 학생 수가 민망할 수준이었으니까요. 그나마도 학생 수가 점점 줄어들어 나중에는 한 명도 남지 않았지요. 강의를 들으려는 학생이 없는데 무슨 수로 버티겠습니까? 그는 결국 조용히 베를린 대학을 떠났고, 그 후로는 제 뜻을 펼칠 기회를 얻지 못하고 여생을 보냈습니다. 쇼펜하우어가 당대 철학계의 거두였던 헤겔과 정면 승부를 한 것은 백정이 칼을 들고 다짜고짜 소머리부터 친 꼴이었습니다. 칼이 동강나거나 칼날이 심하게 훼손되는 것은 누구나 예측 가능한 결과지요. 결국 다시는 쓸 수 없는 칼이 된 것입니다. 물론 장자의 '포정해우' 고사가 융통성 없는 처세를 경계하는 의미만 있는 것은 아닙니다. 염세주의자 쇼펜하우어가 헤겔을 반대한 데는 그 나름의 비극적 인식 위에서 이유 있는 선택이었을 것입니다. 하지만 당초 그가 조금 융통성을 발휘했다면, 그렇게 드러내놓고 헤겔과 맞서지 않았더라면, 그의 인생 후반전이 달라졌을 것입니다. 최소한 조금은 더 즐겁게 여생을 보낼 수 있었을 테지요.

우리는 늘 자신한테 관대합니다. 그리고 늘 자신을 피해자의 위치에 놓습니다. 하지만 지금 우리를 힘들게 하는 문제들 중 상당수는 스스로 자초한 것들입니다. 오늘의 당신은 어제의 당신이 만든 것입니다. 고상함은 좋지만 거만함은 곤란합니다. 뻣뻣하고 억세면 타인과 자주 충돌하게 됩니다. 완충지대가 없기 때문입니다. 마음의 쿠션에 폭신하고 부드러운 솜이 가득하면 외부의 충격도 거뜬히 받아냅니다. 단단하면 부러집니다. 분노는 '나'를 무기로 사용한다고 합니다. 내가 무기가 되면 가장 먼저 다치는 사람이 내가 됩니다. 거만함도 같은 이치입니다. 타인을 불쾌하게 하는 것만으로 끝나지 않습니다. 거만은 저한테도 화를 부릅니다. 조금 부드러워지면 한결 편안합니다.

포정해우

: 순리대로 하면 힘들지 않다

모든 길은 로마로 통한다는 말이 있지만 문제를 해결하고 목표를 완성하는 길은 하나가 아닙니다. 사람들은 대부분은 가까운 길을 선호합니다. 직선으로 곧장 달려가지 못해 발을 동동 구르는 이들도 있습니다. 노정이 짧으면 쏟아야 할 에너지와 시간 등 발생하는 비용이 적다고 생각하는 것이지요. 하지만 장자는 우리와는 생각이 다른 것 같습니다. 장자는 가장 이상적이고 또 가장 쉬운 노선은 에움길이 좀 있기 마련이라고 말합니다. 자연에 직선이 없듯 삶에도 '곧장'은 없는 법이니까요. 포정이 소를 잡는 방법도 그랬습니다. 다짜고짜 칼부터 들이대는 것은 포정한테는 있을 수 없는 일입니다. 어떻게 하면 신과 같은 경지에 이를 수 있느냐 묻는 문혜군文惠君에게 포정이 말합니다. 그것은 기술을 익히지 않고 '자연의 도'를 얻은 덕분이라고요.

자연의 이치에 따라 힘줄의 틈새를 벌리고
뼈마디의 큰 틈으로 들어가는 것은 소 본래의 구조를 따르는 일입니다.
뼈와 힘줄이 엉켜 있는 부위를 잘 가르는 일도 실수한 적 없으니
하물며 크나큰 뼈야 말할 필요가 있겠습니까!

依乎天理 批大卻,
의 호 천 리 비 대 각
導大窾 因其固然 。
도 대 관 인 기 고 연

263

技經肯綮之未嘗,
기 경 긍 경 지 미 상

而況大軱乎 。
이 황 대 고 호

<養生主>

　포정의 비결은 소가 가진 본래의 자연을 따르는 것이었습니다. 먼저 소 몸의 구조를 완벽히 파악합니다. 그리고 힘을 가장 덜 들이고 칼을 쓸 수 있는 소의 부위를 찾습니다. 소 몸에 난 길을 따라 칼을 쓰면 힘 들지 않고 소도 고통을 느끼지 못합니다. 칼이 제 몸에 난 길로 들어왔기에 소가 전혀 아프지 않은 것입니다. 어떤 마찰도 저항도 없이 칼을 쓰니 19년을 썼어도 칼은 방금 숫돌로 간 것처럼 예리합니다. 문혜군은 포정의 말을 듣고 양생養生의 도를 터득했다며 감탄합니다. 어디 양생뿐 이겠습니까? 관계의 문제도 순리대로 풀면 어렵지 않습니다. 정작 어려운 것은 사람의 마음입니다. 욕심이 자꾸만 순리를 거스르라고 사람을 부추기기 때문입니다.

　미국은 초기에 서부 개척을 위해 철도 건설이 가능한 노선을 탐사할 목적으로 현지답사팀을 파견합니다. 산을 만나면 산을 폭파해 길을 열고 골짜기를 만나면 다리를 놓아 길을 만들었다면, 최단 거리의 직행노선이 되었을 것입니다. 하지만 거리야 단축될지 몰라도 현명한 판단은 아니지요. 산을 만나면 산을 돌아가고 강을 만나면 강을 건너가야 하지요. 문제는 이 산을 돌면 저 골짜기를 만나고, 이 강을 건너면 저 산을 만나는 것이었습니다. 답사팀은 나중에야 아메리카 들소인 버펄로들이 중서부 대평원을 가로질러 이동하는 길이 철도 부설에 가장 적합한 노선임을 알게 됩니다. 동물적 감각이 찾은 길이 가장 '자연스러운 노선'이라는 사실을 깨달은 것입니다.

자연에 순응하면 저항이 적습니다. 만물이 스스로 어울리는 자연에의 순응은 목적을 이루는 가장 화평하고 원만한 길입니다. 사회생활의 어려움을 꼽으라면 사람들은 대부분 '인간관계'를 1순위로 말합니다. 나도 잘 모르는데 남의 속을 어찌 잘 알겠나 싶지만, 내 본성과 어긋나 불편한 것은 십중팔구 남들도 그렇습니다. 요즘 많은 기업들이 강조하는 '인성 경영', '인성화 관리'란 것도 직원들 저마다의 타고난 개성을 존중하고 각자가 제 능력을 최대한 발휘하도록 돕는 경영 방식입니다. 문제를 최소화하고 효과는 최대화하는 똑똑한 리더십이지요.

사내 연애를 금지하는 회사들이 있습니다. 성문화된 방침은 아니지만 불문율이지요. 연애 감정이 업무에 방해가 된다는 이유입니다. 결혼 적령기의 애인 없는 그들과 그녀들한테는 상당히 잔인한, 말 그대로 인성에 위배되는 몹쓸 방침이 아닐 수 없습니다. 하루의 반 이상을 직장에서 보내는데, '그럼 대체 난 어디 가서 내 반쪽을 찾으라고?' 홀로 울상을 지을 수도 있을 테지요. 그런데 사내 연애를 권장하며 중매꾼의 역할을 자처하는 회사도 있습니다. 바로 일본 기업 히타치 사입니다. 히타치는 사내 연애를 권장하기 위해 '오작교'를 설치한 것으로 유명합니다. 오작교는 일종의 중매 프로그램입니다. 당사자가 본인의 사진과 학력, 취미, 집안 배경, 체중과 신장 같은 개인 관련 자료를 데이터베이스인 '오작교'에 입력만 하면, 프로그램이 알아서 당사자와 어울릴 만한 대상을 찾아주는 것이지요. 쌍방이 모두 동의하면 '오작교'는 두 사람을 대신해

연락을 하고 약속 일정까지 잡아줍니다. 히타치 사는 이 오작교 프로그램으로 많은 직원들을 결혼시켰습니다. 사내 중매 프로그램으로 반려자를 찾고 가정을 이룬 직원들은 회사에 더욱 충성을 했습니다. 누이 좋고 매부 좋은 결과를 낳은 것입니다.

천리天理를 따르는 것이 순리順理입니다. 본래가 고행인 세상살이, 생긴 대로 살고 흐르는 대로 가고 있는 대로 두는 게 처세의 상책입니다.

물고기를 놀랜 그녀의 미모

: 미추美醜에 대한 천박한 인식

사람의 첫 인상은 대개 그의 외모로 결정됩니다. 외모는 피상적이고 천박한 수준의 인상 평가라는 것을 누구도 모르지 않습니다. 하지만 많은 실험과 연구 조사의 결과는 예외 없이 한 가지 사실 혹은 현실을 보여줍니다. 그것은 거의 모든 사람들이 아름다운 외모를 중요한 기준과 높은 경쟁력으로 인식한다는 점입니다. 예쁘면 착해 보인다고들 말하지요. 반면에 못생긴 사람은 그 아름답지 못한 외모 때문에 손해 보는 일이 적지 않습니다. 심지어 못생긴 사람은 성격도 나쁠 것이라고 생각합니다. 외모로 사람을 평가하는 것은 가장 오래되고 가장 흔하고 가장 심각한 편견의 작용입니다. 장자가 세상이 버려야 할 차별관의 하나로 꼽는 것도 아름다움과 추함에 대한 우리의 평가입니다. '미추'의 평가는 상대적이고 개별적이고 주관적인 것인데, 사람들은 그 사실을 알면서도 모르니 어리석다고 말합니다.

> 모장과 여희는 사람들이 칭송하는 미인이지만
> 물고기는 그녀들을 보고 깊은 물속으로 들어가고
> 새는 그녀들을 보고 높은 하늘로 날아가고
> 고라니와 사슴은 그녀들을 보고 빨리 달아났다.
> 사람, 물고기, 새, 고라니와 사슴 이 네 부류 중
> 과연 누가 천하의 진정한 미색을 아는 걸까?

毛嬙麗姬 人之所美也,
모 장 려 희 인 지 소 미 야

魚見之深入,
어 견 지 심 입

鳥見之高飛,
조 견 지 고 비

麋鹿見之決驟。
미 록 견 지 결 취

四者孰知天下之正色哉。
사 자 숙 지 천 하 지 정 색 재

〈齊物論〉

성어 '침어낙안沈魚落雁'은 절세미인을 형용하는 말로 흔히 쓰입니다만, 원래는 물고기와 기러기가 사람들이 말하는 '아름다움'에 동의할 수 없어서, 감탄은커녕 외려 '너무 놀라' 물 깊은 곳으로 숨었고 기러기가 하늘에서 떨어졌다는 뜻입니다. 아름다움과 추함에 대한 관점은 문화적으로도 큰 차이가 있습니다. 예를 들면, 전족纏足은 여성의 작은 발을 유난히 선호했던 고대 중국 사회의 미적 취향이었지만, 서양인의 눈에는 자

라지 못하고 오그라붙은 여성의 작은 발은 그저 변태적이고 혐오스러운 기형일 뿐입니다. 동서를 불문하고 '붉은 입술에 하얀 이'는 미인의 조건으로 통하지만, 옛날 폴리네시아 사람들은 순홍치백脣紅齒白을 추악한 것으로 생각해서 일부러 입술에 물을 들이고 이에 흑칠을 했다고 합니다. 인도네시아 수마트라 섬의 소녀들은 이를 톱니 모양으로 갈아 '예쁘게' 다듬는다고 합니다. 동시대 동일한 문화권일지라도 미추에 대한 견해는 그야말로 백인백색百人百色입니다. 개인적 취향의 차이가 미추에 대한 제각각의 기준을 만든 것이지요. 장자는 이러한 미적 취향의 차이와 관련해 재미있는 예화를 들고 있습니다.

절름발이요 꼽추요 언청이인 자가
위나라 영공靈公에게 가서 유세를 했는데
영공이 그를 매우 좋아했다.
그 후로 몸이 온전한 사람을 보면
오히려 그이의 목이 너무 가냘프게 보였다.

闉跂支離無脤
인 기 지 리 무 신

說衛靈公,
세 위 령 공

靈公說之。
영 공 열 지

而視全人,
이 시 전 인

其脰肩肩。
기 두 견 견
<德充符>

 당신이 그 혹은 그녀를 사랑하는 이유는 그 혹은 그녀의 무엇이 당신
한테 '아름다움'으로 인식되었기 때문입니다. 반대로 당신이 그 혹은 그
녀를 혐오하는 이유는 그 혹은 그녀의 무엇이 당신한테 '추함'으로 인식
되었기 때문입니다. 그러니까 예쁘기 때문에 사랑하는 게 아니라 사랑
하기 때문에 예쁘게 보이는 것입니다.

 자식이 제 어미를 사랑하는데

 사랑한 것은 어미의 몸이 아니라

 그 몸을 부렸던 정신을 사랑한 것이다.

所愛其母者,
소 애 기 모 자
非愛其形也,
비 애 기 형 야
愛使其形者也。
애 사 기 형 자 야
　　　<德充符>

 그 혹은 그녀의 '무엇(정신)'을 발견하고 사랑하게 되기까지는 시간이
필요합니다. 그래서 사람을 외모로만 평가해서는 안 되는 것입니다. 그
것은 스스로 외모의 속임수에 빠지는 어리석음입니다. 못생긴 친구들만
골라 사귀는 여자들을 간혹 만납니다. 그녀들은 남을 깎아내리거나 저

보다 못한 이들과 있어야만 자기우월감을 느낍니다. 그녀들의 이런 우월 감 배면에는 어쩌면 감추고 싶은 열등감이 있을지도 모르겠습니다. 예쁜 여자 혹은 잘생긴 남자, 아름다운 그들의 환심을 사기 위해 무진 애를 쓰는 이들도 심심치 않게 만납니다. 그들은 연애 상대가 아닌 친구를 사귈 때도 외모를 따집니다. 저 스스로 자신의 천박성과 몰교양을 드러내는 꼴이지요.

요즘은 얼굴뿐 아니라 몸매도 성형하는 세상입니다만, 그래도 외모는 고정적인 것입니다. 그러니까 우리가 마음에 들지 않는다고 쉽게 바꿀 수 있는 것은 아니라는 말입니다. 우리가 바꿀 수 있는 유일한 것은 외모에 대한 우리의 생각입니다. 우리는 사랑하는 사람이나 오래 알고 지낸 사람의 생김새를 호오로 평가하지는 않습니다. 왜냐하면 잘났든 못났든 그의 생김새가 그의 사람됨과는 별개의 문제라는 것을 알기 때문입니다. 실은 누구나 다 아는 자명한 이치입니다. 알면서도 하지 않는 것은 죄라고 하지요. 맞습니다. 열 길 물속보다 더 깊은 사람을 그 생김새로만 평가하는 것은 명백한 죄악입니다. 우리 사회가 적어도 외모 차별로 죄 짓는 일은 이제 그만하면 좋겠습니다.

명名과 실實
: 흔들리지 않는 것을 위하여

사람도 그렇고 일도 그렇고 모두 명名과 실實을 가집니다. '이름'이 밖으로 드러나는 표상이라면, '실질'은 안으로 감춘 고갱이입니다. 고갱이인 '실질'이 표상인 '이름'보다 중요함을 모르지 않지만, 우리가 보게 되는 것은 '실질'이 아닌 '이름'인 경우가 대부분입니다. '이름'을 경영하는 일이 '실질'을 배양하는 일보다 훨씬 쉽습니다. 그래서 많은 사람들은 오히려 '이름'을 중요하게 생각하고 그것을 취하고자 애를 씁니다. 그 결과 어디를 가나 '실질'에 부합하지 않는 '이름'이나 '실질'에 비해 과대 광고된 '이름' 혹은 아예 '실질'은 없고 '이름'만 있는 현상과 마주하게 됩니다. 장자는 '이름이란 실질의 안내자일 뿐이다_{名者, 實之實也}'라는 말로 이름과 실질을 구분하지 못하는 현실의 혼란과 미혹을 경계했습니다.

덕은 명성을 추구하다 무너지고
지혜는 시비 경쟁에서 나타난다.
명성은 서로를 헐뜯게 하는 원인이며
지혜는 서로 다투게 되는 도구다.
이 둘은 흉기와 같아서 함부로 행하면 안 되는 것이다.

德蕩乎名,
덕 탕 호 명

知出乎爭。
지 출 호 쟁

名也者 相軋也。
명 야 자 상 알 야

知也者 爭之器也。
지 야 자 쟁 지 기 야

二者凶器, 非所以盡行也 。
이 자 흉 기   비 소 이 진 행 야
<人間世>

　명성을 얻기 위해 무도한 방법까지 서슴지 않는 까닭에 사회적 분란
은 증폭되고 개인과 개인 간의 신뢰 관계도 흔들리게 됩니다. 공동체를
지탱하는 기본 윤리마저 무너집니다. 이것이 장자가 명성을 사람을 해치
는 흉기라 말하는 이유입니다. 해탈의 길은 명성을 얻으려는 집념을 완
전히 '지양止揚'하는 것에서 시작됩니다. 지양은 더 높은 단계로 오르기
위하여 어떠한 것을 하지 않는 의지, 결연한 선택입니다. 장자가 묘사하
는 노자는 큰 깨달음을 얻은 해탈자의 모습입니다. 다음은 자신을 찾아
온 사성기士成綺를 만난 노자가 건네는 말입니다.

　　무릇 지혜가 교묘하고 신성한 사람은
　　제 스스로 벗어나려고 한다.
　　지난날 그대가 나를 소라고 불렀다면
　　소라고 부르라 말했을 것이다.
　　그대가 나를 말이라고 불렀다면
　　말이라고 부르라 말했을 것이다.
　　만일 그런 실체가 존재하여
　　사람들이 그에게 걸맞은 이름을 지어주었는데 받지 않는다면
　　또 다시 재앙을 만나게 될 것이다.
　　내가 외물에 순응한 것은 그냥 자연 그대로 그렇게 했을 뿐이지

순응하기 위해 순응한 것은 결코 아니었다.

夫巧知神聖之人,
부 교 지 신 성 지 인

吾自以爲脫焉 。
오 자 이 위 탈 언

昔者 子呼我牛也,
석 자 자 호 아 우 야

而謂之牛 。
이 위 지 우

子呼我馬也,
자 호 아 마 야

而謂之馬 。
이 위 지 마

苟有其實,
구 유 기 실

人與之名 而不受
인 여 지 명 이 불 수

再受其殃 。
재 수 기 앙

吾服也恒服,
오 복 야 항 복

吾非以服有服 。
오 비 이 복 유 복

　　　　　〈天道〉

노자의 말인즉 당신이 나를 '소'라 부르든 '말'이라 부르든 나는 신경
쓰지 않겠다는 뜻입니다. 만약 내게 당신이 말하는 그런 실질이 정말 있
다면 내가 부인해도 소용이 없겠지요. 또 만약 내게 그런 실질이 없다면
굳이 내가 신경 쓸 필요도 없기 때문입니다. 셰익스피어가 이런 말을 했
다지요. "이름이 대수인가? 우리가 장미를 장미라 부르지 않고 다른 이

름으로 바꿔 불러도 그것은 여전히 매혹적인 향기를 품고 있을 것인데."
나를 이루는 본질은 매혹적인 향기입니다. 요컨대 핵심은 당신이 나를
소똥이라 부르든 장미라 부르든 이름 따위는 중요치 않다는 인간 존엄
의 주체적 선언인 것입니다. 명성과 지위에 과도하게 집착하는 사람들은
대개가 자아 만족감이 부족합니다. 또 끊임없이 자신에 대해 회의합니
다. 그들은 결핍이 만들어낸 구멍을 명성과 지위로 채워 보상 받고자 합
니다.

　사람을 더욱 미혹시키는 것은 따로 있습니다. 장자는 이와 관련하여
재미있는 예화를 들고 있습니다.

　　장(臧)과 곡(穀) 두 사람은 함께 양을 키웠는데
　　둘 다 양을 모두 잃어버렸다.
　　장에게 일의 영문을 물으니 장은 책을 끼고 독서를 했다고 말하고
　　곡에게 일의 영문을 물으니 곡은 주사위놀이를 했다고 말했다.
　　두 사람이 한 일은 같지 않았지만
　　그 둘이 양을 잃어버린 것은 똑같다.

　　臧與穀二人 相與牧羊,
　　장 여 곡 이 인　상 여 목 양
　　而俱亡其羊 。
　　이 구 망 기 양
　　問臧奚事 則挾筴讀書,
　　문 장 해 사　즉 협 협 독 서
　　問穀奚事 則博塞以遊 。
　　문 곡 해 사　즉 박 새 이 유

二人者事業不同,
이 인 자 사 업 부 동
其於亡羊均也。
기 어 망 양 균 야
〈騈拇〉

　양을 잃은 두 사람 장과 곡이 나옵니다. 이 예화를 아는 사람들은 대부분 장을 동정합니다. 사람들은 장이 비록 양을 잃긴 했지만 책을 읽느라 그런 것이니 용서할 만하다고 생각합니다. 반면에 도박이나 다름없는 주사위놀이에 빠져 양을 잃은 줄도 모른 곡한테는 그 죄를 엄중히 물어야 한다고 생각합니다. 그러나 장자의 생각은 다릅니다. 영문이야 어찌되었든 사건의 본질은 장과 곡 두 사람 모두 똑같다는 사실에 초점을 둡니다. 그러므로 책임도 똑같이 물어야 마땅하다는 것이 장자의 생각입니다. 다른 원인(이름)이 객관적 사실의 인정認定과 판단 작업에 영향력을 행사하는 것은 부당합니다. 명분을 위해 수양산 자락에서 굶어 죽은 백이伯夷와 이욕利慾을 위해 동릉산에서 죽은 도척盜跖, 두 사람이 죽게 된 원인은 다르지만 장자의 눈에 두 사람의 죽음은 똑같은 '생명의 소멸'이었습니다. 죽음은 옳고 그름이나 고결과 비겁을 따질 문제가 아니라는 것입니다. 혹자들은 이런 장자의 견해를 과격하고 극단적이라고 말하기도 합니다만, 과격하고 극단적인 쪽은 오히려 우리입니다. 왜냐하면 우리가 지나치게 원인이나 이름 따위의 형식과 표상에 얽매이고 도취되어 곧잘 진정한 본질을 놓치고 있기 때문입니다.

'대립' 비켜가기

: 그가 정말 나의 적인가

    사람 세상이 번거롭고 힘겨운 까닭은 어떤 문제든 상반된 두 가지 관점을 갖기 때문입니다. 두 가지 관점은 또 각각의 찬반 의견으로 다시 한 차례 분열이 일어납니다. 대립하는 관점은 자연히 옳고 그름과 잘잘못을 따지는 논쟁을 파생합니다. 쟁점이 정치적 의제인 경우에는 행여 목소리 작아서 질세라 기세를 장악하기 위해 배짱이 맞는 동류를 규합하여 하나의 진영을 조직합니다. 대립하는 두 진영이 형성되면 그때부터는 말 그대로 총성 없는 전쟁이 시작됩니다. 상호 비방과 욕설은 기본이고 온갖 포악과 비열이 난무합니다. 타이완의 '남색'과 '녹색' 두 진영의 대립이 '정치 전쟁'의 전형적인 예일 것입니다. 이런 대립과 쟁집爭執을 어떻게 봐야 하는 걸까요?

> 저것은 이것에서 나오고 이것은 저것으로 인하여 만들어진다.
>
> 저것과 이것이 서로를 생성한다는 말이다.
>
> 삶이 있으면 죽음이 있고 죽음이 있으면 삶이 있으며
>
> 가능이 있으면 불가능이 있고
>
> 불가능이 있으면 가능이 있으며
>
> 옳다 여기는 생각으로 인해
>
> 그르다 여기는 생각이 있게 되며
>
> 그르다 여기는 생각으로 인해

옳다 여기는 생각이 있게 된다.

彼出於是, 是亦因彼。
피 출 어 시   시 역 인 피

彼是方生之說也。
피 시 방 생 지 설 야

雖然方生方死, 方死方生,
수 연 방 생 방 사   방 사 방 생

方可方不可,
방 가 방 불 가

方不可方可,
방 불 가 방 가

因是因非,
인 시 인 비

因非因是。
인 비 인 시

<齊物論>

　　장자는 관점의 이원대립성을 인간 사유 방식의 특징으로 이해합니다. 음이 있으면 양이 있고 동쪽이 있으면 서쪽이 있는 이치입니다. 사물이나 사건이 본디 서로 다른 양면을 가진 까닭에 그것을 바라보는 방법 혹은 견해가 상반됨은 지극히 자연스러운 현상입니다. 그런데 단순히 그 다름을 이유로 옳고 그름을 가리지 않고 의견이 같은 사람끼리 한패를 이루어 다른 의견을 가진 이들을 거부하고 물리치는 '당동벌이黨同伐異' 싸움을 합니다. 제 것만이 올바르고 고귀한 진리라 주장하고, 상대편의 것은 어리석고 사악한 오류라 치부합니다. 한 치의 곁도 내주지 않는 맞섬은 그 자체로 공포입니다. 지난날 자본주의와 공산주의의 냉전은 역사 속 살아있는 예입니다. 인류 역사상 가장 위험했던 순간으로 꼽히는

1962년 쿠바 미사일 위기 발발 후, 미·소 양국의 담판이 대치 국면에 빠지면서 긴장감은 더욱 고조되었습니다. 어떻게든 냉각된 분위기를 해소해야겠다고 생각한 소련 측 한 대표가 질문을 하나 던집니다. "자본주의와 공산주의의 다른 점은 무엇인가?" 잠시 후 소련 측 그 대표가 묵묵부답 고요 속 긴장감 자욱한 테이블에 자기 답안을 제출합니다. "자본주의는 사람이 사람을 착취하지만 공산주의는 그 반대입니다." 테이블에 있던 미·소 양국의 대표들이 누가 먼저랄 것도 없이 웃음을 터뜨립니다. 한번 웃고 나자 분위기가 한결 부드러워집니다. 일촉즉발의 위기는 해소되었습니다. 그 답안에 담긴 '사람이 사람을 착취하는' 자본주의의 반대편 역시 '사람이 사람을 착취하는' 공산주의라는 모순적 현실에 대한 풍자와 해학 때문이었습니다. 이것이 바로 장자가 말하고자 하는 바입니다.

이것은 저것이고 저것은 이것이다.

저것은 일면의 시비가 있고 이것도 일면의 시비가 있다.

과연 저것과 이것의 분별이 있는 것인가?

과연 저것과 이것의 분별이 없는 것인가?

저것과 이것이 서로 마주 대하지 않는 것을

도의 추뉴樞紐 라고 말한다.

是亦彼也, 彼亦是也。
시 역 피 야   피 역 시 야

彼亦一是非, 此亦一是非。
피 역 일 시 비   차 역 일 시 비

果且有彼是乎哉。
과 차 유 피 시 호 재

果且無彼是乎哉。
과 차 무 피 시 호 재

彼是莫得其偶,
피 시 막 득 기 우

謂之道樞。
위 지 도 추

〈齊物論〉

　자본주의와 공산주의가 대척점의 양 끝처럼 보이지만 실은 무섭도록 닮은 점이 있습니다. 자신을 닮은 그이한테 왜 칼을 꽂으려 하는 걸까요? 죽자고 덤비면 서로 피만 볼 게 분명한데 말입니다. 대립각을 해제하려면 '다름' 안에 숨은 '같음'을 구해야 합니다. '왼쪽'이든 '오른쪽'이든 모두 사람 머리에서 나온 생각이고 사람의 일입니다. 싸움은 결국 소모전이니 하지 않는 것이 마땅하고 옳은 일입니다. 사실 그냥 상대편이 무슨 얘기를 하는지 잘 들어주기만 해도 싸울 일은 없습니다. 그런데 안타깝게도 사람들은 저와 다른 소리를 들으려 하지 않습니다. 상대편이 제 목소리를 내는 것조차 용납하지 않습니다. 상대편의 소리를 공격으로 받아들이고 방어기제부터 작동합니다. '독선과 편협'에 대처하는 장자의 방법은 이렇습니다.

　손가락으로 '지指'가 손가락이 아니라고 말하는 것보다
　손가락이 아닌 것으로 '지指'가 손가락이 아니라고 말하는 게 낫다.
　백마로 '마馬'가 말이 아니라고 말하는 것보다

279

백마가 아닌 것으로 '마馬'가 말이 아니라고 말하는 게 낫다.

以指 喻指之非指,
이 지 유 지 지 비 지

不若 以非指 喻指之非指也 。
불 약 이 비 지 유 지 지 비 지 지 야

以馬 喻馬之非馬,
이 마 유 마 지 비 마

不若 以非馬 喻馬之非馬也 。
불 약 이 비 마 유 마 지 비 마 야

<齊物論>

이 말은 장자가 전국시대 명가名家의 한 사람인 공손룡公孫龍의 유명한 명제 백마비마론白馬非馬論을 빌려 자신의 견해를 진술한 것입니다. 공손룡은 백마는 색을 가리키는 개념이고 말은 형체를 가리키는 개념이므로 백마는 백마이지 말이 아니라고 주장합니다. '색'과 '형'을 가리키는 개념은 구분된다는 뜻이지요. 그리고 말에는 백마뿐 아니라 흑마黑馬, 황마黃馬 등도 있는데 백마에는 흑마나 황마는 해당되지 않으므로 백마는 백마이지 말이 아니라고 재차 강조합니다. 공손룡의 백마비마론은 명분과 실재를 혼동해서는 안 되며 그 관계를 바로잡아야 바른 정치가 실현될 수 있다는 정치윤리를 설파하려는 비유적 언사였습니다.

그러니까 명분에 빠져 실재를 놓치는 나쁜 결과를 초래하지 않으려면 명분을 내려놓아야 합니다. 이것이 당신이 익숙한 A 관점과 결별해야 할 이유입니다. 왜 A 관점이 A의 문제를 파악하는 데 걸림돌로 작용할까요? 그것은 당사자는 모르는 어리석음에 빠지기 때문입니다. 너무 익숙하므로 A의 맹점과 문제를 발견하지 못하는 것이지요. 하지만 A 관점의 저편에 있는 B 관점으로 A를 보면 그 전모를 비교적 명확하게 인식할 수 있습니다. 숲 안에 있으면 숲의 전체 모습을 볼 수 없는 이치와 같은 것입니다.

"넓게 들으면 밝아지고 좁게 들으면 어두워진다." 중국 역사상 직언을 가장 잘한 신하로 꼽히는 당나라 명신名臣 위징魏徵이 남긴 말입니다. 양극단으로 갈라진 우리 사회의 화해와 화목을 위해 피아를 구분하지 않고 문제의 본질을 분석하는 '탐구자', 역지사지의 태도로 상대를 이해하고 자신을 살피는 '성찰자'가 절실합니다.

성인聖人과 대도大盜
: 인의와 도덕의 안개 걷어내기

좋은 사람과 나쁜 사람이 있습니다. 아니, 그렇게 나눕니다. 좋은 사람은 법을 잘 지킵니다. 정치正治의 도를 말하는 '사유四維' 예법과 정의와 청렴과 부끄러움, 관계의 윤리를 말하는 '팔덕八德' 인仁 의義 예禮 지智 충忠 신信 효孝 제悌를 삶의 가치관으로 삼고 실천하는 사람, 이른바 성인聖人이 좋은 사람의 표본입니다. 나쁜 사람은 법을 무시합니다. 불인不仁하고 불의不義합니다. 한의학에서 '不仁'은 몸의 감각이 마비된 상태를 말합니다. 어질지 않음은 도덕성이 마비된 것입니다. 나쁜 사람은 염치를 모릅니다. 남의 것을 빼앗아 제 것으로 취하는 대도大盜가 나쁜 사람의 전형입니다. 나쁜 사람을 좋은 사람으로 개조하고 범속한 사람이 타락하지 않도록 도덕윤리를 '교육'해야 한다고 우리는 알고 있습니다. 그런데 장자는 '성인이 죽어야 대도가 사라진다.'고 말합니다. 이 말은 사람을 선과 악으로 구분하는 경직된 차별관에 대한 반발과 유교적 도덕주의에 대한 거부를 선언하는 장자적 표현입니다.

> 도道를 잃은 후에 덕德이 생기고
> 덕을 잃은 후에 인仁이 생기고
> 인을 잃은 후에 의義가 생기며
> 의를 잃은 후에 예禮가 생긴다.
> '예'는 도의 겉치레며 재난의 발단이다.

失道而後德,
실 도 이 후 덕

失德而後仁,
실 덕 이 후 인

失仁而後義,
실 인 이 후 의

失義而後禮。
실 의 이 후 례

禮者 道之華 而亂之首也。
례 자 도 지 화 이 란 지 수 야

〈知北遊〉

    장자의 생각은 이렇습니다. 저 아득한 먼 옛날 상고시대 사람들은 다만 자연의 도와 천성의 덕을 따라서 순박하고 무위無爲한 삶을 살았습니다. 그런데 사람들이 도리와 시비선악을 판단하는 지혜가 조금씩 열리게 되면서 타고난 도덕을 점점 잃어버리게 되었습니다. 그러자 '성인'이란 자가 나타나 인의仁義와 예법 따위로 사람들의 생각과 행동을 규제하고 속박하기 시작했습니다. 하지만 그러면 그럴수록 모든 게 더 나빠져만 갔습니다. 왜냐하면 '성인'이란 자들은 자신들이 만든 도덕을 위해 가짜를 만드는 무리였기 때문입니다. 이렇게 해서 온갖 거짓과 위선이 난무하는 세상이 된 것입니다. 즉 천하의 타락은 바로 '예법'에서 비롯된 것입니다. 도덕을 가르치는 것이 행악을 돕는 꼴입니다. 도덕에 맞추고자 위선을 행하는 가짜들만 늘어납니다.

장자의 눈에 비친 성인과 대도는 '겉만 다르고 속은 똑같은' 한 쌍입니다. 29장 「도척」을 보면 천하를 횡행하며 약탈을 일삼는 대도 도척을 교화하기 위해 공자가 직접 그를 찾아갑니다. 그런데 도척은 자신을 찾아온 공자에게 크게 화를 내며 꾸짖습니다.

지금 그대는 문왕文王과 무왕武王의 도를 닦아

천하의 여론을 장악하여 후세를 가르치고

소매가 큰 옷을 입고 넓은 띠를 두르고서

거짓된 말과 행실로

천하의 군주를 미혹하여 부귀를 구하려고 하니

그대보다 더 큰 도적이 없다.

그런데 천하는 왜 그대를 도구盜丘라 부르지 않고

오히려 나를 도척盜跖이라고 부르는가?

今子修文武之道,
금 자 수 문 무 지 도

掌天下之辯 以敎後世,
장 천 하 지 변 이 교 후 세

縫衣淺帶,
봉 의 천 대

矯言僞行,
교 언 위 행

以迷惑天下之主, 而欲求富貴焉,
이 미 혹 천 하 지 주   이 욕 구 부 귀 언

盜莫大於子。
도 막 대 어 자

天下何故, 不謂子爲盜丘,
천 하 하 고   불 위 자 위 도 구

而乃謂我爲盜跖。
이 내 위 아 위 도 척

<盜跖>

도척은 공자가 혹세무민惑世誣民하여 부와 명성을 탐내는 도적이므로 보통 도둑들과는 비교도 안 되는 천하를 훔치려는 자라고 말합니다. 그러니까 미국 미네소타 대학교 심리학 교수인 데이비드 리켄David Lykken의 지적처럼 영웅과 악당은 서로 유사한 캐릭터를 갖고 있는 것입니다. 성聖은 무엇이고 도盜는 무엇입니까? 사실 세상은 이중적 잣대를 들이대는 경우가 많습니다. 부조리와 모순이 생산되는 지점이지요.

낚싯바늘을 훔친 자는 죽임을 당하고
나라를 훔친 자는 제후가 되는데
제후가 되면 그 가문에 인의仁義가 생기니

284

이는 곧 인의와 성지聖智를 훔친 것 아닌가?

彼竊鉤者誅,
피 절 구 자 주

竊國者爲諸侯,
절 국 자 위 제 후

諸侯之門 而仁義存焉,
제 후 지 문 이 인 의 존 언

則是非竊仁義聖知邪。
즉 시 비 절 인 의 성 지 사

〈胠篋〉

　도척은 자신을 따르는 무리에게 '도둑질에도 도가 있다盜亦有道.'고 말합니다. 남의 집 안에 감춰진 재물을 짐작해 알아냄이 성聖이요, 먼저 들어감이 용勇이요, 뒤에 나옴은 의義요, 도둑질의 가부를 앎이 지知요, 도둑질한 것을 고르게 나눔이 인仁이라고 설명합니다. 장자가 도척의 입으로 다시 말합니다. '세상에는 이른바 성인의 도를 따르는 척하며 악행을 일삼는 이들은 많지만 참되고 성실한 마음으로 바른 길을 가는 선인善人은 지극히 드물다. 성인이 주장하는 인의나 예법 따위는 천하를 이롭게 하기보다는 해롭게 하는 것이 더 많다. 성인이 계속 존재하는 한 거짓 인의를 빌려 도적질을 하는 무리는 사라지지 않을 것이다. 그런고로 성인이 죽어야 비로소 도적질이 그칠 것이다.'

　도덕과 법률에 대한 장자의 냉소는 독일의 계몽주의 사상가인 게오르크 리히텐베르크Georg Christoph Lichtenberg가 한 말을 생각나게 합니다. '공정하고 바르게 일을 하는데 뭔가를 많이 알아야 할 필요는 없다. 하지만 버젓이 떳떳하게 불의와 비리를 행하려면 필히 법을 잘 알아야 한다.'

다소 과격하지만 일리와 근거가 충분한 말입니다. 장자의 관점을 모두 수용할 필요는 없습니다. 그러나 도덕 교육과 사회 정의의 관계, 성인과 대도, 영웅과 악당, 호인과 악인을 정의하고 구분하는 문제만큼은 진지하게 살펴야 합니다. 2천여 년 전의 장자를 호출하게 만드는, 도덕의 가면을 쓴 협잡꾼들이 날뛰는 당대의 현실을 살펴야 합니다.

사람을 아는 밝음知人之明
: '허상虛像' 깨부수기, '미망迷妄' 벗어나기

'지피지기, 백전백승' 굳이 말하지 않아도 모두가 알고 인정하는 것입니다. 혼자가 아닌 더불어 살아가는 사회적 동물로서 우리는 자신을 알고 사람을 볼 줄 알아야 합니다. 우선 자신을 알면 억지와 어색이 없습니다. 스스로 편안하면 그도 당신을 편하게 대합니다. 자연스러움의 미학이란 그런 것입니다. 남을 알면 불필요한 실수를 줄일 수 있습니다. 관계를 만들고 일을 진행하는 데 도움이 됨은 물론입니다. 그런데 문제는 사람을 아는 일이 쉽지 않다는 점입니다. 사람을 아는 일이 쉽다면 인간관계 때문에 어려울 문제도 없을 것입니다. 그래서 우리는 우리에게 비교적 익숙한 방법을 선택합니다. 사람의 겉을 보고 판단하는 것이지요. 그러나 누구나 아는 익숙한 방법으로는 어려운 문제를 풀 수 없습니다. 장자가 안타까워하는 지점이지요.

눈으로 볼 수 있는 것은 형과 색이다.

귀로 들을 수 있는 것은 명칭과 소리다.

슬프도다!

세상 사람들은 형과 색, 명칭과 소리로 사물의 실상을 족히 알 수 있

다고 생각한다.

무릇 형과 색, 명칭과 소리로는 사물의 실상을 알기에는 부족하다.

알고 있는 지자知者는 말하지 않고 말하는 언자言者는 알지 못하거늘

세상 사람들이 어찌 그 이치를 알겠는가?

故視而可見者, 形與色也 。
고 시 이 가 견 자　형 여 색 야

聽而可聞者, 名與聲也 。
청 이 가 문 자　명 여 성 야

悲夫 。
비 부

世人以形色名聲, 爲足以得彼之情 。
세 인 이 형 색 명 성　위 족 이 득 피 지 정

夫形色名聲, 果不足以得彼之情 。
부 형 색 명 성　과 부 족 이 득 피 지 정

則知者不言, 言者不知 。
즉 지 자 불 언　언 자 부 지

而世豈識之哉 。
이 세 기 식 지 재

<天道>

　우리는 사람을 처음 만나면 보통 그의 형形, 색色, 명名, 성聲에 의지해 '첫 인상'을 만듭니다. 그 '첫 인상'은 또 대개 익히 알려진 특징 아닌 특징들과 결합되어 그의 고정적 이미지를 형성합니다. 이목구비가 또렷한

잘생긴 얼굴은 선량하고 사랑스러워 보입니다. 말을 잘하는 사람은 똑똑하고 활발해 보입니다. 이런 식의 거칠고 엉성한 판단은 오류가 많은 데도 바꾸기가 쉽지 않습니다. 공자가 말했습니다. "나는 말로 사람을 취하여 재여를 잘못 보았으며, 용모로 사람을 취하여 자우를 잘못 보았다吾以言取人, 失之宰予; 以貌取人, 失之子羽."

공자의 이런 전과前科 때문이었을까요? 장자는 32장 「열어구列禦寇」편에서 공자의 입을 빌려 다시 한 번 말합니다.

> 무릇 인심은 산천보다 험악하고
>
> 하늘보다 예측하기 어렵다.
>
> 하늘의 기후는 춘하추동과 낮밤의 일정한 변화 법칙이 있지만
>
> 사람은 그 용모가 복잡하고 그 마음이 깊은 곳에 있기 때문이다.
>
> 어떤 이는 외모는 공손하지만 내심은 교만하며
>
> 겉으로는 어른 같지만 그 속은 어리석고
>
> 겉으로는 유순했다 격렬했다 하지만 속은 사리에 통달하며
>
> 겉으로는 강해 보이지만 내심은 유약하며
>
> 겉으로는 느긋하지만 내심은 조급하다.
>
> 그러므로 목마른 것처럼 인의仁義를 구하던 사람이
>
> 의를 버릴 때는 급하기가 불과 같다.

凡人心險於山川,
범 인 심 험 어 산 천

難於知天 。
난 어 지 천

天猶有春夏秋冬 旦暮止期,
천 유 유 춘 하 추 동　단 모 지 기

人者厚貌深情。
인 자 후 모 심 정

故有貌愿而益,
고 유 모 원 이 익

有長若不肖,
유 장 약 불 초

有順懁而達,
유 순 환 이 달

有堅而緩,
유 견 이 완

有緩而釬。
유 완 이 한

故其就義若渴者,
고 기 취 의 약 갈 자

其去義義若熱。
기 거 의 의 약 열

<列禦寇>

　　내 마음 나도 몰라, 라고들 합니다. 하물며 남의 마음을 헤아리는 일
은 더욱 어렵지 않겠습니까? 도무지 종잡을 수가 없지요. 그래서 우리
는 쉽고 편하게 세상의 '매뉴얼'대로 사람을 평가하고 판단합니다. 영악
한 사람은 화려한 외모와 언사에 현혹되는 대중의 심리를 이용해 자신
의 이미지를 조작합니다. 심심치 않게 보도되는 연예계 스타나 정치인
의 각종 스캔들을 보고 대중이 가장 많이 느끼는 감정은 배신감과 분
노입니다. 자신의 믿음(혹은 판단)을 저버린 그들에게 화를 내는 것이지
요. 사람을 잘못 보지 않으려면, 무엇보다 먼저 '매뉴얼'을 버려야 합니
다. 사람을 알 수 있는 매뉴얼 같은 것은 없으니까요. 있다면 그것은 고

정관념이나 편견이겠지요. 최소한 '스펙' 따위에 미혹되는 일은 없어야지요. 「전자방」편을 보면 노나라 애공哀公과 장자가 만나는 이야기가 나옵니다. 애공이 자신을 찾은 장자에게 말합니다. 노나라에는 유교를 신봉하는 이들이 대부분이라 장자의 도학道學을 믿을 사람은 없을 것이라고요. 그런데 장자는 노나라에 유생이 몇 되지 않는다고 말합니다. 애공이 장자에게 되묻습니다. "노나라 어디를 가든 선비 복장을 한 이들을 만날 수 있거늘, 무슨 연유로 그대는 노나라에 유생이 적다고 말하는 것이오?" 장자가 답합니다. "유학儒學을 안다고 꼭 선비 차림을 하지는 않습니다. 또 선비 옷을 입었다고 해서 반드시 유학을 아는 것은 아닙니다." 장자는 한 술 더 떠 애공에게 이런 제의를 합니다. 유학을 모르면서 선비 복장을 하는 사람은 앞으로 죽을죄로 다스린다는 명을 내리라고요. 애공은 장자의 말을 듣고 바로 명을 내립니다. 결과는 아니나 다를까, 노나라에 선비 차림을 한 사람은 딱 한 명 남았다고 합니다. 그 많던 선비들은 다 어디로 갔을까요?

그럴듯한 외양을 가진 사람들은 많습니다. 빵빵한 스펙이 죄가 아니듯 번듯한 외모도 죄는 아닙니다. 화려한 겉모습에 현혹된 자신을 탓할 문제이지 그의 잘못은 아니라는 말입니다. 우리를 미망에 빠뜨리는 것은 겉모습만이 아닙니다. 우리는 상대의 친절과 호의에 매우 취약합니다. '주리고 목마른 자처럼 인의를 좇는 사람은 그것을 버릴 때도 불길을 피하듯 재빠르다.'고 하였습니다.

면전에서 남을 치켜세우기 좋아하는 사람은

등 뒤에서는 비방하기 좋아한다.

好面譽人者,
호 면 예 인 자

亦好背而毀之。
역 호 배 이 훼 지

〈盜跖〉

가식과 위선이 무서운 이유는 언제든 가면만 벗으면 그 흉악한 몰골이 드러나기 때문입니다. 장자의 의도를 '아무도 믿지 말라' 식의 세상과 인간에 대한 불신과 염오로 곡해하는 이들이 간혹 있습니다만, 그렇지 않습니다. 장자는 관계와 소통의 중요성을 강조한 대표적 철학자입니다. 장자는 그래서 관계와 소통을 방해하는 '가짜들'에 눈과 귀가 멀지 않도록, '허상'을 부수고 '미망'에서 벗어나 제대로 보도록, 인식의 필터링이 오류 없이 작동하도록, 마음의 예방 주사를 맞으라고 말하는 것입니다.

사람을 알아보는 방법

: 여덟 가지 병통, 아홉 가지 징표

그가 의도적으로 내게 심은 첫 인상이든, 내가 세상의 매뉴얼에 따라 그에게 입힌 첫 인상이든, 그것은 우리가 사람을 제대로 못 보게 만드는 '허상'인 경우가 많습니다. 그런 허상들이 일으키는 판단의 오류를 피하고 인식의 필터링이 제대로 작동하도록 마음의 예방 주사를 맞는 것 말고, 장자는 다시 한 번 공자의 입을 빌려 아홉 가지 검증 방법을 제시하고 있습니다.

그러므로 군자를 멀리 사신으로 보내 그의 충성됨을 살피고

가까이에 두고 부리면서 그의 공경심을 살피고

번거롭고 까다로운 일을 시켜서 그의 능력을 살피고

갑작스러운 질문을 던져 그의 기지機智를 살피고

긴박한 임무를 수행케 해서 그의 신의를 살피고

재물을 맡겨서 그의 청렴을 살피고

위급한 상황임을 알려서 그의 절개를 살피고

술에 취하게 한 후에 자신을 잃지는 않은지 살피고

남녀를 섞어 살게 하여 색色에 미혹되는지 살핀다.

이 아홉 가지를 살펴보면

불초한 자를 알아볼 수 있다.

故君子遠使之 而觀其忠,
고 군 자 원 사 지 이 관 기 충

近使之 而觀其敬,
근 사 지 이 관 기 경

煩使之 而觀其能,
번 사 지 이 관 기 능

卒然問焉 而觀其知,
졸 연 문 언 이 관 기 지

急與之期 而觀其信,
급 여 지 기 이 관 기 신

委之以財 而觀其仁,
위 지 이 재 이 관 기 인

告之以危 而觀其節,
고 지 이 위   이 관 기 절

醉之以酒 而觀其側,
취 지 이 주   이 관 기 측

雜之以處 而觀其色。
잡 지 이 처   이 관 기 색

九徵至,
구 징 지

不肖人得之。
불 초 인 득 지

〈列禦寇〉

　　진리를 검증하는 유일한 기준이 실천인 것처럼, 한 사람의 됨됨이를 알려면 그의 행동을 잘 살피는 일이 무엇보다 중요합니다. 비교적 정확한 데이터를 제공하니까요. 31장 「어부」편에도 한 사람의 언행을 살피는 지침으로 여덟 가지 특징을 언급하고 있습니다.

　　제 일도 아니면서 나서서 하는 것을 '주제넘음'이라 한다.

　　아무도 돌아보지 않는데 끼어들어 떠드는 것을 '망령'이라 한다.

　　상대의 뜻에 영합하여 말하는 것을 '아첨'이라 한다.

　　시비를 가리지 않고 떠받들어 말하는 것을 '아부'라 한다.

　　남의 잘잘못을 떠들기 좋아하는 것을 '참소'라 한다.

　　오랜 우정을 갈라놓고 사귐을 끊게 만드는 것을 '이간질'이라 한다.

　　거짓으로 찬미하여 상대를 무너뜨리는 것을 '사특함'이라 한다.

　　선악을 가리지 않고 자신의 이익만 챙기는 것을 '음험함'이라 한다.

非其事而事之, 謂之摠。
비 기 사 이 사 지　　위 지 총

莫之顧而進之, 謂之佞。
막 지 고 이 진 지　　위 지 녕

希意道言, 謂之諂。
희 의 도 언　　위 지 첨

不擇是非而言, 謂之諛。
불 택 시 비 이 언　　위 지 유

好言人之惡, 謂之讒。
호 언 인 지 악　　위 지 참

析交離親, 謂之賊。
석 교 리 친　　위 지 적

稱譽詐僞 以敗惡人, 謂之慝。
칭 예 사 위　　이 패 악 인　　위 지 특

不擇善否, 兩容頰適,
불 택 선 부　　량 용 협 적

偸拔其所欲, 謂之險。
투 발 기 소 욕　　위 지 험

<漁夫>

　　이런 병통들을 가진 사람은 위험합니다. 밖으로는 다른 사람을 미혹
과 혼란에 빠뜨리고 안으로는 자신을 다치게 합니다. 그래서 어진 군자
는 그와 벗하지 않으며 밝은 군주는 그를 신하로 삼지 않는다고 하였습
니다. 『자치통감資治通鑑』에 이런 기록이 있습니다. 당唐의 태종太宗이 하루는
산책을 하다가 큰 나무 아래서 걸음을 멈추고 둘러보며 말했습니다. "이
나무는 참으로 잘 생겼소!" 옆에서 있던 장군 우문사급宇文士及이 바로 맞
장구로 영합하며 나무에 대한 찬사를 끝도 없이 늘어놓았습니다. 당 태
종이 정색한 얼굴로 말합니다. "위징이 아첨하는 소인배를 멀리하라 간
언할 때 짐은 그가 말하는 소인배가 누구인지 잘 몰랐으나, 심중에 줄

곧 의심이 드는 자가 그대였소. 오늘 마침 그대의 말을 듣고 짐은 확실히 알았소. 그대가 바로 아첨하는 소인배라는 것을!" 우문사급은 실색하여 머리를 조아리며 사죄했습니다. 근거 없이 사람을 의심하는 것은 옳지 않습니다. 하지만 지혜가 밝은 사람은 상대의 찬사나 아첨에 흔들려 자신을 잃는 법이 결코 없습니다. 여덟 가지 병통 말고도 사람을 볼 때 살펴야 할 다음의 네 가지가 있습니다.

큰일을 도모하기 좋아해 상리常理와 상정常情을 바꾸어 공명을 드러내려 함을 무엄함이라 한다.

자신의 지혜를 믿고 독단으로 행하며 타인의 것을 침범하고 자기만이롭게 함을 탐욕이라 한다.

잘못을 알면서도 고치지 않고 충고를 듣고도 오히려 억지를 부리는 것을 완고함이라 한다.

다른 사람의 뜻이 자기 생각과 같으면 옳다 하고 다르면 옳은 것도 그르다 함을 교만이라 한다.

好經大事, 變更易常, 以挂功名,
호 경 대 사　변 경 이 상　이 괘 공 명

謂之叨。
위 지 도

專知擅事, 侵人自用,
전 지 천 사　침 인 자 용

謂之貪。
위 지 탐

見過不更, 聞諫愈甚,
견 과 불 경　문 간 유 심

謂之很。
위 지 흔

人同於己 則可, 不同於己, 雖善不善,
인 동 어 기   즉 가   부 동 어 기   수 선 불 선

謂之矜。
위 지 긍

<漁父>

앞에서 열거한 이러저러한 병통들은 나에게도 예외는 아닙니다. 타인을 평가하는 잣대로 쓰기 전에 먼저 자신을 엄격하게 단속하는 기준으로 삼아야 합니다. 스스로 자신을 살피고 삼가면 내게 이롭습니다. 내가 먼저 삼가면 상대도 함부로 하지 못합니다. 덕으로써 덕을 만드는 이치입니다. 이렇게 하면 불필요한 마찰이 없으니 관계가 평안합니다. 평화의 세상은 거창한 무엇으로 만들어지지 않습니다. 평화는 다만 스스로 돌아보는 일, 성찰에서 시작될 것입니다.

만물의 변화를 타고 노니는 마음

: 비판과 충고의 기술

타인과의 교류가 지속되면 그의 생각들, 그가 사람을 대하고 일을 처리하는 태도와 품성의 '다름'을 발견하게 됩니다. 그 '다름' 중에는 동의하기 어려운 것도 있어서 한 마디 해주고 싶을 때가 종종 있습니다. 충고의 대상이 친구나 동료인 경우라면 입 다물고 가만히 있는 것은 일종

의 직무유기라는 생각마저 듭니다. 하지만 사람들은 대개 비판이나 충고를 달가워하지 않습니다. 그도 그럴 것이 비판이나 충고는 그것을 받는 이에게 자신이 상대보다 못하다는 '열등감' 따위의 불쾌한 감정과 더불어 거부감을 불러일으키기 때문입니다. 비판이나 충고의 '기술'이 필요한 이유입니다. 특히 그것을 받을 상대의 감정을 살피는 일이 무엇보다 중요합니다.

옛날 덕이 지극한 '지인至人'은
먼저 자신부터 단정케 한 후에 다른 사람의 단정함을 구했다.
자신도 온전히 단정치 못하면서
어찌 포악한 자의 소행을 바로잡을 수 있겠는가!

古之至人,
고 지 지 인
先存諸己 而後存諸人。
선 존 제 기 이 후 존 제 인
所存於己者未定,
소 존 어 기 자 미 정
何暇至於暴人之所行。
하 가 지 어 폭 인 지 소 행
〈人間世〉

답실답실 내리덮인 제 구레나룻은 생각 않고 상대의 수염이 길다고 깎으려 드는 꼴이라면, 십중팔구 그것은 부메랑이 되어 돌아올 게 뻔합니다. 또 자타가 공인하는 방정方正한 이가 하는 비판과 충고라 해도 너무 가혹하면 도리어 상대의 반감을 사기에 딱 좋습니다. 상대가 격분하여 보복을 가할 수도 있는 노릇입니다.

> 강직과 인의仁義와 규범에 맞는 말이라도
>
> 포악한 자 앞에서 내세워 말하면
>
> 이는 타인의 악한 행실로 자신의 미덕美德을 자랑하는 것이니
>
> 이를 일컬어 '재앙을 부르는 사람'이라 한다.
>
> 남에게 재앙을 주면 반드시 다른 사람도 그에게 재앙으로 갚는다.

> 以强以仁義 繩墨之言
> 이 강 이 인 의   승 묵 지 언
>
> 術暴人之前,
> 술 폭 인 지 전
>
> 是以人惡有其美也,
> 시 이 인 악 유 기 미 야
>
> 命之曰菑人 。
> 명 지 왈 치 인
>
> 菑人者 人必反菑之 。
> 치 인 자   인 필 반 치 지
>
> <人間世>

비판과 충고의 가장 큰 어려움은 분별을 알고 지키는 것입니다. 거부감을 주지 않으면서 상대의 질적인 변화를 이끌어내는 비판과 충고라면 더할 나위 없이 좋을 것이지만, 결코 쉽지 않습니다. 말 한 마디만 잘못해도 비판은 비난이 되고 충고는 참견이 되기 때문입니다. 장자의 처방은 이렇습니다.

몸은 그를 따르고 마음은 그와 어울리는 것이 좋다.

비록 그렇게 한다고 해도, 이 두 가지 태도에는 걱정거리가 있다.

따르되 빠져들지 않으며 어울리되 드러나지 않아야 한다.

지나치게 따르다가 빠져들면

뒤집어지고 멸망하며 무너지고 넘어질 것이다.

어울리면서도 스스로를 지나치게 드러내려 하면

명성을 얻기 위해 요사를 부리는 꼴이 될 것이다.

그가 어린아이가 되면 당신도 그와 더불어 어린아이가 되라.

그가 경계를 나누지 않으면 당신도 그와 경계를 나누지 말라.

그가 예법에 얽매이지 않으면

당신도 그와 더불어 예법에 얽매이지 말라.

그가 먼저 당신을 배척하지 않고 받아들여야

당신이 그를 동화시킬 수 있다.

形莫若就, 心莫若和 。
형 막 약 취   심 막 약 화

雖然 之二者有患 。
수 연   지 이 자 유 환

就不欲入, 和不欲出 。
취 불 욕 입   화 불 욕 출

形就而入,
형 취 이 입

且爲顚爲滅 爲崩爲蹶 。
차 위 전 위 멸   위 붕 위 궐

心和而出,
심 화 이 출

且爲聲爲名 爲妖爲孼 。
차 위 성 위 명   위 요 위 얼

彼且爲嬰兒, 亦與之爲嬰兒。
피 차 위 영 아 　 역 여 지 위 영 아

彼且爲無町畦, 亦與之爲無町畦。
피 차 위 무 정 휴 　 역 여 지 위 무 정 휴

彼且爲無崖, 亦與之爲無崖。
피 차 위 무 애 　 역 여 지 위 무 애

達之入於無疵。
달 지 입 어 무 자

<人間世>

'그가 어린아이가 되면 당신도 그와 더불어 어린아이가 되는 것'은 상
대의 입장에서 문제를 생각하는 일입니다. 참견은 같잖고 불쾌하지만,
상대에 대한 진정 어린 관심과 배려에서 출발한 비판과 충고는 감동이
고 감사입니다. 연금술사로 유명한 독일 상인 헨니히 브란트Hennig Brand가
말했다지요. "내가 당신한테 물건을 팔아야 한다면, 난 영어로 말할 것
이오. 그러니 당신도 나한테 물건을 팔고 싶다면, 독일어로 말하시오."
브란트는 상인으로서 갖춰야 할 덕목을 말한 것입니다. 고객의 입장에
서는 말이 통하는 상인의 물건을 사는 것이 당연한 일이지요. 상대의
입장에 서는 것은 아첨이나 비굴이 아닙니다. 그것은 이를테면 성의 표
시입니다. '나는 당신의 입장에서 문제를 보고 논할 생각이 있어요.'라고
상대에게 전달하는 것입니다.

　'그를 변화시키려면 그의 입장에서 생각하고 말하라!'가 장자가 전하
는 조언이지만, 사실 장자는 상대가 자신의 의견을 수용하고 변화에 힘
쓸 것을 주장하지 않습니다. 장자는 오히려 만물의 변화를 타고 노니는
마음, '승물유심乘物遊心'을 말합니다. 그것은 만물의 변화를 인위로 어찌할

도리가 없음을 받아들이고 마음의 중심을 기르는 일이 최선의 방법이라는 뜻입니다. 마땅히 할 일을 하고 결과를 다만 순리에 맡겨라, 라고 말하는 것입니다. 한 일을 마음에 걸어두지 말라는 뜻입니다.

제7편 | 마음의 상처를
없애려면

고요함을 얻는 첫 걸음은 자신의 마음 바탕에 원래 고요가 있었음을 깨닫는 일이다. 그러니까 정확히 말하면 얻는 것이 아니라 잃어버린 고요를 되찾는 것이다. 물로 거울을 삼을 때는 흐르는 물보다 고인 물이 좋다. 거울은 스스로 보내지도 않고 맞이하지도 않는다, 다만 변화에 응할 뿐 안에 두지 않는다. 마음 씀을 거울과 같이 하면 외부에서 어떤 자극이 들어와도 충격이 되지 않는다. 마음을 허허롭게 비우는 '심재心齋'에 힘쓸 일이다. 자신을 비운 채로 외부 세계와 조응하면 상서로운 기운이 따라온다. 매사에 자신을 잊을 때 해방과 자유에 이를 수 있다.

참마음真心의 힘

: 잃어버린 당신의 고요를 회복하라

현대 도시의 잡음과 혼잡과 소란들, 직장 안에서의 경쟁과 압력들, 어느 하나 편한 것이 없습니다. 당신의 영혼은 번조煩燥와 불안과 긴장으로 '쉼'이 무엇인지조차 잊은 지 오래입니다. 하여 '고요함'은 현대인이 갈망하는 세계가 되었습니다. 그저 잠시라도 혼자 조용히 머물고 싶어 합니다. '오로지 당신만을 위해 설계한 고요의 세계'가 부동산업체와 요식업계에서 자주 내거는 광고 문구인 이유겠지요. 하지만 엄격히 말하면 '고요의 세계를 설계하는 것'은 말이 되지 않는 말입니다. 소리를 낼 수는 있지만 고요는 낼 수 없으니까요. 소란을 만들 수는 있지만 안녕은 만들 수 없으니까요. 환경은 고요한 법입니다. 고요하지 못하고 그 고요함을 깨뜨리는 것은 사람입니다. 장자는 전란과 분열의 전국시대를 살았지만 그의 삶은 지금의 우리보다 아주 많이 고요했습니다.

성인의 고요함은

고요한 것을 좋아해서가 아니라 그가 본래 고요한 것이다.

만물이 그의 마음을 어지럽히지 못하므로 그는 고요한 것이다.

聖人之靜也
성 인 지 정 야

非曰靜也善 故靜也。
비 왈 정 야 선 고 정 야

萬物無足以鐃心者 故靜也。
만 물 무 족 이 뇨 심 자 고 정 야

〈天道〉

　고요함에도 밖의 것과 안의 것이 있습니다. 많은 이들이 찾는 고요함
은 밖에 있습니다. 깊은 산에 숨은 오랜 사찰이나 소리 한 점 잡힐 것
같지 않은 밀실 같은 것들이 바깥에 자리한 고요함입니다. 그런데 바깥
의 고요함은 그 안을 채우는 조건들이 사라지면 함께 사라집니다. 혼란
속에서 더할 나위 없는 고요의 삶을 살다간 장자처럼, 진짜는 내면의
고요입니다. 도연명陶淵明도 말합니다.

　사람들 다니는 거리에 오두막 짓고 살아도,

　말과 수레 소리 시끄럽지 않구나.

　그대에게 묻노니, 어찌 그러한가?

　마음이 세상에서 멀면 절로 그렇게 되는 게요.

結廬在人境, 而無車馬喧
결 려 재 인 경 　 이 무 거 마 훤

問君何能爾, 心遠地自偏。
문 군 하 능 이   심 원 지 자 편

　내면이 고요한 사람은 흔들리는 법이 없습니다. 어디를 가든 누구를 만나든 무엇을 하든 그 잠잠함으로 자신을 오롯이 지켜냅니다. 장자가 주장하는 고요란 이런 것입니다. 한 번은 래리 킹 쇼에 힌두교의 한 수행자가 게스트로 출연했습니다. 래리 킹은 예의 그 특유의 시니컬한 말투로 날카로운 질문들을 쏟아냈지요. 관람객의 호응도 한몫했지요. 의심과 적대, 조롱의 분위기가 역력했습니다. 누구라도 불쾌하고 불편하고 당황할 수 있는 상황이었지만 수행자는 시종일관 침착하고 차분한 태도로 모든 질문에 답했습니다. 그의 '태연자약'이 래리 킹은 다소 신기한 듯 시비조로 물었습니다.

　"당신은 어떻게 그렇게 고요할 수 있죠?" 수행자가 살며시 웃으며 말했습니다. "여기가 원래는 고요한 곳이었는데, 우리 때문에 꽤 시끄러워졌네요." 그렇습니다. 원래는 모든 것이 고요했습니다. 우리가 공연히 소란을 일으켜 지금은 너무 번다하고 시끄러워졌습니다. 우리의 마음도 그렇게 시원始原의 고요와 평온을 잃은 지 오래입니다. 선종 안에서 전해지는 유명한 일화가 있습니다. 혜가慧可 스님은 달마대사가 중국에 온 후 받아들인 제자입니다. 하루는 혜가 스님이 달마 대사에게 말합니다. "제자의 마음이 안녕을 얻지 못하고 있으니 청컨대 사부께서 제 마음을 편케 해주십시오." 달마대사가 화답합니다. "네 마음을 가져 오너라, 그러면 내가 대신 안정시켜 주겠다." 혜가 스님이 다시 말합니다. "제가 찾아보았으나 아직 마음을 찾지 못했습니다." 달마가 말합니다. "이제 됐

307

다, 내 벌써 네 마음을 안정시켰다." 제자와의 문답을 통해서 달마 대사가 혜가 스님에게 전하려 한 것은 '두 가지 마음'의 존재였습니다. 혜가 스님을 불안하게 한 것은 망령되이 분별하는 마음 '망심妄心' 혹은 '식심識心'입니다. 달마 대사가 혜가 스님을 대신하여 찾은 것은 거짓 없는 참된 마음 '진심眞心'입니다. '진심'은 늘 평안합니다. 칠정육욕七情六慾과 탐진치貪瞋癡(욕심과 노여움과 어리석음, 이 세 가지 번뇌를 열반에 이르지 못하게 하는 삼독三毒이라 한다)에 빠진 '망심'을 버리면, '진심'이 스스로 저를 드러냅니다. 마음의 고요와 평온이 회복되는 순간이지요.

세계가 혼란스럽게 느껴지는 것은 우리 마음이 시원의 고요를 잃은 탓입니다. 그러므로 고요와 평온을 얻는 첫 걸음은 본디 고요했던 자신의 바탕을 깨닫는 일입니다. 처음부터 해답은 당신 안에 있었습니다. 하여 당신이 할 일이란 고요를 구하고 만드는 것이 아닙니다. 다만 잃어버린 그 참마음을 되찾아오는 것입니다.

감어지수鑑於止水

: 고요를 회복하는 EQ 수업

본디 고요한 마음을 지닌 우리지만, 안타깝게도 내면은 칠정육욕과 탐진치에 물들어 소란하고 분주합니다. 그래서 외부의 작은 자극에도 불에 덴 듯 놀라고 열을 냅니다. 잠시의 고요도 얻지 못하는 우리는 매일이 숨 가쁘고 힘에 부칩니다. 대체 어떻게 해야 고요할 수 있을까요?

앞서도 말했지만 고요는 구하거나 만드는 것이 아닙니다. 다만 잃어버린 것을 되찾아 제자리에 놓는 작업입니다. 중심이 고요하면 흔들리지 않습니다. 중심이 고요한 그이의 곁은 잔잔한 온기로 화평합니다. 그이의 온화하고 조용한 힘이 주변을 다독이기 때문입니다.

사람은 흐르는 물에 자신의 모습을 비추지 말고
고요한 물에 비춰 보라고 했다.
고요한 거울만이 비치는 사물을 고요하게 할 수 있기 때문이다.
땅의 명을 받은 만물 중에서
소나무와 잣나무만이 여름 겨울 언제나 독야청청하다.
하늘의 명을 받은 만물 중에서
오직 순 임금만이 홀로 단정한데
자신을 단정케 하는 바른 삶만이 중생을 바르게 할 수 있는 것이다.

人莫鑑於流水 而鑑於止水 。
인 막 감 어 유 수 이 감 어 지 수
惟止能止 衆止 。
유 지 능 지 중 지 .
受命於地,
수 명 어 지
唯松柏獨也在冬夏青青 。
유 송 백 독 야 재 동 하 청 청
受命於天,
수 명 어 천
唯舜獨也正,
유 순 독 야 정

幸能正生 以正眾生 。
행 능 정 생   이 정 중 생
<德充符>

장자는 우리에게 세 가지 사실을 알려줍니다. 첫째, 늘 푸른 소나무와 잣나무 혹은 성인聖人이 흔하지 않은 것처럼 고요의 본마음을 그대로 간직한 이가 많지 않다는 사실입니다. 둘째, 사람들은 대개가 '불안과 소란을 숨쉬며' 살아갑니다. 고요함을 되찾으려면 흐르는 물을 보는 일부터 그만두어야 합니다. 동작 그만! 고요히 멈출 수 있어야 합니다. 멈춘 것만이 제 힘으로 사물을 멈춰 세울 수 있기 때문입니다. 흐르는 것은 제 힘으로 사물을 계속 흘러가게 할 뿐입니다. 사람들이 소란과 번잡을 피해 인적 드문 곳을 찾는 것은 타당하고 유효한 방법입니다. 잠잠하고 그윽한 곳이라야 부잡하고 초조한 마음을 가라앉힐 수 있으니까요. 바깥의 고요함이 때로 필요한 까닭이지요. 우리의 본마음에 고요가 없었다면 우리는 영원히 그것의 정체를 몰랐을 것입니다. 그러니 우리가 바깥의 고요를 찾아 헤매는 가장 큰 이유는 그것이 우리 안의 고요를 깨워 불러낼 수 있기 때문입니다. 셋째, 고요한 사람은 그 고요함으로 곁에 있는 이들의 들뜨고 희떠운 망심妄心을 단정하게 합니다. 이것이 근주자적, 근묵자흑近朱者赤, 近墨者黑의 이치겠지요.

대니얼 골맨Daniel Goleman은 자신의 저서 『감성지능Emotional Intelligence』에서 감성 지수 EQ 개념을 제시하면서 '정서 감염'에 주목해야 한다고 말했습니다. 다음의 이야기는 대니얼 골맨이 특별히 소개한 '정서 감염'과 관련된 일화입니다. 미군 데이비드 부시David Bush가 전우들과 함께 베트남 공산군에 맞서 격전을 벌이는데, 갑자기 스님 여섯 분이 총탄이 빗발치듯 터지는 들판을 가로질러 가더랍니다. 스님 여섯 분의 태연자약한 표정과 서두름 없는 발걸음은 몸 옆을 스쳐가는 총탄들을 전혀 보지 못하는 것 같았답니다. 핏발 서린 눈으로 총구를 겨누던 미군들은 누가 먼저랄 것도 없이 총부리를 내렸습니다. 그들은 자신들 곁을 조용히 지나가는 스님들을 다만 놀라서 바라볼 뿐이었습니다. 누구 하나 스님을 향해 총을 들지 않았습니다. 데이비드가 그때의 일을 떠올리며 말했습니다. "우리 곁을 지나가는 그들을 보면서 나는 갑자기 내 전투 의지가 순식간에 사라지는 것을 느꼈습니다. 적어도 그날은 그랬습니다." 데이비드와 옆에 있던 전우들도, 그리고 그들 앞에 서 있던 베트남 공산군도 모두 말없이 무기를 내려놓았습니다. 그리고 그날은 더 이상의 격전이 없었습니다. 어쩌면 그들 양측 모두 '내가 왜 여기서 싸우고 있을까?' 생각했을지 모르겠습니다.

고요한 마음은 우주를 품습니다. 그 안에는 쉼과 회복의 여유, 탄생의 힘이 있습니다. 혹, 미망迷妄 속에서 번망煩忙하기만 했던 지난날들을 돌아보며 생의 허망虛妄함에 몸서리치는 당신이라면 고요 속에서 삶을 노니다 떠난 장자의 생애가 남긴 의미를 부디 새길 일입니다.

마음 씀을 거울처럼

: 보내지도 맞이하지도 담아두지도 말라

덕이 지극한 지인포人의 마음 씀은 거울과 같아서

보내지도 맞이하지도 않으며

다만 외물에 응하되 마음에 두지 않으니

능히 외물을 견디면서도 상하지 않는다.

至人之用心若鏡, 不將不迎,
지 인 지 용 심 약 경　　부 장 불 영

應而不藏, 故能勝物而不傷 。
응 이 부 장　　고 능 승 물 이 불 상

〈應帝王〉

　　평안하고 고요한 마음은 잔잔한 호수 같고 빛나는 거울 같습니다. 그 거울 앞에 서면 당신과 주위를 둘러싼 경물은 곧 튀어나올 듯 선명합니다. 거울 속 풍경은 그 자체로 고요한 평화입니다. 우리의 참마음도 맑은 거울과 같습니다. 그래서 '마음을 닦는다'고 말하나 봅니다. 아무리 거울이라도 잘 닦아야 제 소임을 다할 수 있는 법입니다. 우리의 참마음도 마찬가지입니다. 깨끗하게 닦아야 그것으로 비추어 볼 수 있습니다. 맑은 거울 명경明鏡이 값진 이유는 그것이 바깥 세계의 사물을 있는 그대로 여실如實히 비추어 드러내기 때문입니다. 거기에는 어떤 보탬이나 덜어냄도 어떤 왜곡도 있을 여지가 없습니다. 그런데 우리는 세계를 바라볼 때 거의 무의식적으로 우리의 생각과 정서를 주입시킵니다. 그리고 실상과 달리 일그러진 세계를 보게 됩니다.

한 강연자가 강단에 오릅니다. 논쟁성이 높은 주제였기에 강연이 끝나기가 무섭게 청중은 그에게 공격적 질문을 마구 쏟아냅니다. 흥분하여 그에게 침을 뱉는 사내도 있었지만 강연자는 줄곧 차분하게 쏟아지는 질문에 답을 했습니다. 청중의 반응에 아랑곳 않는 그의 태도는 밉살맞아 보일 정도였지요. 한 청중이 참지 못하고 그에게 대들 듯 묻습니다. "당신한테 침을 뱉고 모욕을 주는데 어떻게 그렇게 아무렇지도 않을 수 있소?" 강연자가 웃으며 대답하지요. "저는 바닥에 침을 뱉는 분은 봤지만, 모욕은 보지 못했는데요." '마음 씀을 거울과 같이 하라'는 말은 이와 같은 태도일 것입니다. 강연장에서 침을 뱉은 사내와 그것을 모욕이라고 생각한 그 청중은 자신의 호오에 따라 행동하고 판단한 것입니다. 하지만 정작 침을 뱉는 행위의 대상이었던 강연자는 그 사내의 행동에 어떤 의미 부여도 하지 않습니다. 객관성 없는 추측과 주관적 호오가 개입되면 시쳇말로 인생이 피곤해집니다. 하루에도 몇 번씩 공연히 속을 부글부글 끓여야 하니까요.

'참마음은 맑은 거울과 같다'는 말은 '세계를 있는 그대로 본다'는 뜻입니다. 비추어 보기 '관조觀照'의 사전적 의미를 보아도 그렇습니다. 관조는 '고요한 마음으로 사물이나 현상을 관찰하거나 비추어 보는' 일이며 '지혜로 모든 사물의 참모습과 나아가 영원히 변하지 않는 진리를 비추어 보는' 일입니다. 분별심이 없는 참마음으로 바라보면 특별히 기쁠 일도 슬플 일도 없습니다. 『유마힐경』에서도 같은 진리를 설파하고 있습니다. '깨끗함에 있으므로 깨끗한 것이니 기뻐할 바가 없고 더러움에 처해

서 더러운 것이니 슬퍼할 바가 없다. 저것에 응하여 움직일 뿐 내가 하는 일이 아니다.'

거울은 동요하지 않습니다. 다만 저를 찾아온 것을 맞이할 뿐입니다. 저를 떠나도 붙잡지 않습니다. 오고 감, 만남의 어떤 흔적도 남기지 않습니다. 우리는 그렇지 않습니다. 일이 닥치기도 전에 긴장하고 근심하며 번뇌합니다. 일이 지나가면 슬퍼하고 괴로워하고 후회합니다. 이래도 저래도 늘 우리의 마음은 안녕할 날이 없습니다.

바람이 성긴 대숲으로 불어왔다 지나가도
대숲은 그 소리를 남기지 않는다.
기러기가 찬 연못을 건너 지나가도 연못은 그 그림자를 남기지 않는다.
군자는 일이 오면 비로소 마음을 드러내고
일이 지나면 마음도 따라서 비운다.

風來疏竹, 風過而竹不留聲 。
풍 래 소 죽   풍 과 이 죽 불 류 성
雁度寒潭, 雁去而潭不留影 。
안 도 한 담   안 거 이 담 불 류 영
故君子事來而心始現, 事去而心隨空 。
고 군 자 사 래 이 심 시 현   사 거 이 심 수 공
〈菜根譚〉

장자가 말하는 지인至人과 채근담 경구에 등장하는 군자의 마음 씀 역시 같습니다. 그의 마음은 무엇에 흔들리거나 움직이는 법이 없습니다.

거울이 맑으면 먼지가 내려앉지 않고

먼지가 내려앉으면 거울은 맑지 않다.

오래도록 현인과 더불어 지내면 과실過失이 없다.

鑑明則塵垢不止,
감 명 즉 진 구 부 지

止則不明也 。
지 즉 불 명 야

久與賢人處 則無過。
구 여 현 인 처 즉 무 과

<德充符>

장자는 현인과 더불어 지내며 거울 위 먼지를 닦아내듯 '탐진치'로 얼룩진 마음을 닦으라 말합니다. 다음은 신수神秀 선사의 계송偈頌입니다.

몸은 깨달음의 나무 보리수요 마음은 맑은 거울과 같으니

시시때때로 부지런히 닦아내어 티끌과 먼지가 끼지 않게 하라

身是菩提樹, 心如明鏡臺 。
신 시 보 리 수 심 여 명 경 대

時時勤拂拭, 勿使惹塵埃 。
시 시 근 불 식 물 사 야 진 애

거울은 맑아서 세상의 모든 것을 비출 수 있지만 쉽게 더럽혀지는 까닭에 늘 깨어 있어 닦아야 합니다. 그래야 거울입니다. 거울을 닦듯 매일 매일 마음도 닦아야 합니다. 가르침을 마음에 새기며 몸으로 행하는 구도자의 삶이 이와 같겠지요. 하지만 없는 것을 만들어내는 일도 아니

고 본래 있는 마음을 잘 닦기만 하면 되니, 그리 어려울 일만도 아닐 것
입니다.

마음 수련
: 흔들리지 않는 법

산머리에 올라서니 눈앞으로 일망무제─望無際의 바다가 펼쳐집니다. 불
안과 염려, 슬픔 같은 것들로 숨쉬기도 힘들 만큼 무겁고 답답했던 마음
에 상쾌한 바람이 불어오니, 순식간에 그 모든 것을 날려버린 듯 몸마저
가벼워진 기분입니다. 우리는 바다를 보는 것만으로도 이런 치유를 종
종 경험합니다. 바다의 고요가 우리 내면의 고요를 깨운 것입니다. 바다
가 고요할 수 있는 것은 그 방대함 덕분입니다. 만물을 족히 품을 것 같
은 그 넉넉함 덕에 바다를 보는 우리 마음도 편안해집니다. 우리의 영혼
이 고요하고 평안하려면 우선 마음부터 넉넉하고 후하게 쓸 일입니다.

무릇 바다는 천 리의 길이로도 그 크기를 잴 수 없다.
천 길의 높이로도 그 깊이에 다다를 수 없다.
우 임금 때 십 년에 아홉 번 물난리가 있었지만
바닷물이 그로 인해 불지 않았다.
탕 임금 때 팔 년에 일곱 번 가뭄이 들었지만
물기슭의 수위가 그로 인해 내려가지 않았다.

시간의 길고 짧음에 따라 변하지 않고

많고 적음에 따라 불거나 줄지 않으니

이것 또한 동해의 큰 즐거움이다.

夫千里之遠, 不足以擧其大。
부 천 리 지 원   부 족 이 거 기 대

千仞之高, 不足以極其深。
천 인 지 고   부 족 이 극 기 심

禹之時 十年九潦,
우 지 시 십 년 구 료

而水不爲加益。
이 수 불 위 가 익

湯之時 八年七旱,
탕 지 시 팔 년 칠 한

而崖不可爲加損。
이 애 불 가 위 가 손

夫不爲頃久推移,
부 불 위 경 구 추 이

不以多少進退者,
불 이 다 소 진 퇴 자

此亦東海之大樂也。
차 역 동 해 지 대 락 야

〈秋水〉

마음이 찻잔과 같다면 어떨까요? 날아든 작은 돌멩이 하나로 찻잔에
서는 폭풍이 일어나겠지요. 떨어진 식초 한 방울에 물맛이 변해서 마
실 수 없겠지요. 마음이 호수와 같다면 어떨까요? 돌멩이 하나가 일으키
는 것은 물결의 작은 일렁임입니다. 식초 한 방울은 호수의 아무것도 바
꿔놓을 수 없습니다. 호수는 좀체 움직이지 않습니다. 죽은 물인가 싶을

만큼 잠잠하지만 안에서는 생명의 에너지가 쉼 없이 흘러가고 있습니다. 그 안에 작은 세상이 있습니다. 경쟁과 서열이 있고 포식자와 피식자가 있습니다. 죽음과 탄생이 있습니다. 호수는 그 모든 생의 치열과 다툼과 소란을 한데 품어 안으면서도 마치 아무 일 없는 듯 조용합니다. 마음의 고요와 평안을 위해 인간의 자연스러운 감정까지 끊어버리라 말하는 것이 아닙니다. 그것은 가능하지도 않고 옳지도 않은 일이니까요. 체면을 걸 듯 '의지적'으로 마음의 폭을 넓히고 마음의 깊이를 더하는 수련의 필요를 말하는 것입니다.

타이완에 인기 작가 류샤劉俠가 있었습니다. 안타깝게도 그녀는 2003년 우리 곁을 떠났습니다. 류샤는 12살에 류마티스성 관절염을 앓은 후 평생을 휠체어에 의존했습니다. 어린 나이로 감당하기에는 너무 큰 시련이었기에 슬픔에 빠진 류샤를 아무도 뭐라 말할 수 없었지요. 하지만 류샤는 긴 고통의 시간을 뒤로 보내고 희망과 쾌활을 되찾았습니다. 그리고 '행림자杏林子'라는 필명으로 글을 발표하기 시작합니다. 그녀의 글은 사람들을 울리는 힘이 있었지요. 그녀는 장애인 복지와 인권을 위해 싸웠고 복지 재단을 설립하는 등 사회공익을 위해 자신이 할 수 있는 모든 일을 했습니다. 무엇이 류샤를 바꿔 놓았을까요? 신앙의 도움도 있었지만 그녀가 늘 곁에 적어두고 자신을 깨우치는 말이 있었답니다. '세계는 넓고 세월은 길다.' 류샤가 말했습니다. "내 몸은 평생 작은 방 한 칸, 구석의 침대에 묶여 있지만 내 마음은 날개를 활짝 편 독수리입니다. 나는 오늘도 저 광활한 천지간을 자유롭게 비상합니다." 류샤가 불행이 자신의 삶을 침범하지 못하도록 막은 것은 무엇보다 질병의 고통을 받아들인 마음의 힘이었습니다. 마음의 힘이 몸이 불편한 그녀를 보통 사람보다 더 자유롭고 더 의미 있는 삶을 살도록 해준 것입니다. 「칙양則陽」편을 보면 위魏나라와 제齊나라 사이의 분쟁 이야기가 나옵니다. 제나라 위왕威王이 위나라와의 맹약을 어긴 것이 화근이었지요. 성이 난 위나라 혜왕惠王이 제나라를 토벌하기 위해 출병을 준비하려 하자, 양梁나라의 현인 대진인戴晉人이 혜왕 앞에 나와 다음 이야기를 들려줍니다.

달팽이 왼쪽 뿔에 나라가 있는데 촉觸 씨라 하고
달팽이 오른쪽 뿔에 나라가 있는데 만蠻 씨라 합니다.
이 두 나라는 서로 땅을 차지하기 위해 수시로 전쟁을 하는데
깔린 시체가 수만입니다.
패배자를 쫓을 때 십오 일은 꼬박 지나서야 돌아옵니다.
……
걸어서 닿을 수 있는 땅 가운데 위나라가 있고
위나라 안에 양나라가 있으며
양나라 안에 왕이 있습니다.
그 왕과 달팽이 뿔 위의 만씨가
다를 것이 있겠습니까?
혜왕 왈 "다를 것이 없소."

有國於蝸之左角者 謂觸氏,
유 국 어 와 지 좌 각 자 위 촉 씨
有國於蝸之右角者 謂蠻氏 。
유 국 어 와 지 우 각 자 위 만 씨

時相與爭地而戰,
시 상 여 쟁 지 이 전

伏屍數萬,
복 시 수 만

逐北 旬有五日而後反 。
축 배 순 유 오 일 이 후 반

......

通達之中有魏
통 달 지 중 유 위

於魏中有梁,
어 위 중 유 양

於梁中有王 。
어 양 중 유 왕

王與蠻氏,
왕 여 만 씨

有辯乎 。
유 변 호

曰: 無辯 。
왈   무 변

〈則陽〉

혜왕은 대진인의 이야기를 듣고 한참을 멍해 있었습니다. 그러는 사이 분한 마음도 누그러져 출병 계획을 취소했습니다. 홧김에 전쟁을 일으킬 위기의 순간에 한 발 뒤로 물러나 생각한 덕에 재앙을 막을 수 있었던 것이지요. 이 대목에 당唐의 시인 백거이白居易의 시 「술을 마주하고對酒」가 어울릴 듯해 옮겨 봅니다.

달팽이 뿔 위에서 싸워 무엇 할까?
부싯돌 불꽃같은 생에 맡긴 이 몸

320

있으면 있는 대로 없으면 없는 대로 잠깐 즐길 뿐

입 벌려 웃지 않는 자가 어리석은 사람이지.

蝸牛角上爭何事
와 우 각 상 쟁 하 사

石火光中寄此身
석 화 광 중 기 차 신

隨富隨貧且歡樂
수 부 수 빈 차 환 락

不開口笑是癡人
불 개 구 소 시 치 인

세계를 누비며 산다고 자유롭고 넓은 삶이 아닙니다. 천지사방을 제집 앞마당 밟듯 다니며 살아도 그 마음이 지옥이면 그 삶에 행복과 자유가 있겠습니까? 아마도 그는 제 마음 속 지옥을 잊기 위해 더욱 내달릴 테지요. 그러다 어느 순간 지쳐 풀썩 쓰러지면 그 허망함을 어찌 감당하겠어요? 마음이 커지고 깊어지면, 세상사의 번뇌와 염려와 슬픔과 분노에 호락호락하지 않습니다. 하여 일찍이 제갈량이 저 사는 남양^{南陽}의 초려^{草廬} 사립짝에 이런 주련을 써서 붙여 놓았나 봅니다.

욕심 없는 마음으로 뜻을 밝히고 고요한 마음으로 먼 곳에 이르라.

淡泊以明志, 寧靜以致遠。
담 박 이 명 지   영 정 이 치 원

돌고 도는 인생길

: 이 또한 지나가리라!

마음을 넓히는 일은 시간적으로도 유의미합니다. 사람이 사는 일은 산을 오르고 내리는 것과 같습니다. 성공할 때도 있고 실패할 때도 있습니다. 기쁠 때도 있고 슬플 때도 있습니다. 우리는 미친 듯한 바람과 거대한 파도가 있는 바다 한가운데 있는 조각배 같습니다. 기쁨이나 슬픔에 취해서 들뜨고 날뛰는 모습이 꼭 닮았습니다. 하지만 긴 시간 속에서 본다면 모두 지나가버릴 것들입니다. 인생에 '네버 엔딩 스토리'는 없습니다. 구름처럼 안개처럼 언젠가는 사라집니다. 『삼국연의三國演義』의 권두사卷頭辭로 쓰인 명나라 문인 양신楊愼의 시도 인생의 '사라짐'의 진리를 노래합니다.

넘실넘실 장강 동쪽으로 굽이쳐 흐르고

물거품처럼 사라진 영웅들

시비승패 한순간에 공空이 되었구나

청산은 옛날 그대로인데 붉은 석양은 몇 번이나 졌을까

강가에서 고기 잡고 나무 하는 백발 늙은이

가을 달 봄바람 익히 보았겠지

탁주 한 병에 반갑게 만나서

고금의 수많은 일들

모두 웃으며 이야기하리

滾滾長江東逝水
곤곤장강동서수

浪花淘盡英雄
낭화도진영웅

是非成敗轉頭空
시비성패전두공

靑山依舊在 幾度夕陽紅
청산의구재 기도석양홍

白髮漁樵江渚上
백발어초강저상

慣看秋月春風
관간추월춘풍

一壺濁酒喜相逢
일호탁주희상봉

古今多少事 都付笑談中
고금다소사 도부소담중

　장자도 삶의 순환과 유한성, 하여 우리가 지켜야 할 영혼의 고요 '화
평하고 즐거운 기운의 소통'의 힘을 이야기합니다.

　죽음과 삶, 흥하고 망함

　곤궁과 영달, 빈곤과 부유

　어진 자와 불초한 자, 명예와 불욕

　배고픔과 목마름, 추위와 더위

　이것들은 사물의 변화요, 천명의 운행이다.

　밤낮이 우리 앞에서 서로 갈마들지만

　인간의 지혜로는 그 시작을 알 수 없다.

　그러므로 이런 변화들이 우리의 평화를 어지럽힐 수 없고

우리의 영혼을 침범할 수도 없다.

화평하고 유쾌한 기운을 통하게 하여

기쁜 마음을 잃지 않고

밤낮으로 벌어지는 틈이 없도록 하면

만물이 모두 더불어 봄의 기운을 갖게 된다.

이야말로 모든 생명과 마음을 서로 만나게 하는 감응感應인 것이다.

死生存亡,
사 생 존 망

窮達貧富,
궁 달 빈 부

賢與不肖 毁譽,
현 여 불 초   훼 예

飢渴寒暑,
기 갈 한 서

是事之變, 命之行也。
시 사 지 변   명 지 행 야

日夜相代乎前,
일 야 상 대 호 전

而知不能規乎其始者也。
이 지 불 능 규 호 기 시 자 야

故不足以滑和,
고 부 족 이 활 화

不可入於寧府。
불 가 입 어 영 부

使之和豫通,
사 지 화 예 통

而不失於兌,
이 불 실 어 태

使日夜無郤,
사 일 야 무 극

而與物爲春,
이 여 물 위 춘

是接以生時於心者也。
시 접 이 생 시 어 심 자 야

〈德充符〉

　　1954년 월드컵에서 세계인들은 막강한 실력으로 무장한 브라질이 우승할 것이라고 믿었습니다. 아무도 의심하지 않았지요. 하지만 브라질은 준결승전에서 패하고 맙니다. 예상 밖의 결과에 가장 놀란 이들은 브라질 선수들이었습니다. 본국으로 돌아가는 브라질 선수들은 하나같이 참담한 얼굴을 하고 있었습니다. 무엇보다 자신들을 열렬히 응원해준 본국 팬들의 실망과 비난이 두려웠으니까요. 입국 게이트로 들어서자 브라질 선수들을 맞이한 것은 또 하나의 예상 밖 결과였습니다. 브라질 대통령이 2만 여명의 축구 팬들과 함께 그들을 맞이했지요. 팬들의 손에는 '이 또한 지나가리라!'라고 쓰인 현수막을 들고 있었습니다. 선수들은 울었습니다. 국민들의 따뜻한 위로와 격려를 가슴 깊이 느낀 짜릿한 순간이었지요. 그 감동은 선수들에게 큰 힘이 되었습니다. 4년 후 브라질 대표팀은 마침내 월드컵 우승을 차지하며 브라질 국민의 성원에 보답을 합니다. 4년 전과는 완전히 다른 얼굴로 선수들은 본국으로 돌아갔지요. 선수들 모두 승리의 기쁨을 감추지 않는 득의만면하고 의기양양한 얼굴들이었습니다. 입국 게이트의 문이 열렸습니다. 물론 성대한 환영이 그들을 기다리고 있었지요. 하지만 가장 먼저 선수들의 눈에 들어온 것은 4년 전과 똑같은 글귀 '이 또한 지나가리라!'가 쓰인 현수막이었습니다. 덕분에 선수들은 승리감에 취해 들끓었던 흥분을 가라앉히고 평정을 되찾을 수 있었습니다.

마음의 평안과 고요는 기쁨이나 슬픔 따위의 감정을 끊는 일이 아닙니다. 평상심은 스스로 제 감정을 객관화해 관찰하고 인식하려는 노력입니다. 그것은 다만 감정이 격한 움직임, 충동이나 흥분 따위에 매몰되지 않도록 조절하고 관리하는 일입니다.

시간은 감정의 희석제입니다. 뛸 듯이 기쁘고 죽을 만큼 고통스러운 격한 감정들도 시간의 흐름과 함께 옅어집니다. 그러다 어느 순간 그 격한 감정에서 벗어난 자신을 깨닫게 됩니다. 또 가끔은 열광이나 슬픔 혹은 분노로 폭주했던 당시의 자신이 열없어지고 후회하게 됩니다. 하지만 이미 지난 일인 걸요. 어제의 일을 뒤돌아보며 후회하는 것은 더 어리석은 일입니다. 지금의 감정을 잘 살피고 다스리는 편이 현명하겠지요. 당신의 지금 감정이 기쁨이든 슬픔이든 혹은 염려든 낙심이든 그것이 당신을 흔들려 할 때 주문을 걸 듯 자신한테 이 또한 지나갈 것이라 말하세요. 이것은 미래의 시간으로 가서 오늘을 바라보면서 감정의 격동에 휘둘리지 않는 훈련을 하는 겁니다.

감정에 휘둘리지 않는 차원을 넘어선 '이 또한 지나가리라'는 지금 모든 것이 가고 나면 다시 오지 않을 시간들의 표징임을 알고 그것들 하나하나를 소중히 대하는 태도입니다. 슬프면 슬픈 대로 기쁘면 기쁜 대로 그 감정을 아끼는 것입니다. 그러한 '감정 체험'은 일회성 소동이 아니라 웅숭깊은 경륜이 됩니다. 이것이 장자가 말하는 '생명과 마음을 서로 만나게 하는 감응'일 것입니다.

마음 씻기

:평정을 얻는 심재心齋

우리 마음은 외부의 자극에 따라 기복을 반복합니다. 일상의 희비에 흔들리는 자신을 발견할 때마다 자괴감을 경험합니다. 마음대로 되지 않는 '마음'에 자존심도 상합니다. 상처를 소독하듯 세상사에 넘어지고 깨진 마음을 먼저 씻어내야 합니다. 몸을 정갈하게 씻는 목욕재계로 정성을 표시하듯, 심재心齋는 마음을 씻어 비워내고 공손히 삼가는 일입니다. 비워진 마음은 걸림이 없으니 자유롭습니다.

너의 뜻을 전일專─하게 하라.

귀로 듣지 말고 마음으로 듣고

마음으로 듣지 말고 기氣로 들으라.

듣는 것은 귀에 그치고 마음은 인지認知에 그친다.

(귀의 기능은 듣고 나면 끝나고 마음의 작용은 인지하고 나면 멈춘다)

기는 텅 비어 있어 외물을 받아들일 수 있다.

오직 도道는 빈 곳에만 머무는 것이니

비우는 것이 마음을 가지런히 깨끗이 하는 재계齋戒이다.

一若志。
일 약 지

無聽之以耳 而聽之以心,
무 청 지 이 이 이 청 지 이 심

無聽之以心 而聽之以氣 。
무 청 지 이 심 이 청 지 이 기

聽止於耳, 心止於符 。
청 지 어 이 심 지 어 부

氣也資 虛而待物者也 。
기 야 자 허 이 대 물 자 야

唯道集虛,
유 도 집 허

虛者心齋也 。
허 삼 심 재 야

<人間世>

장자는 인간이 외부 자극에 반응하는 방식을 3단계로 봅니다. 첫 번째는 '귀로 듣는' 단계입니다. 감각 기관으로 외부 자극을 받아서 대뇌 피질을 거치지 않고 바로 반사적인 반응을 하는 겁니다. 뜨거운 것을 만지면 절로 손이 떼지는 일이나 자신을 모욕하는 말을 듣고 혈압이 올라가는 일 따위가 즉각적이고 반사적인 반응입니다. 이런 반응이 단순한 이유는 반사 행동이 시작이자 곧 끝이기 때문입니다. '귀의 기능은 듣고 나면 끝나는 것'이니까요. 하지만 직장 상사가 당신에게 뭐라 싫은 소리를 했다면 반사적으로 핏대 올리며 화를 내는 대신 쓴웃음으로 넘겨버리고 더는 생각하지 않겠지요. 그러면 감정의 물결도 자연스레 잠잠해집니다. 이것이 두 번째, 대상과 '심리적 거리 두기'를 하는 것으로 '마음으로 듣는 인지認知' 단계입니다. 마음이 넓고 의지나 신념이 굳고 경험치가 풍부한 사람일수록 부정적인 외부 자극을 보다 더 쉽게 완화하고 해소할 수 있습니다. 하지만 '마음을 쓰고' 그 안에 '나'가 있는 평안과 고요는 오래가지 못합니다. 그래서 장자는 세 번째 단계인 기氣로 듣는 일에 힘쓰기를 주장합니다. 천하를 하나로 아우르는 '기'에는 피아彼我의 구분이 없어서 '무아無我'나 '허기虛己'나 '공명空明'의 방식으로 세상과 만나고 응합니다. '허기虛己', '공명空明'은 아무것도 생각하지 않는 방식이 결코 아닙니다. 그것은 나를 중심에 두지 않는, 나를 제거하는 새로운 차원의 사유입니다.

수행으로 일정한 경지에 이른 요가 행자는 범인은 견딜 수 없는 고통에도 흐트러짐이 없습니다. 철침이 팔에 박혔는데도 아무 일 없는 듯 태연하게 담소를 나누는 요가 행자에게 어떻게 하면 그와 같은 평정에 이를 수 있느냐고 묻습니다. 요가 행자는 다른 방법은 없다고 대답합니다. 그냥 나를 없애면 되는 것이라 말합니다. 그러니까 '내 팔이 찔렸다', '내 팔이 아프다'에서 '팔이 찔렸다', '팔이 아프다'라고 생각을 바꾸라는 것입니다. 이것이 '무아無我적 사유' 혹은 '기의 사유'입니다. 괴로워하고 원망하고 의심하는 '나'를 쫓아내는 일입니다. 염려와 불안으로 흔들릴 때 '내가 왜 이렇게 괴로운 것이지?'라고 묻지 않고 '아무개라는 사람은 왜 저렇게 괴로워하는가?'라고 남의 일처럼 묻는 겁니다. 문제 상황에서 자신을 분리시켜 거리를 두고 바라보는 객체로 자신을 설정하는 겁니다. 주인공이 아닌 관객의 입장에서 보면 초조와 염려 혹은 분노와 슬픔 같은 부정적 감정에 휩쓸리지 않고 고요를 되찾아올 수 있겠지요.

영혼이 안녕하지 못한 것은 당신 마음 안에 '나'가 너무 많기 때문입니다. 영혼의 정화는 마음 안에서 공연한 분탕질로 우리를 괴롭히는 '나'를 밀어내는 일입니다. 비워야 채울 수 있으니까요.

비우면 빛난다

인생이 얄궂은 것은 평정을 원하면 원할수록 도리어 평정과 멀어진다
는 사실입니다. 그럴수록 필요한 것은 '나'를 버리는 일입니다. 영국 철
학자 러셀은 세인의 주목을 받기 시작하면서 강연을 청탁받는 일이 점
차 늘었습니다. 그런데 러셀은 강연을 준비할 때부터 긴장이 되어 강단
에 오르기 전에는 뜨겁게 달궈진 팬 위로 떨어진 개미들처럼 초조와 황
급함으로 우왕좌왕하다가 강단에 올라 강연을 망치기 일쑤였습니다. 강
연만 끝나면 매번 참담함을 곱씹던 러셀은 어느 날 생각합니다, '만약
러셀의 강연이 계속 이렇게 형편없다면, 세계를 어떻게 변화시킬 수 있
을까? 세계에 아무런 영향도 줄 수 없는 강연 …… 하지만 역사는 계속
이렇게 흘러가겠지.' 러셀은 이 날의 반성을 끝으로 더는 자신한테 관심
을 두지 않기로 작정합니다. 강연하는 자신의 모습을 미리 떠올리지 않
고 사람들로부터 냉소나 경시 받는 일을 두려워하지 않기로 합니다. 강
연의 목적만 생각하기로 하지요. 그러자 마음이 가벼워지고 편안해졌습
니다. 평상심을 되찾은 러셀의 강연도 제자리를 찾았습니다.

내가 없는 무아無我의 태도로 세상과 만나고 사람을 대하면 갈등과 동
요가 낄 틈이 없습니다. 자신을 주장하지 않으니 그 어떤 존재와도 무리
없이 어울립니다.

명예를 구하려는 마음을 버리고, 모략을 꾀하려는 생각을 버리라.

(명예를 우상화하지 말고, 모략을 꾀하지 말라)

독단으로 행하는 태도를 버리고, 기지機智로 행하는 태도를 버리라.

(독단으로 행하지 말고, 기지를 주인 삼지 말라)

무궁의 도道를 체현하고, 고요한 곳에 마음을 두어라.

자연에서 받은 본성이 발휘되도록 하고 네 앎을 드러내지 말라.

다만 텅 빈 '공명空明'에 다다를 뿐이다.

無爲名尸, 無爲謨府。
무 위 명 시   무 위 모 부

無爲事任, 無爲知主。
무 위 사 임   무 위 지 주

體盡無窮, 而遊無朕。
체 진 무 궁   이 유 무 짐

盡其所受於天, 而無見得。
진 기 소 수 어 천   이 무 견 득

亦虛而已。
역 허 이 이

<應帝王>

구함도 없고 다툼도 없고, 염려도 의문도 없고, 바람은 고요하고 파도
는 잔잔하고 …… 누구나 마음의 평안을 바랍니다. 갈등과 동요를 바라
는 사람은 없을 것입니다. 하지만 정작 제 마음의 평안을 깨트리는 자기
를 비우는 일에 우리는 주저합니다. 자기를 비우는 것이 고요하고 평안
한 '참마음'을 회복하는 가장 직접적이고 효과적인 길인데, 그 길을 가려
하지 않습니다.

한창 배로 황하를 건너는데

갑자기 빈 배가 다가와 내 배를 부딪친다고 해도

아무리 속이 좁고 성질이 급한 사람이라도 성내지 않을 것이다.

하지만 배에 한 사람이라도 있었다면

소리치며 서로 밀고 당기고 했을 것이다.

한 번 불렀는데 답하지 않고 두 번 불렀는데도 답하지 않으면

세 번째 부를 때는 반드시 악담과 욕설이 오갈 것이다.

처음에는 성내지 않다가 지금 크게 화를 내는 것은

처음에는 아무도 없는 빈 배였지만 지금은 배에 사람이 있기 때문이다.

사람이 자기를 비우는 태도로 세상을 살면

누가 그를 해칠 것인가!

方舟而濟於河,
방 주 이 제 어 하

有虛船來觸舟,
유 허 선 래 촉 주

雖偏心之人不怒 。
수 편 심 지 인 불 노

有一人在其上,
유 일 인 재 기 상

則呼張歙之 。
즉 호 장 흡 지

一呼而不聞 再呼而不聞,
일 호 이 불 문 재 호 이 불 문

於是三呼邪,
어 시 삼 호 사

則必以惡聲隨之 。
즉 필 이 악 성 수 지

向也不怒 而今也怒,
향 야 불 노 이 금 야 노

向也虛 而今也實。
향 야 허 이 금 야 실

人能虛己以遊世,
인 능 허 기 이 유 세

其孰能害之。
기 숙 능 해 지

〈山木〉

'무아'가 되는 것은 자신을 빈 배처럼 만드는 일입니다. 억지 없는 '무아'의 자유로움은 다른 사람이 보아도 편합니다. 혹여 의도치 않은 갈등과 마찰이 생기더라도 세상은 자신을 비운 사람을 곡해하거나 모해하지 않습니다.

텅 빈 방에 햇살이 비치면

길하고 상서로운 기운이 머문다.

(빈 마음에 환한 빛이 생기면

복되고 길한 기운이 마음에 고요히 머문다)

虛室生白, 吉祥止止。
허 실 생 백   길 상 지 지

〈人間世〉

나를 중심에 둔 염려와 의심을 마음에서 걷어내고 자신을 비우면 영혼의 안녕과 고요는 물론이고 상서로운 기운이 그를 찾아옵니다. '온화와 관대', '활달과 명랑'으로 사람을 만나고 사물을 대하고 일을 행하면 만사가 원만합니다. 무아의 마음으로 세계와 만나면 왕국유王國維가 『인간 사화人間詞話』에서 말하는 '무아지경'에 이를 수 있습니다. 왕국유가 말하는 '무아지경'은 이런 것입니다.

> 동쪽 울타리 아래 국화잎 따는데 한가로이 남산 보인다
>
> 찬 물결 고요히 일렁이고 백조가 천천히 내려온다

采菊東籬下　悠然見南山
채 국 동 리 하　유 연 견 남 산
寒波澹澹起　白鳥悠悠下
한 파 담 담 기　백 조 유 유 하

　여기에서는 어느 것이 '나'이고 어느 것이 '사물'인지 모릅니다. 외물과 자아, 객체와 주체의 경계가 없습니다. 그러면 '유아지경'은 어떤 모습일까요?

> 눈물 흘리며 물어도 꽃은 말이 없어라
>
> 붉은 꽃 어지러이 그네 위로 날아간다
>
> 어찌 견딜까! 외따로 있던 객사마저 꽃샘추위에 문 닫았으니
>
> 두견 울음 속에 석양은 저무는데

淚眼問花花不語　亂紅飛過鞦韆去
누 안 문 화 화 불 어　난 홍 비 과 추 천 거
可堪孤館閉春寒　杜鵑聲裏斜陽暮
가 감 고 관 폐 춘 한　두 견 성 리 사 양 모

유아지경은 나의 입장에서 세계를 바라보므로 모든 것에 나의 평소 신념이나 가치관, 의지와 욕망 따위가 드러나기 마련입니다. '나'가 중심인 유아(有我)적 태도로 세계와 만나면 갈등과 마찰은 필연일 수밖에 없습니다. 나를 비우는 일이 필요한 이유겠습니다. 세상을 사는 우리에게 절실한 무아지경은 『채근담』에서 말하는 경지가 아닐는지요?

> 총애를 받아도 모욕을 당해도 놀라지 않으며
> 다만 뜰 앞의 꽃잎들 피고 짐을 한가로이 본다
> 가고 머무는 일에 뜻을 두지 않으며
> 다만 하늘 밖의 구름들 모이고 흩어짐을 거리낌 없이 좇는다

寵辱不驚
총 욕 불 경
閒看庭前花開花落
한 간 정 전 화 개 화 락
去留無意
거 류 무 의
漫隨天外雲卷雲舒
만 수 천 외 운 권 운 서

득의망형得意忘形
:몰입과 망각

어떤 사람을 두고 '득의망형得意忘形'했다고 말한다면 그것은 부정적인

평가입니다. '뜻을 이룬 기쁨에 취해 정상적인 상태에서 벗어난 꼴'이 되었다는 말이니까요. 하지만 최초의 용례를 보면 원래 부정적 의미는 없었습니다. 가장 먼저 이 말을 들은 이는 죽림칠현의 완적阮籍입니다.

깨달음을 얻으면 기뻐 자신의 형체도 잊으니
세인은 그가 미쳤다고 말했다

當其得意, 忽忘形骸, 時人謂之癡 。
당 기 득 의   홀 망 형 해   시 인 위 지 치

'망형忘形'은 자신의 육체만 아니라 신분 따위도 잊은 상태를 말합니다. '망형'은 적극적이고 아름다운 '자기 비움虛己'으로 장자는 이런 경지를 일컬어 '좌망坐忘'이라 말했습니다.

육신을 벗어버리고 총명을 물리치고
본디의 형체를 떠나 지식을 버려서
우주의 도道와 통하여 하나가 되는 것을
일컬어 '좌망坐忘'이라 한다.

墮肢體 黜聰明,
타 지 체   출 총 명

離形去知,
이 형 거 지

同於大通,
동 어 대 통

此謂「坐忘」。
차 위   좌 망
<大宗師>

미국의 지휘가 겸 작곡가인 레너드 번스타인Leonard Bernstein은 세계 각지를 돌며 최고의 음악회장에서 최고의 교향악단을 이끈 인물이지요. 번스타인이 자신의 음악적 경험을 술회하는 자리에서 무척 인상 깊게 말한 대목이 있어서 옮겨 봅니다. "내 생각에 꽤 근사했다는 느낌이 오는 음악회가 끝나면 적어도 몇 분은 지나야 내가 어디에 있는지를 깨닫게 됩니다. 어떤 나라 어떤 음악회장에 내가 있는지 잠시 잊게 되는 것입니다. 심지어 내가 누구인지조차 잊을 때가 있습니다. 그러다 퍼뜩 정신이 나면서 박수소리가 들리면 내가 인사할 차례라는 것을 알게 됩니다. 그때의 기분은 뭐랄까 말로는 참 설명하기 어려운데 아무튼 최고의 순간입니다. 그때는 내가 없는 것 같습니다. 작곡을 할 때도 비슷한 경험을 합니다. 영감이 용솟음칠 때는 시간도 잊어버리고 주변의 정경도 전혀 느끼지 못합니다."

어떻게 해야 이와 같은 경지에 다다를 수 있을까요? '무아적 몰입'이라고 말하면 답이 될까요? 장자는 자아를 잊는 열중과 몰입의 경지를 '뜻을 분산하지 않으면 정신이 모인다用志不分, 乃凝於神'라고 말했습니다. 19장 「달생達生」편을 보면 공자가 초楚나라로 가는 길목의 숲에서 곱사등이를 만난 이야기가 나옵니다. 곱사등이는 대나무 장대를 이용해 매미를 잡는데 한 마리도 놓치는 법이 없었습니다. 마치 손으로 줍는 듯 아주 쉽게 매미를 잡았지요. 공자가 놀라서 그에게 무슨 신통한 기술이 있냐고 문자, 곱사등이가 이렇게 대답합니다.

저는 몸을 바로 세우는 것을 땅 위에 서 있는 그루터기처럼 합니다.

팔을 잡는 것을 마른 나무의 가지를 잡는 것처럼 합니다.

크나큰 천지와 많고 많은 만물을 대하면서도

오직 매미의 날개만 생각할 뿐입니다.

저는 돌아보거나 옆을 보지도 않으니

만물을 매미 날개로 바꿔버리지 않는 한

어찌하여 잡지 못하겠습니까!

吾處身也, 若厥株拘 。
오 처 신 야   약 궐 주 구

吾執臂也, 若枯木之枝 。
오 집 비 야   약 고 목 지 지

雖天地之大, 萬物之多,
수 천 지 지 대   만 물 지 다

唯蜩翼之知 。
유 조 익 지 지

吾不反不側,
오 불 반 불 측

不以萬物易蜩之翼,
불 이 만 물 역 조 지 익

何爲而不得 。
하 위 이 부 득

<達生>

마음에 다른 생각을 두지 않습니다. 온 정신을 오로지 매미 날개에만
쏟습니다. 그러면 절로 자아와 주위의 모든 것을 잊는 상태에 도달하게

됩니다. 그때가 바로 신기神奇가 반짝 빛을 발하는 순간입니다. 이런 말도 안 되는 이야기는 또 있습니다. 어느 날 한 외과 의사가 아주 어려운 수술을 했습니다. 몇 시간 동안의 전투 같은 수술을 마치고 수술실에서 나오려는데 부서진 기왓장 조각들이 구석 바닥에 있는 게 보였습니다. 수술실에 기왓장 조각이라니요? 의사는 간호사에게 영문을 물었습니다. 간호사는 수술이 한창 진행 중이었는데 갑자기 천장 한 쪽이 무너지면서 기왓장이 떨어진 것이라고 설명했습니다. 이 외과 의사 역시 수술에 집중하느라 수술실 천장이 붕괴되는 사고가 일어났는데도 전혀 몰랐던 것입니다. 공자가 만난 곱사등이나 예화 속 외과 의사의 신기에 가까운 몰입이 참으로 부럽습니다. 이들이야말로 진정 행복한 사람이 아닐까요? 자신이 하는 일을 즐기는 수준을 뛰어넘는 물아일체의 경지는 누구나 도달할 수 있는 것이 아니니까요. 뜻을 얻음得意으로 형체를 잊을忘形 수 있고, 역으로 형체를 잊음으로 뜻을 얻을 수도 있습니다. 장자는 유망遺忘 '잊어버림'을 '편안함 혹은 쾌적함'으로 봅니다.

발을 잊은 것은 신발이 편하게 알맞기 때문이다.
허리를 잊은 것은 허리띠가 편하게 알맞기 때문이다.
지혜가 시비是非를 잊은 것은 마음이 편하게 알맞기 때문이다.
내심이 변하지 않고 외물을 따르지 않은 것은
일을 행함이 알맞기 때문이다.
비롯됨이 마땅하면 마땅하지 않은 것이 없으므로
마땅한 것의 마땅함조차 잊게 된다.

忘足 履之適也。
망 족 리 지 적 야

忘腰 帶之適也。
망 요 대 지 적 야

知忘是非 心之適也。
지 망 시 비 심 지 적 야

不內變 不外從 事會之適也。
불 내 변 불 외 종 사 회 지 적 야

始乎適 而未嘗不適者,
시 호 적 이 미 상 부 적 자

忘適之適也。
망 적 지 적 야

　　　　<達生>

　　레바논의 시인 칼릴 지브란Kahlil Gibran은 '추억은 만남이며 망각은 자유다.'라고 말했습니다. 당신이 잊고자 하는 대상이 당신의 육체든 처한 환경이든 관계를 맺고 있는 타인이든 옳고 그름의 문제이든 이해득실이든 혹은 당신 자신이든, 분명한 것은 망각이 영혼의 해방이자 자유이며 행복이라는 사실입니다. 몰입과 망각을 거친 후 마침내 도달하는 무아의 경지는 부단한 자기 부정과 자기 수행이 있어야 비로소 성취되는 것입니다. 실로 어렵지만 쉽지 않기에 의미 있는 도전이겠지요.

시간과 함께 진화하라

: '고정'에서 '미정'으로

　　사람들은 저마다 입신처세立身處世의 신념 혹은 신앙을 갖습니다. 신념은 기본적으로 하나입니다. 그것은 '무엇은 마땅히 또는 반드시 어떠해야 함'에 대한 유일하고도 고정적인 관점입니다. 신념이 확고하면 방황할 일이 적습니다. 어떤 자극이나 도전이 왔을 때도 당황하지 않습니다. 중요한 것은 그 신념이 과연 올바르고 타당한가 혹여 잘못된 것은 아닌가하는 문제입니다. 신념의 옳고 그름을 어떻게 알 것인가? 그간 당신의 생애를 지탱해온 신념이 틀렸음을 알게 되었을 때는 또 어떻게 마음의 평정을 유지할 것인가? 등의 문제들은 더욱 절실합니다. 장자는 자신의 이야기를 통해 이 문제들에 대한 답이 되어줄 '진화하는 유연한 신념'을 말합니다.

장자가 산길을 가다가 가지와 잎이 무성한 큰 나무를 보았는데
벌목꾼은 나무 옆에 서 있기만 하고 베지 않았다.
그 까닭을 물으니 "쓸모가 없기 때문이오."라고 말했다.
장자가 말하길 "이 나무는 재목이 못 되어 천수를 누릴 수 있도다!"

莊子行於山中 見大木枝葉盛茂,
장자행어산중 견대목지엽성무

伐木者止其傍 而不取也 。
벌목자지기방 이불취야

問其故, 曰：「無所可用 。」
문기고 왈 무소가용

莊子 曰：「此木以不材 得終其天年 。」
장자 왈 차목이불재 득종기천년

<山木>

장자는 시종 '무용론無用論'을 주장했습니다. '무용의 쓸모가 곧 큰 쓸

모'라는 생각은 장자의 신념이라 말해도 좋겠습니다. 위의 「산목」편에 등장하는 벌목꾼이 나무를 베는 기준은 장자가 제 신념을 더욱 확신하도록 해주었습니다. 그런데 장자는 친구의 집에서 자신의 뒤통수를 치는 '사건'을 경험합니다.

선생이 산에서 나와 친구의 집에 묵게 되었다.

친구는 반가워하며 사내아이 종에게 거위를 잡아서 삶으라고 명했다.

사내아이 종이 물었다.

"한 놈은 잘 울고, 한 놈은 울지 못하는데, 어느 놈을 잡을까요?"

주인이 말했다.

"울지 못하는 놈을 잡아라!"

夫子出於山, 舍於故人之家。
부 자 출 어 산   사 어 고 인 지 가

故人喜 命豎子殺雁而烹之。
고 인 희 명 수 자 살 안 이 팽 지

豎子請曰 :
수 자 청 왈

「其一能鳴, 其一不能鳴, 請奚殺。」
기 일 능 명 기 일 불 능 명   청 해 살

主人曰 :
주 인 왈

「殺不能鳴者。」
살 불 능 명 자

<山木>

친구의 무심한 한 마디가 장자의 '무용론'을 명백한 근거로 반박한 셈이 되었습니다. '무용의 쓸모가 곧 큰 쓸모'라는 장자의 신념이 때로는 틀릴 수 있음이 밝혀진 것입니다.

　이튿날 제자가 장자에게 물었다.
　"어제는 산속의 나무가 재목이 아니어서 천수를 다할 수 있다 하셨는데
　오늘은 주인집의 거위가 재주가 없어서 죽임을 당했습니다.
　선생께서는 앞으로 어찌 처신하려는 것입니까?"

　明日 弟子問於莊子曰 :
　명 일　제 자 문 어 장 자 왈
　「昨日 山中之木, 以不材 得終其天年 。
　　작 일　산 중 지 목　이 불 재　득 종 기 천 년
　今 主人之雁, 以不材死 。」
　금　주 인 지 안　이 불 재 사
　先生將何處 。」
　선 생 장 하 처
　　　　〈山木〉

　사람들은 대개 자신의 신념이 사실과 다르고 옳지 않음이 밝혀지면 보고도 못 본 척 듣고도 못 들은 척하거나 어물쩍 넘기려고 합니다. 아니면 온갖 논리를 동원한 우회적 화법으로 자신의 신념을 옹호하는 변명을 늘어놓습니다. 그런데, 선생이 틀린 것 아니냐 묻는 제자에게 장자는 이렇게 말합니다.

　나는 앞으로 재주가 있는 것과 없는 것 사이에서 처신할 것이다.
　재주가 있는 것과 없는 것 사이에서 처신한다 함은

언뜻 그럴듯해 보이지만 실은 그릇된 것으로

구속과 수고를 면할 수 없다.

자연의 도에 순응하며 유유자적의 덕으로 노니면 그렇지 않다.

찬사도 없고 비방도 없으며

때로는 용처럼 날고 때로는 뱀처럼 엎드려 기니

시간의 흐름에 따라 변화할 뿐

그 어떤 것에 제멋대로 고정됨을 원하지 않는다.

때로는 나아가 취하고 때로는 물러나 거두며

자연과의 어울림을 원칙으로 삼는다.

만물의 근원에서 노니면

외물을 지배하고 외물에 부림을 당하지 않으니

이렇게 한다면 어찌 구속과 수고를 받겠는가!

周將處乎 材與不材之間 。
주 장 처 호 재 여 불 재 지 간

材與不材之間,
재 여 불 재 지 간

似之而非也, 故未免乎累 。
사 지 이 비 야 고 미 면 호 루

若夫乘道德而浮游 則不然 。
약 부 승 도 덕 이 부 유 즉 불 연

無譽無訾,
무 예 무 자

一龍一蛇,
일 용 일 사

與時俱化 而無肯專爲 。
여 시 구 화 이 무 긍 전 위

一上一下 以和爲量。
일 상 일 하 이 화 위 량

浮游乎萬物之祖,
부 유 호 만 물 지 조

物物而不物於物,
물 물 이 불 물 어 물

則胡可得而累邪。
즉 호 가 득 이 루 사

<山木>

　　장자가 말하는 '재주(쓸모) 있는 것과 재주 없는 것 사이에 처함'은 양
다리를 걸치는 기회주의가 아닙니다. 그의 취지는 '유용' 혹은 '무용'의
논리에 붙잡힐 필요가 없다는 것입니다. 고정된 하나의 관점이나 신념
으로 세계를 해석하고 모든 사건과 상황에 적용하는 태도는 위험천만합
니다. 그것은 자체로 폭력이고 야만이며 우매의 극치입니다. '무용'의 관
점으로 설명해야 옳고 마땅한 상황이 있는가하면 때로는 반드시 '유용'
의 관점을 취해야 할 상황이 있기 때문입니다. 따라서 시간과 공간, 사
람과 사물, 사건과 상황에 따라 탄력적으로 변화하는 관점과 태도야말
로 가장 '자연'에 부합하는 입신처세의 도입니다. 이것이 곧 장자의 '상
대론'입니다. 1초 전과 1초 후는 다릅니다. 우리 몸은 말할 것도 없고
만물은 말 그대로 쉬지 않고 변화합니다. 하여 신념을 갖는 일만큼 중요
한 것은 시간과 더불어 신념을 '진화'시키는 일입니다. 진화하는 신념만
이 갈등과 시련을 이겨내기 때문입니다. 신념이 진화해야 세상도 진보하
기 때문입니다.

죽음을 기꺼이 노래하라

: 행복한 죽음

인생에서 가장 감당하기 어렵고 우리를 공포와 비통 속으로 몰아넣는 것은 죽음과 마주하는 일입니다. 다른 사람의 죽음을 보거나 혹은 자신의 죽음을 생각하는 것만큼 불편한 일도 없습니다. 우리는 죽음을 모든 것이 사라지는 '멸망'의 동의어로 인식합니다. '사라짐' 혹은 '멸망'에 대해 우리가 통상적으로 느끼는 감정 역시 불안과 공포와 비통 따위입니다. 하지만 '죽음'은 지극히 자연스러운 생명 현상입니다. 죽지 않는 '불사不死'가 실은 자연을 벗어난 것이지요. 하여 장자는 죽음도 고요하고 심지어 유쾌하게 받아들입니다. 죽음과 관련한 가장 유명한 일화는 장자가 아내의 죽음 앞에서 울음을 그치고 대신 그릇을 두드리며 노래를 부른 이야기입니다. 문상을 온 혜자가 그 모습을 보고 너무 지나친 것 아니냐며 비난하듯 묻자, 장자는 말합니다.

아내가 막 죽었을 때는

나라고 어찌 슬프지 않았겠소?

하지만 아내의 시원始原을 살펴보니 본래 생명이 없었고

생명만 없었던 게 아니라 본래 형체도 없었으며

형체만 없었던 게 아니라 본래 숨결의 기氣도 없었소.

있는 듯도 하고 없는 듯도 한 희미한 혼돈 사이에 있다가

변하여 기가 생겼고

기가 변하여 형체가 생기고 형체가 변하여 생명이 생겼다가

오늘 다시 변하여 죽음이 되었으니

이는 춘하추동 사계절의 운행과 같은 것이오.

사람이 천지의 거대한 방에서 고요히 잠을 자려는데

내가 소리를 지르며 그 곁에서 운다는 것은

생명의 이치를 모르는 행동이라 생각하여

곡하기를 그친 것이오.

是其始死也,
시 기 시 사 야

我獨何能無慨然。
아 독 하 능 무 개 연

察其始 而本無生,
찰 기 시   이 본 무 생

非徒無生也 而本無刑,
비 도 무 생 야   이 본 무 형

非徒無形也 而本無氣。
비 도 무 형 야   이 본 무 기

雜乎芒芴之間 變而有氣,
잡 호 망 홀 지 간   변 이 유 기

氣變而有形 形變而有生,
기 변 이 유 형   형 변 이 유 생

今又變而之死,
금 우 변 이 지 사

是相與爲春夏秋冬四時行也。
시 상 여 위 춘 하 추 동 사 시 행 야

人且偃然寢於巨室,
인 차 언 연 침 어 거 실

而我噭噭然隨而哭之,
이 아 교 교 연 수 이 곡 지

自以爲不通乎命,
자 이 위 불 통 호 명

故止之 。
고 지 지

<至樂>

죽음은 사계절의 운행과 같습니다. 죽음은 생명의 '변화'이지 '멸망'이 아닙니다. 그래서 장자는 아내의 죽음을 슬퍼하다 문득 깨닫고 '절애순변_{節哀順變}', 슬픔을 그치고 변화를 따르기로 결심합니다. 그런데 장자는 울지 않으면 그만이지 왜 구태여 아내의 죽음 앞에서 '그릇을 두들기며 노래를 부르기'까지 했을까요?

내 어찌 알겠는가!
삶을 기뻐하는 것이 미혹됨이 아님을.
내 어찌 알겠는가!
죽음을 싫어하는 것이
젊어서 타향을 떠돌며 놀다가 늙어서도 돌아갈 줄 모르는 것이 아님을.
여희_{麗姬}는 예_艾의 관문을 지키는 자의 여식으로
진나라에서 정벌하고 처음 그녀를 얻었을 때는
하도 울어서 눈물이 옷깃을 적실 정도였다.
진나라 왕궁에 와서 왕과 동침하고
쇠고기 돼지고기를 먹고 난 후에는
처음에 그토록 슬피 운 것을 후회하였다.
내 어찌 알겠는가!

죽은 자가 처음에 살기를 바란 것을 후회하지 않는지를.

予惡乎知,
여 오 호 지

悅生之非惑邪。
열 생 지 비 혹 사

予惡乎知,
여 오 호 지

惡死之,
오 사 지

非弱喪而知歸者邪。
비 약 상 이 지 귀 자 사

麗之姬 艾封人之子也。
여 지 희 애 봉 인 지 자 야

晉國之始得之也,
진 국 지 시 득 지 야

涕泣沾襟。
체 읍 첨 금

及其至於王所, 與王同筐牀,
급 기 지 어 왕 소 여 왕 동 광 상

食芻豢, 而後悔其泣也。
식 추 환 이 후 회 기 읍 야

予惡乎知,
여 오 호 지

夫死者不悔其始之蘄生乎。
부 사 자 불 회 기 시 지 기 생 호

〈齊物論〉

'죽음이 인간에 대한 저주이자 동시에 가장 큰 축복임을 아는 이는 없다. 하지만 사람들은 죽음을 가장 큰 저주라 철석같이 믿고 근심한다.' 그리스의 선철先哲 플라톤의 말입니다. '죽음'이 어떤 것인지 알지도 못하면서 우리는 걱정합니다. 죽음은 우리의 생각처럼 공포와 비통의 무엇일까요? 혹시 사후의 세계가 지금 우리가 살고 있는 여기보다 더 좋은 곳은 아닐까요? 물론 알 수 없습니다. 엄밀하게 따지자면 죽음을 알 수 없기에 우리가 그것을 슬퍼할 하등의 이유도 필요도 없는 것입니다. 우리에게 중요한 것은 '지금 여기'의 삶을 충실히 살아내는 일입니다. 이것이 장자의 생각입니다.

무릇 자연은 내게 형체를 주고
생을 주어 나를 수고롭게 하며
늙음을 주어 나를 한가롭게 하다가
죽음을 주어 나를 편히 쉬게 한다.
하여 내 생을 잘하는 것은
곧 내 죽음을 잘하는 것이다.

夫大塊載我以形,
부 대 괴 재 아 이 형

勞我以生,
로 아 이 생

佚我以老,
일 아 이 로

息我以死 。
식 아 이 사

故善吾生者,
고 선 오 생 자

乃所以善吾死也 。
내 소 이 선 오 사 야

〈大宗師〉

죽음은 생명의 실패나 멸망이 아닙니다. 죽음은 생명의 일부입니다. 생명은 죽음의 존재 덕분에 오히려 값지고 소중합니다. 우리는 '잘' 살고 '잘' 죽어야 합니다. 그것이 생명의 소임을 다하는 일입니다. 충실하게 열심히 살았다면 죽을 때도 평안합니다.

제8편 | 자연이
가르쳐주는
것들

'천인합일天人合一'은 생태적으로 사람과 자연이 하나로 공생 관계임을 선포한다. 문화적으로 문명이 자연과의 조화를 추구해야 함을 의미한다. 정신적으로는 생명의 신비와 존엄성에 대한 외경을 강조한다. 천지만물이 나와 연결되어 있음을 안다면 무례함은 있을 수 없다. 자연과 문명, 우주와 인간사를 관통하는 기본 원리로서의 도道는 다양한 악기가 서로의 호흡을 존중하고 의지해 만들어내는 교향악의 어울림이며 '단순함' 안에 심오함을 품은 미학이다.

천인합일天人合一

: '착취와 정복'에서 '존중과 보살핌'으로

사람은 혼자 살 수 없습니다. 타자와 더불어 자연 속에서 살아갑니다. 지난날 우리는 자연 만물이 인류의 필요를 위해 존재하는 것이라 생각 했습니다. 인류의 오만과 이기가 불러온 생태 파괴는 참혹하기만 합니다. 숲과 습지가 점점 사라져 갑니다. 산업화 중심의 무자비한 개발과 이산화탄소의 무분별한 배출로 지구의 기후마저 빈번한 가뭄과 홍수 등 이상 현상을 보이고 있습니다. 더 물러설 곳이 없어진 인류는 이제야 자의반 타의반 인간과 자연의 관계에 대해서 다시 생각하기 시작합니다. 이러다간 모두 죽겠구나 싶은 거지요. 장자의 '천인합일'은 개발제일주의에 매몰된 우리에게 많은 깨우침을 주는 사상입니다. 장자는 일찍부터 '만물은 하나'라고 주장했습니다.

사람이 좋아해도 하늘과 사람은 하나이며

사람이 좋아하지 않아도 하늘과 사람은 하나이다.

사람이 합일하다고 해도 하늘과 사람은 하나이며

사람이 합일하지 않다고 해도 하늘과 사람은 하나이다.

하늘과 사람이 합일함은 곧 자연과 더불어 같은 무리가 되는 것이요

하늘과 사람이 합일하지 않음은 곧 사람과 같은 무리가 되는 것이다.

하늘과 사람을 서로 대립하지 않는 것으로 보면

이를 일컬어 진인眞人이라고 한다.

故其好之也一,
고 기 호 지 야 일

其不好之也一 。
기 불 호 지 야 일

其一也一 其不一也一 。
기 일 야 일   기 불 일 야 일

其一與天爲徒,
기 일 여 천 위 도

其不一與人爲徒 。
기 불 일 여 인 위 도

天與人不相勝也,
천 여 인 불 상 승 야

是謂眞人 。
시 위 진 인

　　　〈大宗師〉

　　사람과 자연은 운명 공동체입니다. 부정할 수 없는 진리이며 사람의
의지 따위로 바꿀 수 없는 객관적 사실입니다. 지혜로운 참사람, 진리를
깨달은 진인眞人이라면 자연과 대립하는 입장을 취하지 않습니다. 그것은

애초부터 가능한 일이 아니기 때문입니다. 인간 중심의 사고방식을 완전히 버려야 자연과 어울려 살 수 있습니다. 공기가 있어야 호흡을 하듯 자연에 의지해야 우리의 생명 활동이 가능함을 깨달아야 합니다.

음과 양은 서로를 비추며 응하고,

서로를 소멸시키며 서로를 자라게 한다.

(음과 양은 서로를 비추고, 서로를 덮어주며 서로를 바로잡는다)

사계절은 서로 교대하며 순환하고, 서로를 낳고 서로를 죽인다.

욕심과 미움, 물러남과 나아감이 이로써 서로 연결돼 일어나고

자웅雌雄이 나눠지고 교합하니 이로써 항상 보존된다.

안전과 위태가 서로 바뀌고 화와 복이 서로를 낳으며

느림과 빠름이 서로 교체하고 모임과 흩어짐이 이로써 형성된다.

陰陽相照 相蓋相治 。
음 양 상 조　상 개 상 치

四時相代 相生相殺 。
사 시 상 대　상 생 상 살

欲惡去就 於是橋起,
욕 오 거 취　어 시 교 기

雌雄片合 於是庸有 。
자 웅 편 합　어 시 용 유

安危相易 禍福相生,
안 위 상 역　화 복 상 생

緩急相摩 聚散以成 。
완 급 상 마　취 산 이 성

〈則陽〉

세계보건기구는 1950년대 말라리아 박멸을 위해 인도네시아 정부를 도와 보르네오 섬 전역에 DDT를 살포합니다. 살포는 꽤 효과적이어서 모기와 말라리아 감염자의 수가 눈에 띄게 감소했습니다. 하지만 얼마 안 있어 보르네오 섬에 이상한 일들이 일어나기 시작했습니다. 주민들이 사는 가옥의 지붕이 갑자기 주저앉는 것이었습니다. 강한 살충력을 갖는 DDT가 송충이나 애벌레를 주로 먹는 말벌까지 죄다 죽여버려서 송충이의 개체수가 급격히 늘어난 때문이었습니다. 송충이들이 지붕에 얹힌 이엉을 족족 먹어버리니 내려앉는 것은 시간문제였지요. 문제는 그뿐이 아니었습니다. 쥐의 개체수가 빠른 속도로 증가하는 것이었습니다. DDT를 맞고 죽거나 중독된 파리들이 원인이었지요. 중독된 파리를 먹은 도마뱀붙이들 대부분은 죽거나 중독되었습니다. 중독된 도마뱀붙이를 먹은 고양이도 죽거나 중독되었으니 자연 그 개체수도 현저하게 감소했을 테지요. 그 다음은 어떻게 됐을지 말하지 않아도 아시겠지요? 살충제의 연쇄 작용으로 천적이 사라지자, 쥐의 개체수가 폭발적으로 증가하면서 보르네오 섬 전역에 흑사병과 발진티푸스가 만연하게 되었습니다. 상황은 말라리아가 극심했던 때보다 훨씬 더 심각했고 위급했습니다. 결국 세계보건기구는 특단의 조치를 취하기로 결정합니다. 쥐를 잡기 위해 '고양이 특공 부대'를 보르네오 섬에 보낸 것입니다. 그것은 자연의 상생 원리를 무시한 살충제 살포가 초래한 생태계의 파괴와 손실을 회복하기 위한 조치였습니다. 벼룩 잡으려다 초가삼간 다 태운다는 말과 꼭 맞는 일이 벌어진 것이지요.

'모든 사물은 그것이 가까이 있든 멀리 있든 사라지지 않는 힘으로

또 은밀한 방식으로 서로가 서로를 연결한다. 당신이 꽃 한 송이를 흔들면 저 멀리서 별 하나가 흔들린다.'

영국의 시인 프랜시스 톰슨Francis Thompson의 말입니다. 장자의 '천인합일' 사상을 생태적 의미로 해석한 시인의 말입니다. 시인이 느끼는 자연의 그윽한 정취가 내게도 전달되는 것 같습니다. 자연은 당신의 작은 움직임도 고스란히 감지합니다. 그리고 그대로 영향을 받습니다. 자연은 저가 받은 것을 다시 우리에게 되돌려줍니다. 자연은 결코 받은 만큼 주는 법이 없습니다. 저가 받은 것보다 더 많이 돌려줍니다. 좋은 것을 받으면 더욱 풍성하게 인류에게 보답합니다. 나쁜 것을 받으면 더욱 무섭게 인류에게 앙갚음합니다. 생태 환경의 파괴로 멸망에 가까운 위기와 위협을 받고 있는 오늘날, 장자의 '천인합일'은 우리에게 절실하고 긴요한 삶의 방식이 되어야 합니다. 장자의 '천인합일'은 자연을 존중하고 보살피는 삶이 곧 우리의 생명을 지키는 길임을 말하고 있습니다.

문명의 지표

: 기본을 지키라

자연 만물을 이루는 구성원 중 하나인 인류의 가장 큰 특이점은 문화와 문명을 창조하고 이룩한 것입니다. 문화와 문명은 인류 자신은 물론이고 자연에 기초한 생활 방식과 습관에 혁명적인 변화를 가져다주었습니다. 날것 그대로를 먹는 생식生食 습관을 버리고 음식을 불에 익혀 먹는 화식火食을 택했으며, 알몸 그대로 생활하다가 더위나 추위로부터 몸을 지키기 위해 점차 옷을 만들어 입게 되었고, 두 다리가 이동수단의 전부였는데 말 따위의 짐승을 탈것으로 길들이더니 수레를 발명하면서 길을 내고 다리를 놓았습니다. 그리고 마침내 도시를 건설합니다. 인류가 자신의 필요를 위해 자연을 '개조'하고 자연에 '개입'했다고 해서 비난할 일은 아닙니다. 자연이 언제나 인류에게 우호적인 것만은 아니니까요. 중요한 것은 자연을 대하는 인류의 태도입니다. 그것은 자연을 개조하는 과정에서 존중과 배려가 있었는가의 문제입니다. 그러니까 두 마리 토끼를 다 잡아야 합니다. 인류의 필요도 충족시키고 자연 훼손도 최소한으로 줄이기 위해 노력해야 하는 것이지요.

소와 말은 각각 네 발을 가졌는데, 이를 자연이라고 한다.
말에 굴레를 씌우고 소에 코뚜레를 뚫는데, 이를 인위라고 한다.
옛말에 이르기를
'인위로 자연을 멸하지 말고, 고의로 꾸며서 천성을 죽이지 말며,
덕으로 명예를 구하지 말라.'고 하였다.
삼가 자연을 잘 지키고 잃지 않으면
이를 일컬어 참 자기로 돌아간다고 한다.

牛馬四足 是謂天。
우 마 사 족 시 위 천
落馬首 穿牛鼻 是謂人。
락 마 수 천 우 비 시 위 인

故曰 :
고 왈

「無以人滅天, 無以故滅命, 無以得殉名 。」
무 이 인 멸 천　무 이 고 멸 명　무 이 득 순 명

謹守而勿失,
근 수 이 물 실

是謂反其眞 。
시 위 반 기 진

<秋水>

고대 사회에서는 하류의 범람이 가장 대표적인 자연 재해였습니다. 그 래서 치수治水를 잘하는 것이 군주의 가장 큰 일이었습니다. 하지만 다스림에는 반드시 '도道와 도度'가 있어야 합니다. 두 가지 '도'를 상실한 무례無禮하고 무리無理한 다스림은 반드시 더 큰 재앙을 불러오기 마련입니다. 타이베이臺北시 지룽강基隆河 정비 사업도 인간의 무도無道한 다스림에 대한 자연의 무서운 경고였습니다. 지룽 하천은 구불구불한데다가 강의 상류 지역인 산간 지방은 강우량이 많았습니다. 그래서 매번 태풍이나 호우가 찾아올 때면 하류지역에 강물이 범람하여 물난리로 인한 피해가 심각했습니다. 타이베이시는 홍수 피해를 막기 위해 1991년부터 경내의 쑹산松山, 네이후內湖, 난강南港 구간에 구불구불한 하천을 자르고 곧게 만드는 '절만취직裁彎取直' 정비 사업을 실시합니다. 하천 정비 후 범람으로 인한 물난리 문제는 개선되었지만 하천이 흐르는 물길이 짧아지면서 밀물 때 조수가 역류하는 현상이 일어났습니다. 그 결과 강우량이 많을 때는 중류 지역의 시즈汐止, 우두五堵 등지가 오히려 하천 정비 전보다 훨씬 심각한 물난리를 겪어야 했습니다. 이웃을 '총알받이'로 이용하는 이린위학以鄰爲壑 식

대책이었던 셈이지요. 지룽허의 구불구불한 물길은 자연적으로 형성된
것입니다. 모든 만물은 존재 이유와 필요를 가집니다. 설혹 그것이 우리
에게 해를 끼치는 존재라도 함부로 대해서는 안 됩니다.

자연의 상규商規를 어지럽히고 사물의 본성을 거스르면
천도天道는 온전하게 이뤄지지 않는다.
짐승의 무리를 흩어지게 하고 새들이 모두 밤중에 울게 한다면
재앙이 초목에 미치고 환난이 곤충에까지 미칠 것이다.
오호라! 이는 인위로 다스린 잘못이다.

亂天之經 逆物之情,
란 천 지 경　역 물 지 정

玄天不成 。
현 천 불 성

解獸之羣 而鳥皆夜鳴,
해 수 지 군　이 조 개 야 명

災及草木 禍及止蟲 。
재 급 초 목　화 급 지 충

噫, 治人之過也 。
희　치 인 지 과 야

〈在宥〉

　자연을 무시한 재해 대책이 초래한 재앙은 비단 타이완에만 있는 일은
아닙니다. 독일의 상징인 라인 강은 중부 유럽 지역을 가로질러 흐르는
가장 큰 강으로 유명하지요. 하지만 라인 강 인근 지역은 하수의 빈번한
범람으로 극심한 물난리를 겪으며 몸살을 앓아야 했습니다. 당시 재해

전문가들은 구불구불한 하천을 원인으로 진단하지요. 결국 독일 정부는 1950년대부터 라인 강의 수많은 지류들을 정비하기 시작하지만 상황은 개선되기는커녕 더욱 악화됐습니다. 결국 독일 정부는 1980년대에 와서야 라인 강 정비 사업과 재해 대책이 잘못되었음을 뒤늦게나마 공개적으로 밝히고 라인 강을 원래대로 되돌려 놓는 복원 프로그램을 가동했습니다. 타이베이시도 지룽허 정비 사업의 오류를 인정하고 최대한 자연을 보호하는 방식으로 전환합니다. 지룽의 작은 도시 루이팡瑞芳은 물길을 나눠 물의 유량이 많을 때는 상류지역의 물이 물길을 경유해 태평양으로 흘러가도록 만들었습니다. 그러니까 물의 본성을 억지로 가두지 않고 제 길을 가도록 한 것입니다. 그 결과 중류지역의 우두, 시즈는 더 이상 홍수로 피해를 입지 않게 되었습니다. 최근에는 재해 예방 관련 정책이 최대한 자연을 존중하고 자연에 순응하는 '자연공법'을 채택하고 있습니다. 공법工法 자체가 인위人爲인지라 자연으로 부르는 것이 이치에 통하는 말은 아닙니다만, 그래도 마구잡이 개발과 정비로 일관했던 지난날의 정책과 비교한다면 큰 진보라 할 수 있습니다. '자연공법'과 유사한 것으로 '인체공학人體工學'이 있습니다. 인체의 구조와 생리 리듬에 맞춰 제품을 설계하고 생산하는 것입니다. 사람이 쓸 물건이니 응당 사람에 맞춰야지요. 이 또한 '천인합일'의 한 예일 것입니다.

인류가 문명을 건설하기 이전의 상태로 돌아갈 수는 없을 것입니다. 하지만 기본을 지킬 수는 있습니다. 기본을 지키는 일은 만물을 '있는 그대로' 보는 일입니다. 존재를 그 자체로 인정하는 일입니다. 인정은 알아주고 받아들이는 일입니다. 알아주고 받아들이면 존중과 배려는 자연

스레 따라옵니다. 장자의 말을 다시 상기해도 좋겠습니다. '자연의 상규
商規를 어지럽히고 사물의 본성을 거스르면 천도天道는 온전하게 이뤄지지
않는다.'

그러니까 결국 기본을 지키는 것이 가장 중요하고 또 위대한 일입니다.

이천대인以天待人
: 자연을 닮는 법

베이징 톈탄天壇 공원을 방문한 관광객이라면 이런 소개를 보거나 듣
거나 했을 것입니다. '톈탄은 둥근 원형으로 남색 유리기와가 사용되었
습니다. 난간 사이의 돌기둥인 망주望柱와 계단의 수는 모두 9나 9의 배
수입니다. 하늘天은 '양陽'이고 9는 양의 극수極數를 상징하는 까닭입니다.
북쪽은 둥글고 남쪽의 네모진 단의 벽과 원형 건축물은 네모반듯한 외
벽의 설계와 잘 어울립니다. 하늘은 둥글고 땅은 네모난 자연의 형상을
본뜬 것으로 '천인합일'의 생명관을 표현하고 있습니다.'

만일 장자가 이 설명을 들었다면 어떤 반응을 보였을까요? 머리를 저
으며 쓴웃음을 지었을 것입니다. 왜냐하면 베이징 톈탄 공원의 건축 조
형은 동중서董仲舒의 천인감응설天人感應設을 반영한 것이니까요. 장자의 천인
합일 사상과는 거리가 아주 멉니다.

많은 이들은 톈탄의 건축물이 자연의 형상을 본받았다고 말합니다
만, 나는 자연계 어디에 직선과 완전한 원형과 정방형, 숫자 따위가 있

는지 묻고 싶습니다. '하늘은 둥글고 땅은 네모나다.'는 천원지방天圓地方의 관념도 인간이 그렇게 감각하고 사유했을 뿐입니다. 명조의 영락제 때 건설된 톈탄은 그 중심선이 자금성과 정확히 일치한다고 합니다. 측량 기술이 발달하지 않았던 당시에 이처럼 정확하게 축을 맞춘 것은 참으로 놀랍습니다. 그 정확성은 '갈고랑이와 먹줄과 그림쇠와 곱자'를 써 만든 덕분인데, 장자는 이에 대해 그것은 '자연'이 아니라고 일찌감치 지적했습니다.

또한 무릇 갈고랑이, 먹줄, 그림쇠, 곱자로 바로잡으려 함은
사물의 본성을 깎아내는 것이다.
새끼줄로 묶고 아교로 칠하여 고정하려 함은
사물의 본연을 침해하는 것이다.

且夫待鉤繩規矩 而正者,
차 부 대 구 승 규 구   이 정 자
是削其性也 。
시 삭 기 성 야
待繩約膠漆 而固者,
대 승 약 교 칠   이 고 자
是侵其德也 。
시 침 기 덕 야
〈駢拇〉

톈탄은 물론 아름답습니다. 하지만 그것은 인위의 아름다움이요 문명의 아름다움입니다. '천인합일'은 없습니다. 자연의 본성과 본연을 거스른 건축을 두고 자연을 본받았다고 말하는 것은 어불성설입니다. 이 같

은 잘못된 생각은 도처에서 볼 수 있습니다. 도로변 양쪽에 짙푸른 나무들을 길게 심어 놓고는 시민들에게 자연 속에 있는 듯한 상쾌함을 주고 싶었다고 설명합니다. 보기 좋은 것은 사실입니다. 하지만 나는 다시 궁금해집니다. 자연 그 어느 곳에 가로수처럼 5미터 간격으로 서 있는 나무가 있을까요? 게다가 자로 맞춘 듯 동일한 높이의 나무는 더욱 있을 리 없겠지요.

　가로수나 생태 공원 따위는 자연을 거스르고 본성을 죽이는 인위적 조성입니다. 적어도 장자는 그렇게 볼 것입니다. 세계 도처에서 도시 미화라는 명분으로 '역천逆天'을 '순천順天'으로 '천인대립天人對立'을 '천인합일'로 둔갑시키고 있습니다. 이것은 단순한 거짓말이 아닙니다. 인간이 만든 그 거짓된 자연과 거짓 관념이 우리의 삶과 공동체, 사람과 자연의 관계를 위기로 몰고 있으니까요.

　옛 진인은

　자연을 따르고 자연에 맡기는 태도로 사람 세상을 대했으며

　인위로 자연에 개입하지 않았다.

　古之眞人,
　고 지 지 인

　以天待人,
　이 천 대 인

　不以人入天。
　불 이 인 입 천

　　　〈徐無鬼〉

문명사회에서 '인위'를 거부하고 살 수는 없는 노릇일 것입니다. 또 '인위'라 하면 많든 적든 자연에 손을 대야 합니다. 다만 우리가 할 수 있는 최선은 '사람의 일을 할 때 자연에 순종하는 태도를 지키는 것'입니다. 예를 들면, 움막은 사람이 살기 위해 일부러 땅을 파고 지은 집입니다. 도시인들의 집과는 비교를 할 수 없는, 비교하는 것부터가 말이 안 되는 곳이지요. 움막은 황토 고원의 자연적 특성을 거스르지 않고 산이나 언덕에 의지하여 흙을 파내고 굴을 만들어 사람이 살 수 있도록 만든 곳입니다. 움막은 시공 기술을 거의 쓰지 않았지만, 겨울에는 따뜻하고 여름에는 시원하며 주변의 자연 경관과도 무리 없이 잘 어울립니다. 마치 산이 사람들을 품고 있는 것 같습니다. 그야말로 사람이 자연에 순종하며 의지하는 삶입니다.

먹고 살만한 까닭일까요? 요즘 사람들은 양생養生의 도에 관심이 참 많습니다. 하지만 건강 전문가들이 내놓는 처방은 무척 단순합니다. '하루 세 끼 정해진 시간에 정량을 먹어라!' 혹자는 '1일 3식'이 '자연양생법'의 기본이라 주장합니다만, 실은 '상식이 낳은 오해'일 뿐입니다. 화가 류치웨이劉其偉 선생은 일생을 다채롭게 사신 분입니다. 여든이 넘은 연세에도 사람들을 이끌고 파푸아뉴기니로 탐험 여행을 다녀오실 만큼 건강하셨는데, 아흔에 대동맥 박리로 갑작스럽게 세상을 떠나셨지요. 선생이 살아 계실 때 양생의 비결을 묻는 이가 더러 있었는데, 선생은 짐승처럼 산다고 대답하셨습니다. 졸리면 자고 배고프면 먹는 게 전부라는 말씀이었지요. 선생은 흥이 오르면 밤샘 작업도 하셨는데, 그럴 때는 새벽 서너 시까지 그림을 그리시다 늦게 잠자리에 들어 점심때가 되어야 일어나시

곤 하셨습니다. 배가 고프지 않으면 끼니를 거르기도 하시고 정시에 정량을 먹지도 않으셨지요. 건강 전문가들 입장에서 본다면 '빵점'이지만, 선생의 양생 비결은 선생 자신의 몸(자연)이 시키는 대로 순종하는 것이었습니다. 선생은 양생을 통해 장자의 천인합일을 생활 속에서 실천하셨던 것입니다. 장자가 말하는 '천인합일'은 범인凡人은 깨칠 수 없는 심오하고 현묘한 세계가 아닙니다. 장자의 천인합일은 삶의 철학이며 생명관이며 행동 원리이며 생활 방식입니다. 사실 규칙적인 수면과 식사는 몸의 자연스러운 리듬을 고려하지 않고 우리 생각과 의지대로 몸을 길들이는 것입니다. 잘 길들여지면 다행이지만 그렇지 않으면 탈이 나겠지요. 하루 세 끼 정시에 정량을 먹는 식습관이 나쁘다고 말하는 것이 아닙니다. 분명한 것은 습관은 자연스러운 게 아니라는 사실입니다. 당연시해왔던 익숙한 습관에서 벗어나는 것이 오히려 삶의 자연성을 회복하고 나아가 천인합일의 경지에 좀 더 가까이 가는 길임을 말하는 것입니다.

어떻게 우주와 교감할 것인가

: 우주의식

실존주의 작가 알베르 카뮈는 인간은 자신의 존재 문제를 사유하는 유일한 동물이라고 말했습니다. 티끌세상 속 당신은 당신의 존재를 어떻게 보고 있나요? 어쩌면 먼저 이것을 물어야 했는지도 모르겠군요. 당신은 당신이 존재하고 있는 이 세계와 당신과 함께 존재하는 타자를 어떻

게 보고 있나요? 이 물음에 대해 장자는 일반적 사유 체계를 뒤집는 관
점을 제시합니다.

　　천지와 내가 공생하고 공존한다면

　　만물은 나와 하나가 되는 것이다.

　　이미 하나가 되었는데

　　무슨 할 말이 더 있으랴!

　　이미 하나가 되었다고

　　또 하지 못할 말이 있으랴!

　　天地與我竝生,
　　천 지 여 아 병 생

　　而萬物與我爲一。
　　이 만 물 여 아 위 일

　　旣已爲一矣,
　　기 이 위 일 의

　　且得有言乎。
　　차 득 유 언 호

　　旣已謂之一矣,
　　기 이 위 지 일 의

　　且得無言乎。
　　차 득 무 언 호

　　　　　　〈齊物論〉

　　많은 사람들은 '천지와 내가 공생하고 공존한다면 만물은 나와 하나
가 되는 것이다.'를 초월과 탈속을 성취한 완벽의 세계, 맑은 영혼과 표일
飄逸한 사상이 아니면 다다를 수 없는 이상적 경지로 생각합니다. 하지만

현대 과학의 관점은 사뭇 다릅니다. '하늘과 사람', '우주와 몸'이 얼마든지 합일 가능하다고 봅니다. 우리 모두에게 우주와 몸이 하나가 되는 경험을 할 수 있는 기회가 열려 있다고 보는 것이지요. '천인합일'의 황홀경은 자아를 잊게 합니다. 그래서 '말하려 하지만 이미 말을 잊은' 상태가 되는 것입니다. 미국 펜실베이니아대학교 정신과에서는 '천인합일'이나 '우주의식', '초월적 존재' 체험에 관심을 갖고 오랜 기간 연구해온 것으로 알려져 있습니다. 말할 수 없는 것들을 말하려는 학문적 시도인 셈이지요. 그들이 연구 조사한 바로는 이런 체험을 한 사람들이 적지 않았습니다. 다음은 조사에 응한 영국 출신 물리학자의 실제 경험담입니다. 서른일곱의 젊은 물리학자가 친구를 만나러 시골 마을을 찾았을 때의 일입니다. "그날 아침은 유난히 일찍 눈이 떠졌습니다. 아침을 들기 전에 수영을 해도 좋겠단 생각이 들어 물속으로 뛰어들었지요. 차가운 물이었는데 찬 느낌은 전혀 들지 않고 물이 나를 끌어당겨 포근하게 안아주는 것 같았어요. 그런 편안함과 가슴 벅찬 환희는 처음이었습니다. 그리고 6년이 지났습니다만 그때의 황홀감은 아직도 내 몸에 남아 있습니다. 그 경험이 나를 종교로 이끌었고 인생의 전환점이 되었어요. 그것은 삶의 새로운 동기와 희망을 내게 가져다 준 하나의 사건이었습니다."

젊은 물리학자가 체험한 그 사건의 정체는 무엇일까요? 사람이 '의식의 전환 상태'에 진입하면 - 예를 들면, 장시간 가부좌를 틀고 참선을 하거나 종교적인 명상을 하거나 꿈을 꾸거나 혹은 환각제를 복용했을 때 - 자아의 울타리가 와해되면서, 그 찰나의 순간에 우주와 하나가 됨으로써 스스로 절대적이고 완전한 존재가 되었다고 느낀답니다. 당사자는 말할 수 없는 감동으로 몸서리치고 그 황홀한 순간에 우주의 신비와 인생의 진리를 보았다고 스스로 생각한답니다. 그런 경험은 지극히 미묘美妙해서 당사자는 당장 뛰어나가 아무한테라도 그 강렬한 느낌을 쏟아내고 싶어 합니다. 하지만 말이 되어 나오지는 않지요. 그래서 장자는 자신이 체험한 천인합일의 극적인 순간을 '나비 꿈' 이야기로 풀어놓은 것인지 모르겠습니다.

'뇌과학' 측면에서 보면 '천인합일'적 체험은 우뇌가 주관하는 지각 경험입니다. 인간의 좌뇌는 언어, 논리, 분석, 계산 따위의 의식 영역을 주로 담당하고 우뇌는 통합적이고 감성적이고 직관적인 성격을 갖고 있어 예술이나 무의식 영역과 관계가 있습니다. 좌뇌와 우뇌는 뇌량을 통해 끊임없이 정보를 교환하면서 인간이 외부 세계의 자극을 인지하도록 돕습니다. 의식이 '전환 상태'에 진입하면 좌뇌는 스트레스를 받아서 잠시 운행을 중단하고 외부 자극에 대한 어떤 분석이나 논리적 사고도 하지 않습니다. 좌뇌가 멈추면 우뇌가 더 많이 움직이기 시작하는데 이때 시간감이나 공간감을 잃게 됩니다. 시간과 공간에 대한 감각이 없어지니 자연스레 천지가 나와 함께 나고 함께 있는 것 같고 만물이 나와 더불어 하나가 된 것 같은 지각 체험을 하게 되는 것입니다.

뇌과학적으로 설명한다면 '천인합일'을 원하는 사람은 일단 좌뇌를 좀 쉬게 하는 일부터 해야 할 것입니다. 좌뇌를 쉬게 한다는 것은 자신을 둘러싼 주변 세계를 이성과 논리, 변별과 분석으로 사유하고 판단하는 습관을 버리는 일입니다. 대신 우뇌의 기능인 직관과 감성, 통합적 관조 능력을 더 많이 쓰는 것입니다. 하여 장자는 이렇게 말하였나 봅니다.

그러므로 성인은 따르는 것이 없고 자연에 비추어본다

是以聖人不由 而照之於天 。
시 이 성 인 불 유 이 조 지 어 천

천하와 통하라

: 나와 당신은 다르지 않다

사람이 산다는 것은 무엇일까요? 삶은 대체 어떤 것일까요? 좋은 것일까요? 나쁜 것일까요? 저마다의 가슴 속에 새겨진 생의 체험과 기억들로 그 답은 다 다를 것입니다.

마치 물을 마시는 것처럼 그 차고 뜨거움은 스스로 안다

如飲水者 冷熱自知
여 음 수 자 냉 열 자 지

이 말은 인도 진언밀교眞言密敎의 고승 선무외善無畏가 번역한 대일경소大日
經疏의 한 법구法句입니다. 쉽게 말하면, 자신이 겪은 일은 그 자신이 가장 잘 안다는 뜻입니다. 그것은 한 사람의 인식과 경지는 그의 생의 경험과 밀접한 관계가 있다는 말입니다. 장자의 나비 꿈도 그의 사상을 더욱 단단하게 했을 것입니다.

얼마 전 장주가 꿈에서 나비가 되었는데

훨훨 나는 나비가 된 것이 기뻤고

스스로 매우 흔쾌히 만족하였으며

자기가 장주라는 것을 전혀 알지 못했다.

그러다가 홀연 깨어나 자신은 틀림없는 장주라는 것을 알아챘다.

장주가 꿈에 나비가 되었는지

나비가 꿈에 장주가 되었는지 알 수가 없었다.

그러나 장주와 나비는 반드시 분별이 있는 것이니

이러한 탈바꿈을 일컬어 '물화物化'라고 한다.

昔者莊周夢爲胡蝶,
석 자 장 주 몽 위 호 접

栩栩然胡蝶也,
허 허 연 호 접 야

自喩適志與,
자 유 적 지 여

不知周也 。
부 지 주 야

俄然覺, 則遽遽然周也 。
아 연 각   즉 거 거 연 주 야

不知 周之夢爲胡蝶與,
부 지   주 지 몽 위 호 접 여

胡蝶之夢爲周與 。
호 접 지 몽 위 주 여

周與胡蝶 則必有分矣 。
주 여 호 접   즉 필 유 분 의

此之謂物化 。
차 지 위 물 화

　　　　　　　〈齊物論〉

장자의 '물화物化'는 자아와 외부 세계와의 경계와 분별이 사라지면서 자아가 다른 어떤 존재로 변태變態하거나 혹은 그것과 하나가 되는 것을 의미합니다. 나비 꿈을 꾸었다라고 말하지만, 장자의 그 특별한 체험은 그가 일관되게 주장한 제물론적 관점에서 비롯된 것입니다. '천지는 하나의 손가락이고 만물은 하나의 말馬이다.'라거나 '천지가 비록 크나 그 조화는 균등하고 만물이 비록 많으나 그 다스림은 하나다.'라는 말들은 천지만물이 모두 한 곳에 그 뿌리를 두고 있음을 뜻합니다. 서로 다른 조합 방식이 '차이'를 만들었을 뿐, 존재를 이루는 본질은 같다고! 너와 내가 다르지 않다고! 천명하는 것입니다.

사람의 태어남은 곧 기가 모인 것이다.
모이면 생명을 이루고 흩어지면 죽음을 이룬다.
만약 죽고 사는 것이 이사를 가는 일이라면
우리는 또 무엇을 걱정하랴!
그러므로 만물은 하나지만
이것이 아름다우면 신기하다고 하고
미우면 냄새나고 썩었다고 한다.
하지만 썩은 것이 신기한 것이 될 수도 있고
신기한 것이 다시 썩은 것으로 될 수도 있다.
그러므로 이르기를
'천하는 하나의 기로 통할 뿐이다'라고 하니
성인도 반드시 하나로 돌아가는 것이다.

人之生 氣之聚也。
인 지 생 기 지 취 야

聚則爲生 散則爲死。
취 즉 위 생 산 즉 위 사

若死生爲徒,
약 사 생 위 사

吾又何患。
오 우 아 환

故萬物一也,
고 만 물 일 야

是其所美者爲神奇,
시 기 소 미 자 위 신 기

其所惡者爲臭腐。
기 소 오 자 위 취 부

臭腐復化爲神奇,
취 부 부 화 위 신 기

神奇復化爲臭腐。
신 기 부 화 위 취 부

故曰:
고 왈

「通天下一氣耳。」
통 천 하 일 기 이

聖人故歸一。
성 인 고 귀 일

〈知北遊〉

비단 사람만이 아닙니다. 만물의 생성과 소멸은 모두 기가 모였다 흩어
지는 일입니다. '기'는 개별적 차이성을 갖고 있지 않습니다. 만물의 근원
이며 본질인 기는 하나의 숨결이고 하나의 힘입니다. 그래서 '천하는 하
나의 기로 통한다.'는 말이 가능한 것입니다. 오스트레일리아 원주민들은
사람의 생명이 정령精靈과 육체로 만들어졌다고 믿는다고 합니다. 그들이

생각하는 '정령'은 우리가 생각하는 '영혼'의 개념과는 좀 다릅니다. 사람이 죽어 한 줌 흙으로 돌아가는 것처럼, 그들의 정령은 사람이 죽으면 저홀로 썩어가는 몸에서 빠져나와 자신의 모체인 땅의 정령한테 돌아갑니다. 그러다 새로운 생명이 태어나면 땅의 정령은 제 몸에서 작은 정령을 다시 꺼내어 아이의 몸에 불어넣습니다. 이것은 일종의 윤회적 생명관입니다. 숨결을 가진 모든 생명들이 동일한 방식으로 윤회하며 세상을 삽니다. 이들의 '정령'과 장자가 말하는 '기'는 그 '유일성唯一性'이 참으로 닮았습니다. 너의 기와 나의 기와 생쥐의 기가 따로 존재하지 않습니다. 기는 사람과 사람, 사람과 짐승에 차별을 두지 않습니다. 만물이 하나의 정령으로 연결되어 윤회한다는 생명관은 오스트레일리아 원주민들에게 자연친화적 삶을 가르쳐주었습니다. 그들 삶의 방식은 문명인들에 의해 줄곧 '원시적'인 것으로 인식되어 왔습니다. 그러나 '원시'는 결코 '야만'이나 '미개', '열등'의 동의어가 아닙니다. 오히려 그들의 삶은 우리에게 무엇이 가장 기본이고 가장 중요한 것인지 알려주고 있습니다.

모든 것의 처음으로의 회귀와 태초의 순수를 외친 장자가 그들과 만나는 지점은 자연입니다. 장자와 오스트레일리아 원주민의 삶은 '겸손과 환희'의 깨달음에서 시작된 것입니다. '겸손'은 '나도 당신과 다르지 않다.'는 고백이며 '환희'는 '만물이 나와 연결되어 있다'는 벅차오르는 감격입니다.

만물은 나와 더불어 하나를 이룬다

萬物與我爲一
만 물 여 아 위 일

장자의 이 말은 바꿔 말하면 '자신을 특별한 존재라고 생각하는 사람은 그 무엇과도 하나가 될 수 없다.'는 뜻일 것입니다.

불멸의 화신

: 다만 변화할 뿐이다

'개똥밭에 굴러도 이승이 좋다.'라거나 '살아 있다는 것이 가장 큰 축복이다.' 따위의 말들 속에서 우리는 인간의 삶에 대한 강한 애착과 죽음에 대한 공포를 읽을 수 있습니다. 앞서도 언급했지만 죽음은 필연적이고 자연적인 것인데 인간은 그것을 피하려고만 합니다. 장자는 죽음에 대한 헛된 공포와 오해가 낳는 인간의 그릇된 탐욕을 경계하며 현생現生에 갇힌 유한성을 극복하고 삶과 죽음을 바라보자고 말합니다.

생은 죽음의 연속이며 죽음은 생의 시작이니
누가 그 안의 규율을 알겠는가!
사람의 태어남은 곧 기가 모인 것이다.
모이면 생명을 이루고 흩어지면 죽음을 이룬다.
만약 죽고 사는 것이 이사를 가는 일이라면
우리는 또 무엇을 걱정하랴!

生也死之徒 死也生之始,
생 야 사 지 도 사 야 생 지 시

孰知其紀。
숙 지 기 기

人之生 氣之聚也。
인 지 생 기 지 취 야

聚則爲生 散則爲死。
취 즉 위 생 산 즉 위 사

若死生爲徙,
약 사 생 위 사

吾又何患。
오 우 하 환

<知北遊>

   우리는 흔히 삶과 죽음을 대립적인 것으로 봅니다. '살아 있음'은 기적이며 축복인 까닭에 마땅히 아끼고 돌보아야 한다고 생각합니다. 반면 '죽음'은 저주이며 불행인 까닭에 혐오합니다. 생각하기 싫어합니다. 아침에 나온 해가 밤이 되어 들어갔다고 해가 사라진 것이 아니듯이, 생명은 기의 취산聚散 작용으로 모이면 '살아 있음' 상태로 흩어지면 '죽음' 상태로 현상만 변화하였을 뿐, 생명의 본질인 기는 사라진 것이 아닙니다. 그래서 '생사는 없고 변화만 있다.'고 말하는 것입니다.

생명은 다른 것들을 빌려와서 같은 하나의 몸을 만들어
의탁하는 것이다.
간과 쓸개를 잊고 귀와 눈을 잊고서
처음과 끝을 반복 순환하니 그 실마리를 알지 못한다.
망연히 속세의 바깥을 방황하고
무위의 경지에서 소요한다.

假於異物 託於同體。
가 어 이 물 탁 어 동 체

忘其肝膽 遺其耳目,
망 기 간 담 유 기 이 목

反覆終始 不知端倪。
반 복 종 시 부 지 단 예

茫然 彷徨乎塵垢之外,
망 연 방 황 호 진 구 지 외

逍遙乎無爲之業。
소 요 호 무 위 지 업

<大宗師>

   장자의 눈에 비친 만물의 생과 사는 각자가 저들의 분자와 원자를 새롭게 조성하고 배열하여 만들어내는 것입니다. 장자의 세계에 우리가 생각하는 '죽음'은 없습니다. 그는 만물은 불멸한다고 믿었습니다. 장자의 '불멸론'을 엿볼 수 있는 이야기가 있습니다.

   「대종사」편을 보면, 자래子來가 갑자기 병을 얻어 곧 죽게 되자 절친한 벗인 자려子犁가 문병을 갑니다. 가보니 자래의 처자들이 울고 있었지요. 자려는 꾸짖습니다. "치워라! 자연의 조화를 슬퍼 말라!" 그러더니 자려는 죽어가는 자래에게 외려 묻습니다. "조물주가 다음번에 또 그대를 무엇으로 만들겠는가? 쥐의 간이겠는가? 아니면 벌레의 팔뚝이겠는가?" 자래가 대답합니다. "부모는 자식에게 동서남북 어디든 따르라 명령하지. 사람에게 있어 음양 조화의 명령은 부모의 명령보다 큰 것일세. 그러니 자연이 나한테 죽음에 가까이 가라 시키는데 내가 듣지 않는다면 내가 사나워 따르지 않는 것일 뿐 자연에 무슨 죄가 있겠나?"

   「열어구」에는 장자의 장례 이야기가 나옵니다. 장자가 죽을 날이 다가 오자 그를 따랐던 제자들은 장례를 후하게 치를 준비를 합니다. 장자가 제자들에게 부질없는 짓 말라며 타이릅니다. "나는 하늘과 땅을 관각으로 삼고 해와 달로 구슬을 잇고 별들로 거울을 삼고 만물을 제물로 삼았다. 장례 치를 준비가 이미 다 되었거늘 어찌 갖추지 않았다 말하며 무엇을 더 보태려 하는 것이냐?" 제자들이 대답합니다. "까마귀와 솔개가 선생을 뜯어 먹을까 염려되는 까닭입니다."

장자가 말합니다. "위에서는 까마귀와 솔개의 밥이 되고 아래에서는 땅강아지와 개미의 밥이 됨이 마땅하다. 저들한테 빼앗아 이들한테 주려 하다니, 어찌 그렇게 치우칠 수 있겠느냐?"

장자는 죽음을 썩어 없어지는 것이 아니라 새로운 생의 시작을 위한 준비로 생각했습니다. 그래서 흔쾌히 죽음을 맞이할 수 있었던 것입니다.

장자는 「제물론」에서 '삶이 있으면 죽음이 있고 죽음이 있으면 삶이 있다.'고 말했습니다. 우리가 살아 있는 순간조차 우리의 몸 안에서는 죽음이 계속 진행되고 있습니다. 세포학적으로 말하면 사실 우리는 매일 조금씩 죽고 매일 조금씩 다시 태어나는 것입니다. 7년마다 우리 몸속의 모든 세포가 전부 새 것으로 바뀐다고 하니까, 지난날의 당신은 이미 죽어 없고 지금의 당신은 전혀 다른 사람인 것입니다. 우리는 자신이 '죽지도 변하지도 않았다'고 생각하지만, 사실 그것은 '뭘 모르는 인간'의 환상幻想인 셈이지요.

로마제국의 16대 황제이자 후기 스토아학파 철학자로 『명상록』을 남긴 마르쿠스 아우렐리우스Marcus Aurelius Antonius도 삶과 죽음을 끊임없이 생

멸生滅하고 변화하는 순환의 과정으로 보았습니다. "나는 인연과 물질로 만들어졌다. 인연과 물질은 소멸되어 '없음無'으로 돌아가지 않는다. 없음에서 생겨난 것이 아니기 때문이다. 하여 나를 이루는 모든 부분은 변화의 과정을 통해 우주의 한 부분이 되고 그것은 다시 또 다른 무엇이 된다. 이렇게 나는 무궁히 변화하는 존재다." 장자와 아우렐리우스는 죽음을 두려워하는 것은 어리석은 일이라고, 그러니 순리를 거스르는 탐욕으로 스스로 생을 힘들게 말라고 우리에게 가르치고 있습니다.

무위無爲의 다스림
:천도天道를 행하고 인도人道를 다하라

우리는 경험을 통해 알고 있습니다. 간혹 어떤 일들은 손을 쓰면 쓸수록 더욱 꼬이고 나빠지는 경우가 있다는 것을요. 심지어 통제 불능의 상태로까지 치닫는 상황이 벌어지기도 하지요. 그래서 이렇게 될 줄 알았다면 그냥 가만히 있을 걸, 하고 때늦은 후회를 합니다. 그리고 '무위無爲의 다스림'이나 '일은 더하는 것보다 줄이는 것이 낫다' 같은 옛말들이 갖는 의미를 새삼 곱씹지요. 물론 이렇게 생각하는 것만도 훌륭합니다. 하지만 이런 식의 '무위'는 장자가 말하는 '무위'와는 꽤 거리가 있습니다. 우선, 장자의 '무위'에는 '하지 않음'이란 뜻보다 사건 혹은 사물의 자연적인 변화와 발전에 대한 '불간섭'이나 '불침해'의 의미를 더욱 많이 내포하고 있습니다.

네가 다만 무위의 경지에 머문다면 만물은 저절로 생기고 되는 것이다.

너의 몸을 잊어버리고 너의 총명을 토해 버리라!

윤리와 만물을 모두 잊고 망망한 자연의 기氣와 하나가 되라!

마음을 해방하고 정신을 석방하여 혼이 나간 것처럼 멍해져라!

그리하면 만물은 무성해지고 모두 각자의 본 뿌리로 돌아갈 것이나

각자의 본 뿌리로 돌아감도 무심無心에서 나와

스스로 그것을 알지 못한다.

汝徒處無爲 而物自化。
여 도 처 무 위 이 물 자 화

墮爾形體 吐爾聰明。
타 이 형 체 토 이 총 명

倫與物忘 大同乎涬溟。
륜 여 물 망 대 동 호 행 명

解心釋神 莫然無魂。
해 심 석 신 막 연 무 혼

萬物云云 各復其根,
만 물 운 운 각 복 기 근

各復其根而不知。
각 복 기 근 이 부 지

<在宥>

'봉계호어封溪護漁'라는 말이 있습니다. 문자적 의미로는 '시내를 막아 물고기를 보호한다.'는 말입니다만, 그 본의는 물고기들이 말라 죽어가는 시냇물에 어떤 물리적 조치를 가한다는 뜻이 아닙니다. '봉계호어'는 사람들한테 제발 더는 이곳을 찾지 말아달라 당부하는 말입니다. 시내에 들어가 물고기를 잡고 또 그것을 자리에서 구워 먹는 행동을 자제하라

요청하는 말입니다. 물고기가 저의 본성에 따라 살다 가도록 내버려두라는 것이지요. 자연은 스스로 치유하고 회복하는 힘이 있습니다. 인위적 간섭이 없을 때 자연은 스스로 본래의 생기를 되찾습니다. 시냇물은 유리알처럼 맑게 반짝거리고 화초는 교교皎皎히 자태를 뽐내며 물고기들은 유유히 헤엄칩니다.

장자의 '무위'는 '목적이 없는 행함'이며 '개의치 않는 행함'입니다. 「천지」편을 보면 '무위'로 다스리는 것을 자연天이라 한다는 말이 나옵니다. 사람의 행위는 거의 일정한 목적성을 가집니다. 어떤 이들은 자신의 사리사욕을 채우기 위해 세상을 어지럽히는 일도 서슴지 않습니다. 앞서 나온 타이베이 시가 감행한 지룽허 하천 정비 사업도 표면적으로는 홍수 재발 방지를 위한 치수治水가 목적이었지만, 하천 정비를 통해 원래는 없던 땅이 생기는 등 새로운 이윤 창출에 대한 시 당국의 숨은 기대가 있었습니다. 하지만 결과적으로 하천 정비는 자연 환경만 훼손시키고 치수라는 본래의 목적도 이루지 못한 '삽질'로 끝나고 말았던 것입니다.

네가 마음을 담박한 경지에서 놀게 하고
기를 무위의 고요한 곳에서 합하며
사물을 자연의 본성에 순응하게 하여
사사로움을 받아들이지 않으면
천하가 다스려진다.

汝遊心於淡,
여 유 심 어 담

合氣於漠,
합 기 어 막

順物自然
순 물 자 연

而無容私焉,
이 무 용 사 언

而天下治矣 。
이 천 하 치 의

<應帝王>

'무위'에도 구별이 있습니다. 반드시 '무위'로 다스릴 일이 있고 또 반드시 '유위'로 성취해야 할이 있습니다. 내 배를 채우려면 내가 밥을 먹어야 하고, 내 머리를 채우려면 내가 책을 읽어야 하는 이치입니다.

윗사람은 반드시 무위로 천하를 부리고

아랫사람은 반드시 유위로 천하의 쓰임이 되니

이는 불변의 이치다.

上必無爲 以用天下,
상 필 무 위 이 용 천 하

下必有爲 以爲天下用,
하 필 유 위 이 위 천 하 용

此不易之道也 。
차 불 역 지 도 야

<天道>

「재유」편에도 '다스림이 없어도 높여 따르는 것이 천도_{天道}요, 다스림이 있어 따르도록 묶는 것이 인도다._{無爲而尊者, 天道也。有爲而累者, 人道也。}'라는 말이 나

384

옵니다. '하늘이 만들지 않더라도 만물은 스스로 조화하고 땅이 기르지 않더라도 만물이 스스로 자라는 것_{天不産而萬物化, 地不長而萬物育。}'처럼 만사를 자연의 순리에 맡기는 것이 일이 잘되도록 돕는 것입니다. 한때 '무위 경영'이란 말이 유행했었지요. '무위 경영'은 관리자로서 할 일이란 직원들이 자신의 능력을 십분 발휘할 수 있도록 보이지 않게 돕는 것을 말합니다. 자식 키우는 일도 마찬가지입니다. 부모가 너무 나서면 오히려 아이를 망칩니다. 부모가 보이지 않게 '무위'로 다스려야 아이는 '유위'로 성취하며 스스로 자기 효능감을 높일 수 있습니다. 사랑과 관심이라는 이유로 부모가 아이에게 가하는 수많은 간섭과 월권_{越權}이 혼자서는 아무것도 못하는 아이로 만드는 것입니다. 필요할 때는 아이 스스로 행하고 스스로 책임지도록 아이에게 맡겨 보세요. 공연한 걱정과 수고로운 간섭에서 해방되어 무위_{無爲}의 자유를 누리세요. 그러면 부모도 아이도 행복합니다.

일에 따라 반드시 '유위'의 실천이 있어야 얻어지는 것도 있습니다. 무언가를 성취하고 싶다면 당신이 할 수 있는 최대치의 노력을 해야 합니다. 노력과 성실은 자신을 아끼는 가장 좋은 방법이자, 사람됨의 도리이며 본분입니다.

그러므로 기억할 것은 장자의 '무위'란 결코 아무것도 하지 않는 무책임과 무관심, 불성실이 아니라는 점입니다. 순리에 맡기는 하늘의 도를 행하고 사람됨의 도리를 다하는 것은 또 다른 방식의 '천인합일'인 것입니다.

혼연위일 渾然爲一

: 신출귀몰 일의 달인

많은 사람들은 밥벌이로 노동을 합니다. 하지만 자신의 일을 사랑하고 또 아주 근사하게 맡은 일을 해내는 달인들이 곳곳에 있습니다. 그들의 일솜씨는 탁월합니다. 그들은 저것이 바로 신들린 경지로구나! 감탄과 찬사가 절로 나오게 하는 달인들입니다. 「양생주」에 등장하는 문혜군을 위해 소를 잡은 포정도 그런 인물이지요. 소를 잡는 그의 칼솜씨는 차라리 하나의 예술이었습니다. 손이 닿고 어깨를 기울이고 발로 밟고 무릎이 닿는 대로 칼은 슥슥 삭삭 경쾌하게 소의 몸 위에서 미끄러졌습니다. 그의 모든 움직임은 그대로 한 바탕 춤사위였습니다. 무곡 상림 桑林과 악곡 경수 經首에 맞춘 듯 잘 어울렸습니다. 문혜군이 어떻게 해야 그런 경지에 이를 수 있냐고 묻자 포정은 망설임 없이 그것은 마음에서 나온다고 대답합니다.

제가 얻은 것은 도 道이온데

기술보다 우월한 것입니다.

제가 처음 소를 잡을 때는

보이는 것이 소의 전체였습니다.

삼 년이 지나자 소 전체를 보지 않게 되었습니다.

방금

저는 마음으로 소를 대하고 눈으로 보지 않았는데

감각 기관의 지각知覺이 멈추면 마음이 작동하는 것입니다.

臣之所好者道也,
신 지 소 호 자 도 야

進乎技矣。
진 호 기 의

始臣之解牛之時,
시 신 지 해 우 지 시

所見無非牛子。
소 견 무 비 우 자

三年之後 未嘗見全牛也。
삼 년 지 후 미 상 견 전 우 야

方今之時,
방 금 지 시

臣以神遇 而不以目視,
신 이 신 우 이 불 이 목 시

官知止而神欲行。
관 지 지 이 신 욕 행

　　　　〈養生主〉

　포정의 경지는 몰입을 뛰어넘어 대상과 혼연일체를 이룬 것입니다. 마음과 직관에 비추어 소를 대하니 소는 포정이 저를 죽이는 줄도 모르고 죽어갑니다. 신화에나 나올 법한 이야기 같지만 주변에도 포정처럼 '신기神技'한 인물들이 적지 않습니다. 일본 사람 요코히코 히이호로의 이야기를 하겠습니다. 그의 직업은 병아리 감별사입니다. 알에서 갓 태어난 작디작은 병아리들 중에서 암컷만을 골라내는 것이 그의 일입니다. 처음 일을 시작했을 때는 병아리의 성기를 봐야만 암수를 구별할 수 있었지요. 하지만 그렇게 자신의 손을 거쳐 간 병아리의 수가 3~4백만 마리를 넘으니 어느 순간 한 눈에 암컷 병아리들이 보이더랍니다. 평균 정확

도가 98%라지요. 익숙하여 능하게 되면 공교한 솜씨가 생긴다는 뜻으로 '숙능생교熟能生巧'라는 말도 있습니다만, 무슨 일이든 시간과 땀과 정성을 들이면 능숙의 단계를 넘어 일종의 '무의식' 경지에 오르게 됩니다. 이런 경지를 '도통道通했다' 말하기도 합니다.

> 만물의 존재를 잊고 의식하지 않고
> 천지자연의 지배를 잊고 생각하지 않는 것
> 그것을 일컬어 '자기를 잊은 것'이라 한다.
> 온전히 자기를 잊은 사람은 천지자연과 합하여 하나가 되었다고 말한다.
>
> 忘乎物 忘乎天,
> 망 호 물 망 호 천
> 其名爲忘己 。
> 기 명 위 망 기
> 忘己之人 是之謂入於天 。
> 망 기 지 인 시 지 위 입 어 천
> <天地>

　자기를 잊고 어떤 일에 깊이 몰두하여 도통하는 경지도 '천인합일'입니다. 흔히 노동은 신성한 것이라 말합니다. 노동의 가치와 중요성을 표현한 것이지만, 신성함은 노동에 임하는 우리의 마땅한 태도를 가르치는 말입니다. 그것은 거룩하고 성스러운 노동을 위하여 종교 의식을 치루듯 몸과 마음을 단정히 하는 예의의 필요를 말하는 것입니다. 「달생」 편을 보면 경慶이라는 목공이 나옵니다. 그는 나무를 깎고 새겨서 악기를 만드는 일을 하는데, 그의 솜씨를 보고 귀신이 재주를 부렸다며 감탄하지 않는 사람이 없었습니다. 해서, 노나라 군주가 그를 불러 비결이 무엇이냐 묻습니다. 목공은 이렇다 하고 내세울 특별한 비결은 없다고 합니다. 대신 그는 남들은 하지 않는 한 가지를 반드시 한다고 말합니다. 그 한 가지가 바로 신성한 노동을 위한 재계(齋戒)였습니다.

제가 편종 걸이 거(鐻)를 만들 때는 감히 기(氣)를 소모하지 않으며

반드시 재계하여 마음을 고요히 합니다.

사흘을 재계하면 상찬(賞讚)과 작록에 마음을 품지 않게 됩니다.

닷새를 재계하면 비난과 칭찬, 잘하고 못함에 마음을 쓰지 않게 됩니다.

이레를 재계하면 저의 사지(四肢)와 형제마저 잊게 됩니다.

이런 때가 되면 제 마음에는 공실(公室)과 조정이 없게 되고

기술이 전일(專一)해지며 외부의 간섭이 소멸됩니다.

그렇게 된 후에 산림으로 들어가면

수목의 천성을 관찰하고 형태의 완전함을 볼 수 있습니다.

그렇게 된 후에는 편종 걸이의 완성된 모습이 제 눈앞에 나타납니다.

그렇게 된 후에라야 비로소 손을 움직여 만들고,

그렇지 않으면 하지 않습니다.

그렇게 하면 저의 천성과 수목의 천성이 합해지니

만들어진 물건이 신기한 것으로 의심되는 까닭도 그 때문입니다.

臣將爲鐻 未嘗敢以耗氣也,
신 장 위 거 미 상 감 이 모 기 야

必齋以靜心。
필 재 이 정 심

齋三日 而不敢懷慶賞爵祿。
재 삼 일 이 불 감 회 경 상 작 록

齋五日 不敢悔非譽巧拙。
재 오 일 불 감 회 비 예 교 졸

齋七日 輒然忘吾有四肢形體也。
재 칠 일 첩 연 망 오 유 사 지 형 체 야

當是時也 無公朝,
당 시 시 야 무 공 조

其巧專而外滑消。
기 교 전 이 외 골 소

然後入山林,
연 후 입 산 림

觀天性 形具至矣。
관 천 성 형 구 지 의

然後成見鐻。
연 후 성 현 거

然後加手焉 不然則已。
연 후 가 수 언 불 연 즉 이

則以天合天,
즉 이 천 합 천

器之所以疑神者 其是與。
기 지 소 이 의 신 자 기 시 여

<達生>

이해득실과 공명심 따위의 삿된 욕심을 버리고 심지어 저 자신마저 잊으니 비로소 신묘한 솜씨를 얻게 되었다는 목공의 말은 의미심장합니다. 모두가 목공의 경지에 이를 수는 없겠으나, 마음의 지향志向은 목공을 닮으면 좋겠습니다.

390

큰 도大道의 길

: 허기虛己져야 갈 수 있다

우주에 만물이 있고 인간 세상에는 만상萬象이 있습니다. 만물과 만상
은 서로 충돌하면서 다시 새로운 사물과 현상들을 끊임없이 만들어냅
니다. 복잡하고 현란한 미로 같은 그물의 세계에서 현기증과 방향상실
을 경험하는 것은 어찌 보면 너무 자연스러워 보입니다. 그런데 예부터
지자智者들은 사람들을 어지럽히고 미혹시키는 표상의 배후에 실은 단순
한 법칙이 있다고 말해왔습니다. 그것의 정체를 알면 해답의 실마리를
찾을 수 있다고 했습니다. 그리되면, 어렵고 힘들었던 세상사들이 조금
은 쉬워지고 영혼도 조금은 자유를 얻겠지요.

무릇 도道는 진실한 정情이 있고 확실한 믿음이 있지만
인위로 행함이 없고 어떤 형체도 없어서
마음으로만 전할 수 있을 뿐 입으로 받을 수는 없으며
깨달을 수만 있을 뿐 눈으로 볼 수는 없는 것이다.
도는 그 자체로 바탕이며 그 자체로 뿌리다.
아직 천지가 있기도 전에 더 먼 옛날부터 이미 존재하여
귀신과 천제天帝를 신령하게 이끌고 천지를 낳았다.

夫道有情有信,
부 도 유 정 유 신
無爲無形,
무 위 무 형

可傳而不可受,
가 전 이 불 가 수

可得而不可見 。
가 득 이 불 가 견

自本自根 。
자 본 자 근

未有天地 自古以固存,
미 유 천 지 자 고 이 고 존

神鬼神帝 生天生地 。
신 귀 신 제 생 천 생 지

<大宗師>

　　장자가 말하는 도는 모든 것이 시작된 근원입니다. 과학자와 철학자들이 내놓은 많은 물리 법칙과 사유 체계들은 '도'의 일부이거나 '도'에 대한 하나의 해석일 뿐이고, '도' 그 자체는 아닙니다. 우리는 다만 '도'의 존재와 '도'의 무소부재無所不在함을 감각할 수 있습니다. 「지북유」편에는 장자와 동곽자東郭子가 서로 묻고 답하는 장면이 나옵니다.

　　"도는 어디에 있습니까?"

　　"도는 없는 곳이 없습니다. 도는 땅강아지와 개미에 있고, 돌피와 참피에도 있고, 기와와 벽돌에도 있고, 똥과 오줌에도 있습니다."

　　동곽자는 더는 대꾸를 하지 않고 입을 닫아버립니다. 장자의 말은 무소부재하고 무소불위無所不爲한 도는 모든 곳에 처하며, 처하는 곳에 따라 다른 표상으로 나타난다는 뜻입니다. 도는 참으로 공평무사公平無私합니다.

　　하늘의 도가 운행함은 막히고 멈추는 법이 없으므로
　　만물이 생성되는 것이다.

제왕의 도가 운행함은 막히고 멈추는 법이 없으므로

천하가 돌아와 따르는 것이다.

성인의 도가 운행함은 막히고 멈추는 법이 없으므로

경내가 복종하는 것이다.

天道運而無所積,
천 도 운 이 무 소 적

故萬物成 。
고 만 물 성

帝道運而無所積,
제 도 운 이 무 소 적

故天下歸 。
고 천 하 귀

聖道運而無所積,
성 도 운 이 무 소 적

故海內服 。
고 해 내 복

　　　　　　〈天道〉

구조주의자 클로드 레비스트로스Claude Levi-Strauss가 생각한 '구조'의 개념이 장자의 '도'와 만나는 지점이 있는데, 그 유사점은 레비스트로스의 '구조'가 장자의 '도'처럼 인식할 수 있는 것은 아니지만 모든 것에 공통적으로 작용하는 불변의 근본 원리라는 것입니다. 바꿔 말하면 '구조(도)'는 만물의 다양한 차원을 넘나들며 지배하는 어떤 무엇입니다.

희위씨는 그것을 얻어 천지를 끌었다.

복희씨는 그것을 얻어 원기元氣를 조화시켰다.

북두성은 그것을 얻어 영원히 방위方位가 변하지 않는다.

해와 달은 그것을 얻어 영원히 쉬지 않고 운행한다.

산신 감배堪坏는 그것을 얻어 곤륜산을 있게 했다.

수신 풍이馮夷는 그것을 얻어 큰 냇물을 흐르게 했다.

태산의 신 견오肩吾는 그것을 얻어 큰 산을 안정시켰다.

황제 헌원軒轅 씨는 그것을 얻어 구름과 하늘에 올랐다.

전욱 고양高陽 씨는 그것을 얻어 현궁에 거처하였다.

豨韋氏得之, 而挈天地。
희 위 씨 득 지   이 설 천 지

伏戲氏得之, 而襲氣母。
복 희 씨 득 지   이 습 기 모

維斗得之, 終古不忒。
유 두 득 지   종 고 불 특

日月得之, 終古不息。
일 월 득 지   종 고 불 식

堪坏得之, 以襲崑崙。
감 배 득 지   이 습 곤 륜

馮夷得之, 以游大川。
풍 이 득 지   이 유 대 천

肩吾得之, 以處大山。
견 오 득 지   이 처 대 산

黃帝得之, 以登雲天。
황 제 득 지   이 등 운 천

顓頊得之, 以處玄宮。
전 욱 득 지   이 처 현 궁

〈大宗師〉

'도를 얻은得道' 사람은 어려움이 없습니다. 어디를 가든 누구를 만나든 무슨 일을 하든 어떤 상황에 처하든 태연자약하며 자유롭습니다. 득도의 경지에 오르려면 반드시 먼저 '허기虛己'져야 합니다. 굶어 몸을 비우면 혈기가 빠지듯, 자아를 채우고 있는 온갖 욕망과 집착과 고집, 고정 관념과 편견들을 전부 버리고 자신을 비워야 자연의 순리를 따를 수 있습니다. '허기'는 몸과 마음을 '도'를 담을 수 있는 빈 그릇으로 만드는 일입니다.

옛 진인들은

생을 즐거워할 줄 몰랐고 죽음을 싫어할 줄 몰랐다.

태어남을 좋아하지 않았고 죽음을 거부하지 않았다.

구속됨 없이 홀연히 가고 홀연히 올 뿐이다.

그 시작됨을 꺼려하지 않았고 그 끝마침을 나무라지 않았다.

닥치면 기꺼이 받았고 떠나면 원래대로 돌아갔다.

이것을 일컬어 마음으로 도를 저버리지 않고

인위로 하늘을 돕지 않는다고 말한다.

이들을 진인이라고 부른다.

古之眞人
고 지 진 인
不知悅生 不知惡死。
부 지 열 생 부 지 오 사
其出不訴 其入不拒。
기 출 불 흔 기 입 불 거
儵然而往 儵然而來而已矣。
숙 연 이 왕 숙 연 이 래 이 이 의

不忘其所始 不求其所終 。
불 망 기 소 시   불 구 기 소 종

受而喜之 忘而復之 。
수 이 희 지   망 이 복 지

是之謂不以心捐道 不以人助天 。
시 지 위 불 이 심 연 도   불 이 인 조 천

是之謂眞人 。
시 지 위 진 인

<大宗師>

　사람의 육신과 영혼은 자연의 일부입니다. 그러므로 누구나 행하고 사유하고 느끼는 모든 것들로 자연의 법칙과 호응할 수 있습니다. 발에 편한 신발을 신으면 맨발로 다니는 것보다 훨씬 편하고 안전하게 다닐 수 있습니다. 마찬가지로 도를 얻은 사람은 그 자신이 스스로 해방 세상입니다.

오! 아름다운 세상

　: 우주 교향악

　칼릴 지브란은 우리가 사는 것은 아름다움을 발견하기 위해서라고, 그 밖의 것은 전부 기다림의 한 형식일 뿐이라고 말했지요. 먹고 사는 문제는 생물학적 필요로 마땅히 해결해야 할 것이지만, 인간은 생존으로 만족하지 않으니까요. 문화적 예술적 욕구의 충족을 통해 정신적인 풍요로움을 추구하려고 합니다. 특히 우리는 아름다운 것에 매료되고 열광합니다. 그런데 '아름다움'에 대해 진지한 물음을 던지는 이들은 많지 않습니다. 아마도 그것은 관심이 없기 때문이 아니라 아름다움에 대한 각자의 정의가 다르고 범주와 차원이 다양하고 넓기 때문일 것입니다.

장자도 아름다움을 말했습니다. 장자는 사람은 누구나 아름다움을 느끼고 알 수 있다고 했습니다. 미각美覺적 경험은 다른 지각知이覺 활동처럼 상대적인 것입니다. 각자가 체험하고 생각하는 아름다움이 다르므로 동일한 대상도 어떤 이한테는 아름다움이지만 어떤 이한테는 추함으로 보일 수 있습니다. 아름다움을 볼 때 표상을 중요하게 보는 이도 있고 내면의 실질을 강조하는 이도 있습니다. 여하튼 제각각입니다. 군이 나눈다면 장자는 후자에 가깝습니다. 장자는 우리에게 아름다움을 살피고 찾는 시선을 표상에서 실질로, 밖에서 안으로 돌리라 권하고 있습니다. 비단 장자만이 아닙니다. 경험론적 인식론을 완성한 영국의 철학자 데이비드 흄David Hume은 '사물의 아름다움은 고요히 사유하는 영혼 속에서만 존재할 뿐'이라 했고, 지브란은 '아름다움은 얼굴에는 없다, 그것은 마음속에 있는 한 줄기 빛'이라 말했습니다.

하지만 여기서 강조할 점은 장자는 미의 본질을 '소박성'으로 보았다는 것입니다. 그것이 밖에 있든 안에 있든 상관없이 자연이 준 그대로의 인위가 없는 상태를 최고의 아름다움이라고 생각했습니다.

인위로 행함이 없으면 소박한 본성이 유지되니
천하에 이와 아름다움을 다툴 만한 것이 없다.

無爲也而尊樸素,
무 위 야 이 존 박 소

而天下莫能與之爭美 。
이 천 하 막 능 여 지 쟁 미

〈天道〉

아름다운 '美'는 크고★ 살진 양羊입니다. 신에게 바치는 희생물로서의
양은 살져 맛있는 것을 고릅니다. 자연에서 난 것 중 흠 없이 가장 좋고
아름다운 것을 제물로 다시 신(자연)에게 바치는 것입니다. 본래의 바탕
에 인위로 무엇을 보태고 꾸미는 것은 흠집을 내는 일이지 아름다움과
는 거리가 멉니다. 하여 장자에게 아름다움의 추구란 자연으로 회귀하
는 일이요 각자에게 본래의 모양을 돌려주는 일입니다. 모두가 저 생긴
모양대로 살아가니 아름다움을 다툴 필요도 없고, 서로가 겨룰 만한
무엇도 없습니다. 그것은 단순함이요 소박함이며 거짓 없는 참됨입니다.
장자가 말하는 '미의 본질'은 곧 '도의 본질'입니다. 우주와 천지만물, 인
간 세상과 개미와 기왓장 한 조각까지 도처에 '도'가 있듯 '미'도 없는
곳이 없습니다.

> 천지는 위대한 아름다움을 가졌지만 말이 없고
> 사시四時는 운행의 분명한 법도를 가졌지만 강론하지 않으며
> 만물은 생성의 이치를 가졌지만 유세하지 않는다.
> 성인은 천지의 아름다움의 근원을 탐구하여 만물의 이치를 통달한다.
> 이런 고로 덕이 지극한 지인至人은 자연을 따르고 무위하며
> 지극히 거룩한 대성大聖은 작위하지 않으니
> 이것이 바로 천지를 살펴 본받음이라고 말하는 것이다.

天地有大美而不言,
천 지 유 대 미 이 불 언

四時有明法而不議,
사 시 유 명 법 이 불 의

萬物有成理而不說。
만 물 유 성 리 이 불 세

聖人者 原天地之美 而達萬物之理。
성 인 자 원 천 지 지 미 이 달 만 물 지 리

是故至人無爲,
시 고 지 인 무 위

大聖不作,
대 성 부 작

觀於天地之謂也。
관 어 천 지 지 위 야

〈知北遊〉

'자연미'에는 소박함만 있지 않습니다. 그것은 저가 생겨난 자연의 질서와 법칙이 만들어낸 아름다움을 안에 담고 있습니다. 그래서 '자연미'라 부를 수 있는 것이며 그것이 또 '도의 아름다움'입니다. 노벨물리학상을 수상한 미국의 물리학자 리처드 파인만Richard Philips Feynman은 '수학을 이해하지 못하는 사람은 자연의 아름다움, 그 가장 깊은 아름다움을 제대로 체득할 수 없다'고 말했습니다. 하지만 장자가 체득한 바는 우리 앞에 펼쳐진 세계에는 자연의 수학적 아름다움만 있는 게 아니라는 사실이었습니다. 세계에는 신의 자연과 인류의 문명이 어울려 만들어진 '구조미'가 있는데 그것은 레비스트로스가 말한 '교향곡의 아름다움'에 더 가깝습니다. 교향곡의 악보는 왼쪽에서 오른쪽으로 보면 각각 단일한 악기가 연주하는 하나의 '선율'이지만, 위에서 아래로 보면 서로 다른 악기들이 동시에 연주하는 '화성和聲'입니다. 자연과 문명, 우주와 인간사 모든 것은 교향곡의 연주처럼 서로 다른 차원과 층위에서 주제를 반복하고 변주하며 단순하면서도 심오한 아름다움과 맞울림共鳴을 만들어냅니다. 그래서 장자는 '천지와 내가 공생하고 공존한다면 만물은 나와 하나가 되는 것'이라 말할 수 있었겠지요.

인간의 사회와 문화를 구조주의를 통해 파악하려 했던 인류학자 레비스트로스는 문화 간의 우열을 인정하지 않았습니다. 장자는 오줌과 똥에도 있는 공평무사한 '도'와 어디에나 있는 '미'를 말했습니다. 레비스트로스와 장자의 공통적 전언은 우리가 추구하고 발견해야 할 '미'란 서로를 구별 짓는 '유별난 아름다움'이 아니라 서로를 이어주는 '평범하고 친근한 아름다움'이라는 것입니다.

허기虛己진 삶을 위하여

장자莊子, BC 369~286년 경는 전국戰國시대의 인물입니다. 전국시대는 기원전 403년에서 221년 사이의 시기로, 중국 최초의 통일 왕조인 진秦의 시황제가 주변 열강을 차례로 패망시키며 종식되었습니다. 장자가 살았던 시대는 그 이름 '전국戰國'처럼 열강이 패권을 장악하기 위해 끊임없이 약육강식의 전쟁을 벌였던 살육과 혼란과 분열의 시기였습니다. 저는 이 책을 통해 장자와 만나는 동안, 줄곧 그가 살았던 어제와 제가 살고 있는 오늘의 시대 상황이 다르지 않음을 책의 곳곳에서 발견했습니다. 당시 중원을 쥐락펴락했던 열강의 제후와 위정자들은 패권대국을 꿈꾸며 힘없는 민중을 전장으로 내몰아 목숨을 내놓게 했습니다. 지금은 세계를 집어삼킨 자본 세력과 그 충실한 조력자들이 자본의 천국을 꿈꾸며 돈 없는 민중을 시장으로 내몰아 목숨을 내다 팔게 하고 있습니다. 2천여 년 전이나 지금이나 가진 것 없는 민중의 삶은 늘 지난하고 신산하구나 하는 생각에 서글펐습니다. 총칼은 없지만 지금 우리도 하루하루를 전쟁 치르듯 살고 있으니까요. 당시 장자는 고통으로 신음하는 민중의 삶을 해방시킬 정신으로서의 자유와 평등, 소통과 연대를 사유했습니다. 장자의 이런 고민은 『장자』에 등장하는 인물들이 백정, 곱사등이, 난쟁이, 장인匠人 등 주로 하층 계급이라는 사실로도 알 수 있습니다. 또, 우화 같은 이해하기 쉬운 이야기 형식으로 자신의 사유를 전개한 점도 장자의 사상적 지향을 엿볼 수 있는 대목입니다.

장자에 대한 가장 흔한 오해는 그를 세속을 등진 은둔자나 도인 같은 인물로 생각하는 것입니다. 물론 그렇지 않습니다. 장자가 벗어나고자 했던 것은 인간을 억압하는 인위적 세계의 거짓과 폭력이었습니다. 장자의 이 같은 의지적 거부와 저항적 삶이 절대 자유를 희망하는 소요유逍遙遊와 오줌과 똥에도 있는 무소부재無所不在한 도道와 무차별 평등의 제물론齊物論의 선언을 낳았습니다. 그러므로 『장자』를 먹고 살만한 이들의 고상한 자기 수양서로 읽어서는 안 될 것입니다.

지금 우리가 보는 고전 『장자』는 서진西晉의 곽상郭象, 252?~312년이 그때까지 돌아다니던 여러 종의 사본들을 정리하여 6만 5천여 자, 33편으로 편집하고 주注를 달아 펴낸 것입니다. 『장자』의 33편은 내편內篇 7편, 외편外篇 15편, 잡편雜篇 11편으로 구성되어 있는데, 학계는 대체로 내편 7편만 장자가 직접 쓴 것이고 외편과 잡편은 거의 모두 장자를 따랐던 제자들이 저 나름으로 장자의 사상을 깨우친 바를 기록했거나 장자의 말에 가필한 것으로 보고 있습니다. 장자의 중심 사상이 내편에 집약된 것은 맞지만, 그렇다고 외편과 잡편이 허투루 보고 넘길 글들은 결코 아닙니다. 고로, 역자로서의 바람은 독자 여러분께서 끝까지 꼼꼼하게 읽어주셨으면 하는 것입니다. 이 책은 순서에 얽매이지 않고 자유롭게 읽으셔도 좋습니다. 책의 저자인 왕이자王滋嘉 선생이 원전의 구성을 따르지 않고 여덟 가지 주제로 나누어 『장자』를 해석했기에, 먼저 마음이 가닿는 대목부터 읽으셔도 좋겠습니다.

얼마 전, 저는 매체를 통해 놀라운 사실을 하나 알게 되었습니다. 외모지상주의의 한국 운운하면서 소개된 것이었는데, 세계 성형 시장에서 한국의 성형 시장이 4분의 1을 차지하고 있고 인구 대비 성형수술 건수가 세계 1위라는 내용이었습니다. 저로서는 충격이었고 납득이 잘 되질 않았습니다. 어쩌다가 이 지경이 되었는가라는 말이 절로 나왔습니다. '외모도 스펙시대'라거나 '취업 성형' 따위의 말을 듣기는 했지만 이 정도인 줄은 몰랐습니다. 이는 외모지상주의가 아니라 경쟁지상주의가 낳은 참혹한 현실입니다. 그것은 자신의 얼굴도 버리게 하는 경쟁의 살벌함을 나타내는 지표였습니다. 그것은 박노자 교수가 말한 '너무나 획일적인 경쟁에서 각자의 경쟁력을 최대화하는' 몸부림이었습니다. 그 몸부림은 '낙오에 대한 공포'에서 비롯되는 것입니다. 원시 수렵 사회에서 무리로부터의 이탈이 곧 죽음을 의미했듯, 지금도 집단에 소속되지 못하는 것은 '사회적 사형 선고'로 인식됩니다. 그렇게 우리는 사회적 동물로서 무리에 섞이고 그 안에서 인정받길 원하면서도, 나 아닌 타자에 대한 관심과 배려는 무척이나 인색합니다. 아무도 서로를 돌아보지 않습니다. 가족이라고 크게 다르지 않습니다. 돈만 벌어오는 아빠, 성적만 챙기는 엄마, 학교에서 학원으로 뺑뺑이만 도는 아이들 ……, 오죽하면 대선 후보가 '저녁이 있는 삶'을 표어로 정했겠습니까?

한국의 자살률 세계 1위, 우울증 환자 매년 약 5%씩 증가 같은 소식을 접할 때마다 저는 사람들이 느끼는 절망의 무게가 무서웠습니다. 정확히 말하면, 그들의 절망을 잉태한 사회의 냉혹한 무관심이 무서웠습니다. 대부분의 자살은 개인적 사건이 아닌 사회적 책임인데도, 타자의 고통을 외면하고 갈수록 더욱 제 몸만 챙기는 자본주의 세태가 무서웠습니다. 그 무서움 뒤로 나도 숨게 되는 건 아닐까 싶어 나중에는 제 자신마저 무서워졌습니다.

저는 야무지지 못한 이십 대를 보내고 뒤늦게 자아실현을 한다며 같이 사는 남자를 꽤나 피곤케 하더니, 이제는 여섯 살 난 아들에게 너라도 잘 돼야지 하며 한글도 빨리 못 뗀다고 닦달하는 천박한 사람입니다. 뜻대로 되지 않는 삶을 원망하며 왜 생은 내게 이렇게 모진 것일까 하고 속절없는 눈물도 흘렸습니다. 제 모든 원망의 눈물은 제가 얻지 못한 성공이나 명예, 물질 때문입니다. 저는 경쟁과 비교가 내면화되어 쉬고 있으면 불안해지고 낙오에 대한 공포로 자신은 물론이고 어린 아들까지 들볶는 사나운 사람이 되어 있었습니다. 까닭에, 제가 『장자』를 번역한 것은 어쩌면 장자에 대한 모독인지도 모르겠습니다. 장자는 인간의 삶을 얽매는 외물外物로부터의 해방과 자유를 이야기했는데, 저는 '외물'을 간절히 욕망하는 속물이니까요. 하지만 덕분에 저는 천만다행으로 제 안에 숨은 사나운 경쟁의 폭력성과 사나움 이면에 응어리진 모멸감과 분노를 볼 수 있었습니다. 저는 늘 제가 피해자라고만 생각했는데, 알고 보니 그것은 제가 스스로 발부한 면죄부의 일종이었습니다. 경쟁적 개인이 된 저는 피해자면서 동시에 가해자였습니다. 그 경쟁적 개인은 루쉰魯迅의 단편 소설 「광인 일기」에 나오는 사람을 잡아먹는 사람이나 박노자 교수가 말하는 '시장적 자아'일 것입니다. 루쉰이 말하는 식인食人 사회의 괴물이 봉건적 유교 윤리였다면, 다만 지금은 그 괴물이 모든 것을 포식하는 자본의 이윤 논리로 바뀌었을 뿐입니다. 제가 사나움을 멈추지 않는다면, 저는 제 아이도 경쟁밖에 모르는 시장적 자아를 가진 냉혹한 사람으로 길러내겠지요. 참으로 무서운 악순환입니다. 하여, 루쉰은 '사람을 먹은 적이 없는 아이들이, 혹시 아직 있을까? 아이들을 구하라⋯⋯.'라고 외쳤던 것입니다.

경쟁의 악순환을 끊는 방법은 자발적 낙오자, 이탈자들이 많아져서 연대의 힘을 만드는 일일 것입니다. 그것이 살벌한 경쟁 방식을 통해 이윤을 챙기는 자본주의 시스템에 맞설 다수의 '을'들이 가진 유일한 무기일 것입니다. 그러나 유전자처럼 몸에 박힌 경쟁주의와 공동체와 연대를 믿지 않는 불신과 냉소만 있는 지금 여기에 유효한 희망이 아직 남아 있을지 모르겠습니다. 그래도 사람이니까, 사람을 잡아먹는 괴물은 될 수 없기에 포기는 하지 않을 것입니다. 자발적 낙오라는 표현을 썼지만 그것은 낙오가 아니라 나의 길을 가려는 자주적 선택입니다. 장자의 말처럼 '귀와 눈을 밝히어 스스로의 길을 가는 것'입니다. 길 가는 이의 봇짐은 무겁지 않습니다. 딱 필요한 것만 챙겨야 가는 길이 수월합니다. 마찬가지로 자본이 조작한 욕망 경쟁에서 탈출해 스스로의 길을 가려면 먼저 내 것 아닌 욕망들을 버려야 하겠지요. '내 것 아닌 욕망 버리기'란 곧 장자가 말하는 마음을 깨끗이 하여 비우는 '심재心齋'이며, 저자왕이자 선생이 말하는 '허기虛己'입니다. 하여, 저는 이제 '허기虛己'진 삶을 위한 싸움을 시작하려 합니다. 자신 없고 두렵습니다.

마지막으로, 한 번도 직접 뵌 적은 없으나 책을 통해 제게 많은 가르침을 주신 재야 한학자 기세춘 선생님과, 딱 한 번 뵈었지만 당신의 글만큼 그 온화함이 강렬했던 신영복 선생님, 제가 이 책을 이나마 번역할 수 있었던 것은 온전히 두 분의 덕이었음을 밝힙니다. 그리고 부족한 제게 번역의 기회를 주신 저자 왕이자 선생과 북스넛 문정신 사장님께 감사의 뜻을 전합니다. 또 지난 넉 달 동안 사나운 저의 눈칫밥을 먹으면서도 "엄마, 사랑해!" 하며 제 품에 안기는 어린 두 아들에게 미안합니다.

이 책이 독자 여러분께 삶이 힘들어 지칠 때 위로와 응원이 되길, 무엇보다 생각과 마음을 바꾸는 심기일전心機一轉의 작은 씨앗이 되길 감히 바라봅니다.

감사합니다.

2015년 봄

박성희